中国国情调研丛书
企业卷
China's national conditions survey Series
Vol enterprises

中国国情调研丛书·企业卷
China's national conditions survey Series · Vol enterprises
主　编　陈佳贵
副主编　黄群慧

山东鲁北企业集团考察

Research on the Development of
Shandong Lubei Enterprise Group

刘戒骄 冯久田 等/著

经济管理出版社
ECONOMY & MANAGEMENT PUBLISHING HOUSE

图书在版编目（CIP）数据

山东鲁北企业集团考察/刘戒骄等著. —北京：经济
管理出版社，2008.7
ISBN 978 – 7 – 5096 – 0294 – 2

Ⅰ. 山…Ⅱ. 刘…Ⅲ. 企业集团—企业管理—经验—
山东省　Ⅳ. F279. 275. 2

中国版本图书馆 CIP 数据核字（2008）第 098258 号

出 版 发 行：经 济 管 理 出 版 社
北京市海淀区北蜂窝8号中雅大厦11层
电话：(010)51915602　邮编：100038

印刷：北京银祥印刷厂　　　　　　　　经销：新华书店

组稿编辑：陈　力　　　　　　　　　责任编辑：申桂萍
技术编辑：蒋　方　　　　　　　　　责任校对：超　凡

720mm×1000mm/16　　　　　19.5 印张　　　　310 千字
2008 年 7 月第 1 版　　　　　　　2008 年 7 月第 1 次印刷
定价：46. 00 元
书号：ISBN 978 – 7 – 5096 – 0294 – 2/F · 284

《中国国情调研丛书·企业卷·乡镇卷·村庄卷》

序　言

为了贯彻党中央的指示，充分发挥中国社会科学院思想库和智囊团的作用，进一步推进理论创新，提高哲学社会科学研究水平，2006 年中国社会科学院开始实施"国情调研"项目。

改革开放以来，尤其是经历了近 30 年的改革开放进程，我国已经进入了一个新的历史时期，我国的国情发生了很大变化。从经济国情角度看，伴随着市场化改革的深入和工业化进程的推进，我国经济实现了连续近 30 年的高速增长。我国已经具有庞大的经济总量，整体经济实力显著增强，到 2006 年，我国国内生产总值达到了 209407 亿元，约合 2.67 亿美元，列世界第四位；我国经济结构也得到优化，产业结构不断升级，第一产业产值的比重从 1978 年的 27.9% 下降到 2006 年的 11.8%，第三产业产值的比重从 1978 年的 24.2% 上升到 39.5%；2006 年，我国实际利用外资为 630.21 亿美元，列世界第四位，进出口总额达 1.76 亿美元，列世界第三位；我国人民生活水平不断改善，城市化水平不断提升。2006 年，我国城镇居民家庭人均可支配收入从 1978 年的 343.4 元上升到 11759 元，恩格尔系数从 57.5% 下降到 35.8%，农村居民家庭人均纯收入从 133.6 元上升到 3587 元，恩格尔系数从 67.7% 下降到 43%，人口城市化率从 1978 年的 17.92% 上升到 2006 年的 43.9% 以上。经济的高速发展，必然引起国情的变化。我们的研究表明，我国的经济国情已经逐渐从一个农业经济大国转变为一个工业经济大国。但是，这只是从总体上对我国经济国情的分析判断，还缺少对我国经济国情变化分析的微观基础。这需要对我国基层单位进行详细的分析研究。实际上，深入基层进行调查研究，坚持理论与实际相结合，由此制定和执行正确的路线方针政策，是我们党领导革命、建设和改革的基本经验和基本工作方法。进行国情调研，也必须深入基层，只有深入基层，才能真正了解我国国情。

为此，中国社会科学院经济学部组织了针对我国企业、乡镇和村庄三类基层单位的国情调研活动。据国家统计局的最近一次普查，到 2005 年底，我国有国营农场 0.19 万家，国有以及规模以上非国有工业企业 27.18 万家，建筑业企业 5.88 万家；乡政府 1.66 万个，镇政府 1.89 万个，村民委员会 64.01 万个。这些基层单位是我国社会经济的细胞，是我国经济运行和社会进步的基础。要真正了解我国国情，必须对这些基层单位的构成要素、体制结构、运行机制以及生存发展状况进行深入的调查研究。

在国情调研的具体组织方面，中国社会科学院经济学部组织的调研由我牵头，第一期安排了三个大的长期的调研项目，分别是"中国企业调研"、"中国乡镇调研"和"中国村庄调研"。"中国乡镇调研"由刘树成同志和王延中同志具体负责，"中国村庄调研"由张晓山同志和蔡昉同志具体负责，"中国企业调研"由我和黄群慧同志具体负责。第一期项目时间为三年（2006～2009 年），每个项目至少选择 30 个调研对象。经过一年多的调查研究，这些调研活动已经取得了初步成果，分别形成了《中国国情调研丛书·企业卷》、《中国国情调研丛书·乡镇卷》和《中国国情调研丛书·村庄卷》。今后，这三个国情调研项目的调研成果还会陆续收录到这三卷书中。我们期望通过《中国国情调研丛书·企业卷》、《中国国情调研丛书·乡镇卷》和《中国国情调研丛书·村庄卷》这三卷书，能够在一定程度上反映和描述在21 世纪初期工业化、市场化、国际化和信息化的背景下，我国企业、乡镇和村庄的发展变化。

国情调研是一个需要不断进行的过程，以后我们还会在第一期国情调研项目基础上将这三个国情调研项目滚动开展下去，全面持续地反映我国基层单位的发展变化，为国家的科学决策服务，为提高科研水平服务，为社会科学理论创新服务。《中国国情调研丛书·企业卷》、《中国国情调研丛书·乡镇卷》和《中国国情调研丛书·村庄卷》这三卷书也会在此基础上不断丰富和完善。

中国社会科学院副院长、经济学部主任

陈佳贵

2007 年 9 月

《中国国情调研丛书·企业卷》

序　言

　　企业是我国社会主义市场经济的主体，是最为广泛的经济组织。要对我国经济国情进行全面深刻的了解和把握，必须对企业的情况和问题进行科学的调查和分析。深入了解我国企业生存发展的根本状况，全面把握我国企业生产经营的基本情况，仔细观察我国企业的各种行为，分析研究我国企业面临的问题，对于科学制定国家经济发展战略和宏观调控经济政策，提高宏观调控经济政策的科学性、针对性和可操作性，具有重要的意义。另外，通过"解剖麻雀"的典型调查，长期跟踪调查企业的发展，详尽反映企业的生产经营状况、改革与发展情况、各类行为和问题等，也可以为学术研究积累很好的案例研究资料。

　　基于上述两方面的认识，中国社会科学院国情调查选择的企业调研对象，是以中国企业及在中国境内的企业为基本调查对象，具体包括各种类型的企业，既包括不同所有制企业，也包括各个行业的企业，还包括位于不同区域、具有不同规模的各种企业。所选择的企业具有一定的代表性，或者是在这类所有制企业中具有代表性，或者是在这类行业中具有代表性，或者是在这个区域中具有代表性，或者是在这类规模的企业中具有代表性。我们期望，通过长期的调查和积累，中国社会科学院国情调查之企业调查对象，逐步覆盖各类所有制、各类行业、不同区域和规模的代表性企业。

　　中国社会科学院国情调查之企业调查的基本形式是典型调查，针对某个有代表性的企业长期跟踪调查。具体调查方法除了收集查阅各类报表、管理制度、文件、分析报告、经验总结、宣传介绍等文字资料外，主要是实地调查，实地调查主要包括进行问卷调查、会议座谈或者单独访谈、现场观察写实等方式。调查过程不干扰企业的正常生产经营秩序，调查报告不能对企业正常生产经营活动产生不良影响，不能泄露企业的商业秘密，"研究无禁区，宣传有纪律"，这是我们进行企业调研活动遵循的基本原则。

中国社会科学院国情调查之企业调查的研究成果主要包括两种形式：一是内部调研报告，主要是针对在调查企业过程中发现的某些具体但具有普遍意义的问题进行分析的报告；二是全面反映调研企业整体情况、生存发展状况的长篇调研报告。这构成了《中国国情调研丛书·企业卷》的核心内容。《中国国情调研丛书·企业卷》的基本设计是，大体上每一家被调研企业的长篇调研报告独立成为《中国国情调研丛书·企业卷》中的一册。每家企业长篇调研报告的内容，或者说《中国国情调研丛书·企业卷》每册书的内容，大致包括以下相互关联的几个方面：一是关于企业的发展历程和总体现状的调查，这是对一个企业基本情况的大体描述，使人们对企业有一个大致的了解，包括名称、历史沿革、所有者、行业或主营业务、领导体制、组织结构、资产、销售收入、效益、产品、人员等；二是有关企业生产经营的各个领域、各项活动的深入调查，包括购销、生产（或服务）、技术、财务与会计、管理等专项领域和企业活动；三是关于企业某个专门问题的调查，例如企业改革问题、安全生产问题、信息化建设问题、企业社会责任问题、技术创新问题、品牌建设问题，等等；四是通过对这些个案企业的调查分析，引申出这类企业生存发展中所反映出的一般性的问题、理论含义或者其他代表性意义。

中国正处于经济高速增长的工业化中期阶段，同时中国的经济发展又是以市场化、全球化和信息化为大背景的，我们期望通过《中国国情调研丛书·企业卷》，对中国若干代表性的企业进行一个全景式的描述，给处于市场化、工业化、信息化和全球化背景的中国企业留下一幅幅具体、生动的"文字照片"。一方面，我们努力提高《中国国情调研丛书·企业卷》的写作质量，使这些"文字照片"清晰准确；另一方面，我们试图选择尽量多的企业进行调查研究，将始于 2006 年的中国社会科学院国情调研之企业调研活动持续下去，不断增加《中国国情调研丛书·企业卷》的数量，通过更多的"文字照片"来全面展示处于 21 世纪初期的中国企业的发展状况。

中国社会科学院经济学部工作室主任

黄群慧

2007 年 9 月

目　录

第一章　企业历史沿革与概况 ················· 1

第一节　企业徽标 ······························ 2

第二节　企业创建和发展的历程 ················ 4

　一、企业的摇篮：40 万元科研经费和"黄席棚"精神 ········· 4

　二、鲁北企业集团总公司的成立 ·············· 5

　三、鲁北化工挂牌上市 ······················ 8

　四、从企业集团到生态工业园区 ·············· 9

第三节　鲁北集团成员单位 ··················· 11

　一、山东鲁北企业集团总公司 ··············· 11

　二、鲁北生态工业园 ······················· 13

　三、山东鲁北高新技术开发区 ··············· 13

　四、山东鲁北化工股份有限公司 ············· 14

　五、山东鲁北发电有限公司 ················· 14

　六、山东鲁北石化有限公司 ················· 15

　七、山东鲁北风力发电公司 ················· 15

　八、鲁北盐场 ····························· 16

　九、鲁北钛白粉公司 ······················· 16

第四节　企业的主要业务与流程 ··············· 17

第五节　企业的荣誉 ························· 17

　一、鲁北集团的荣誉 ······················· 17

　二、集团总公司董事长的荣誉 ··············· 21

　三、鲁北化工董事长的荣誉 ················· 24

第二章　领导体制和治理结构 ·············· 29

第一节　鲁北化工股权结构的多元化 ·········· 29

第二节　治理结构逐步改善 ·················· 32

　　一、建章立制，股东会、董事会、监事会各司其职 ····· 32

　　二、经理层：依法、依章、依授权行使职权 ····· 34

第三节　企业的独立性和关联交易 ·········· 35

　　一、企业独立性情况 ···················· 35

　　二、企业关联交易及其规制 ·············· 37

第四节　完善内部审计制度，强化内部制约机制 ····· 38

　　一、内部审计机构的逐步完善 ············ 38

　　二、企业审计工作的思路 ················ 39

第五节　企业高管人员情况及高管人员选拔制度 ····· 41

　　一、鲁北化工高管人员情况简介 ·········· 41

　　二、鲁北化工高管人员选拔制度 ·········· 43

第六节　绩效考核制度 ···················· 45

　　一、绩效考核总则 ······················ 45

　　二、绩效考核内容 ······················ 46

　　三、绩效考核办法 ······················ 46

　　四、奖惩与任免 ························ 47

第七节　企业员工激励措施 ·················· 47

　　一、企业员工激励机制的现况 ············ 47

　　二、企业实施员工激励机制的必要性 ······ 48

　　三、企业实施员工激励机制的可行性 ······ 48

第三章　企业组织结构与流程 ·············· 52

第一节　组织结构 ························ 52

　　一、组织结构的基本形式 ················ 53

　　二、指挥机构和人员的基本职责及其关系 ····· 55

　　三、各职能部门的基本职责及其关系 ······ 56

　　四、关键岗位的基本职责 ················ 61

　　五、信息技术对企业组织结构的影响 ······ 63

第二节　流程及管理基础 ·················· 65

一、产品流及其管理情况 ·················· 65
二、资金流及其管理情况 ·················· 67
三、信息流及其管理情况 ·················· 70

第四章 产品、工艺流程与循环经济 ·········· 72
第一节 企业产品结构 ·················· 73
一、产品种类和产销量 ·················· 73
二、产品质量和技术水平 ·················· 74
三、企业生产员工数量、结构与素质 ·········· 76
第二节 工艺流程与循环经济 ·············· 77
一、磷铵、硫酸、水泥联产 ·············· 80
二、海水"一水多用" ·················· 82
三、清洁发电与盐、碱联产 ·············· 84
四、热电联产资源化深层利用工程 ·········· 86
五、氧化铝工艺流程 ·················· 87
六、钛白粉工艺流程 ·················· 90
七、鲁北运河 ······················ 92
八、生态工业系统集成网络 ·············· 93
第三节 企业清洁生产与节能 ·············· 95
一、企业清洁生产 ···················· 95
二、企业节能 ······················ 97
第四节 企业标准化管理 ················ 102
一、企业标准化体系的建设 ·············· 102
二、企业标准的制定和实施 ·············· 103
三、积极采用国家或国际先进标准 ·········· 103
四、商品条码的维护和使用 ·············· 103
第五节 企业质量管理 ················ 104
第六节 班组建设和管理 ················ 107

第五章 销售与采购 ·················· 111
第一节 销售与采购情况 ················ 111
一、确立以市场为导向的销售与采购观念 ······ 111

二、产品销售市场情况 ·· 112

三、原料采购市场情况 ·· 113

第二节 产品销售情况 ·· 114

一、销售机构的组织建设 ·· 114

二、销售渠道的选择 ·· 118

三、促销方式 ··· 122

四、售后服务 ··· 125

五、客户管理 ··· 127

第三节 原料采购情况 ·· 128

一、采购组织的设立情况 ·· 128

二、合格供方的拟定 ·· 129

三、原料的采购程序 ·· 131

四、原料采购情况简评 ··· 132

第六章 人力资源 ··· 133

第一节 企业人力资源状况 ··· 133

第二节 企业人力资源管理 ··· 134

一、人力资源战略规划 ··· 134

二、招聘与员工配置 ·· 137

三、绩效考核 ··· 138

第七章 企业资产与财务 ·· 143

第一节 鲁北化工资产状况 ··· 143

一、总资产和净资产 ·· 144

二、资产结构 ··· 144

三、经营效率主要指标 ··· 145

四、固定资产折旧及固定资产减值准备计提方法 ··············· 146

第二节 鲁北化工股权结构变动、债权和债务 ··················· 147

一、股权结构及其变化 ··· 148

二、负债结构 ··· 148

三、债务基本情况 ··· 149

四、债权基本情况 ··· 152

第三节　鲁北化工经营业绩 ……………………………… 155

一、主要经营业绩指标 ………………………………… 155

二、期间费用 …………………………………………… 156

三、现金流量 …………………………………………… 158

四、各分支机构对整体业绩的贡献水平分析 ………… 159

第四节　鲁北化工会计准则与政策 ……………………… 160

一、企业会计准则对鲁北化工的影响 ………………… 160

二、主要会计政策与会计估计 ………………………… 161

三、历年审计意见 ……………………………………… 165

第五节　财务管理 ………………………………………… 166

一、财务管理演进历程 ………………………………… 167

二、核算层次与财务控制 ……………………………… 168

三、应收账款管理 ……………………………………… 169

第八章　技术与研究开发 ……………………………………… 171

第一节　企业技术水平 …………………………………… 171

一、企业核心技术来源 ………………………………… 172

二、鲁北企业集团各个时期技术研发历程 …………… 172

三、技术研发的路径：创新传统产品生产工艺和技术 … 173

第二节　企业研究与开发管理 …………………………… 175

一、研发机构设置和研发费用 ………………………… 179

二、鲁北集团研发模式 ………………………………… 181

三、鲁北集团科技发展战略 …………………………… 183

四、对鲁北集团科技研发的评价 ……………………… 185

第九章　竞争与发展战略 ……………………………………… 187

第一节　企业竞争环境 …………………………………… 188

一、企业所处行业的总体环境和发展趋势 …………… 188

二、企业的主要竞争对手简介 ………………………… 193

三、优劣势分析 ………………………………………… 196

第二节　企业战略规划 …………………………………… 203

一、战略管理的基本制度 ……………………………… 203

二、核心竞争力与基本战略定位 ·············· 204

三、企业战略规划的基本内容 ·············· 204

四、企业战略规划的资源支撑 ·············· 208

第十章　企业文化 ·············· 210

第一节　企业使命 ·············· 211

第二节　企业观念形态文化 ·············· 211

一、鲁北生态企业文化的意义 ·············· 211

二、企业核心价值观 ·············· 213

三、企业管理哲学与发展理念 ·············· 213

四、艰苦创业的企业精神 ·············· 214

五、鲁北集团企业之歌 ·············· 214

第三节　企业制度文化 ·············· 216

一、企业管理制度的文化含义 ·············· 216

二、鲁北集团企业行为准则 ·············· 216

第四节　学习型企业建设 ·············· 218

一、以学习例会为有效载体 ·············· 218

二、创办企业网络大学 ·············· 219

三、组织多种形式的学习活动 ·············· 220

第五节　生态文化管理创新 ·············· 221

一、鲁北生态企业文化管理创新形成的背景分析 ·············· 221

二、鲁北生态企业文化管理创新的实践运用 ·············· 222

三、生态企业文化管理创新的实施效果及社会影响 ·············· 223

第六节　企业形象识别系统（CIS） ·············· 224

一、第一阶段：开展"企业文化建设年"主题活动 ·············· 225

二、第二阶段：建设鲁北文化完整体系 ·············· 226

三、第三阶段：总结成果，巩固提高 ·············· 227

第七节　企业领导力和执行力 ·············· 227

一、企业领导风格 ·············· 227

二、企业行为习惯 ·············· 228

第八节　公益事业与社会贡献 ·············· 231

第十一章　集团行政、社团与法律工作 ················ 232

第一节　企业的行政工作 ····························· 233
　　一、设置合理的组织结构，合理配置人员，明确岗位职责 ······ 233
　　二、严格劳动纪律，提高工作效率 ····················· 237
　　三、健全制度，严格管理，努力提高工作效率 ············· 238

第二节　企业党委工作情况 ··························· 238
　　一、建立健全党组织机构 ····························· 239
　　二、坚持党管干部与市场机制相结合的原则 ··············· 239
　　三、强化党员教育，发挥党员的模范作用 ················· 240

第三节　企业工会工作情况 ··························· 241
　　一、工会的组织建设 ································· 241
　　二、充分发挥维护职能，健全维权机制，以法制创和谐 ······· 242
　　三、开展丰富多彩的劳动竞赛活动 ····················· 242

第四节　企业团委工作情况 ··························· 244
　　一、加强团的组织建设，积极探索共青团工作新思路 ········· 245
　　二、搭建团员青年成才平台，投身企业经济建设主战场 ······· 246
　　三、紧抓思想建设阵地，开展团员青年主题教育活动 ········· 246

第五节　企业法律服务情况 ··························· 247
　　一、设置独立的法律事务部，统一处理企业法律事务 ········· 247
　　二、事先防范为主，事后补救为辅的法律服务模式 ··········· 248
　　三、规范有序的工作制度 ····························· 249

第十二章　企业信息化 ································ 250

第一节　鲁北集团企业信息化现状 ····················· 250
　　一、鲁北集团信息化的发展历程 ······················· 251
　　二、鲁北集团信息化的组织保证 ······················· 254
　　三、公司网络状况 ··································· 256

第二节　鲁北集团信息化的目标和发展战略 ··············· 257
　　一、信息化发展战略实施的内容 ······················· 257
　　二、信息化建设开发方案的战略分析 ··················· 258
　　三、系统及实施概述 ································· 258

第三节　鲁北集团信息化工程方案 ····················· 259

一、企业的管理信息系统实施阶段 ·················· 259

二、网络概述 ····································· 260

第四节 鲁北集团信息化进程中面临的问题 ·········· 262

附录一 鲁北集团部分高管人员考核标准 ·········· 263

供销经理 ··· 263

供销调度长 ······································· 268

市场部经理 ······································· 272

质检部经理 ······································· 274

董事会秘书 ······································· 278

党办主任 ··· 281

工程建设部经理 ··································· 284

工程专业部经理 ··································· 286

工程土建部经理 ··································· 288

附录二 鲁北集团提供的资料和文献 ·············· 291

后　记 ··· 293

第一章 企业历史沿革与概况

在中国山东省北部无棣县渤海湾的一块盐碱地上矗立着一个国内外知名的国有特大型企业——山东鲁北企业集团总公司，[①] 其英文名称是 SHANDONG LUBEI ENTERPRISE GROUP GENERAL COMPANY；地址为山东省无棣县埕口镇，英文地址名称为 CHENGKOU WUDI, SHANDONG PROVINCE OF CHINA；邮编是 251909，网络域名是 www. lubei. com. cn。

提起鲁北集团，人们耳熟能详的当属其循环经济成就。它横跨化工、轻工、建材、电力等行业，生产多种重化工业产品，却不见烟尘；它年产 40 万吨磷铵，却不见矿渣堆积如山；它年产 80 万吨硫酸，空气中却闻不到刺鼻的气味；它年产 90 万吨水泥，厂区却一尘不染；它通过集成创新，创建了三条紧密联系的生态产业链，生产过程中的废弃物全部被综合利用，形成了结构紧密、共享共生的生态工业模式，成为我国乃至世界上为数不多的、具有多年成功运行经验的生态工业系统，堪称我国循环经济的典范，为国家循环经济的发展作出了先导性贡献。

尤为重要的是，在国家"建设生态文明，基本形成节约能源资源和保护生态环境的产业结构、增长方式、消费模式"的今天，鲁北集团循环经济的成功实践具有划时代的意义。

第一，向人们昭示了一种新的资源观念和新的环境观念，即人类对自然生成的资源可以进行重复多次的利用，从而使有限的资源构成一个多次生成的过程，而人类环境的保护也同时体现在资源的多次利用和生成过程中。由此，产业的发展与环境保护不再是一对对立的不可调和的矛盾，两者完全可以融为一体。

---

① 本书中，我们使用鲁北集团为山东鲁北企业集团的简称，集团总公司为山东鲁北企业集团总公司的简称，鲁北化工为山东鲁北化工股份有限公司的简称。

第二，促进了传统产业、技术的整合、提升，扬弃传统工业，实施清洁生产，从一切现有的有害生产方式、生产技术向源头治理、清洁生产、无公害技术转变。

第三，促进了社会经济观念和行为观念的转变，从单纯追求经济目标，向追求经济和生态双重目标转变。

第四，促进了人类自然观、环境观的转变，新的自然观、环境观以人类生存与发展、自然资源的反复综合利用为价值取向，把人类的精神文明提高到新的水平。

那么，鲁北集团到底是一个怎样的企业，是如何取得如此辉煌的成就的呢？让我们首先通过对其历史沿革与概况的描述来逐一揭开其神秘的面纱。

第一节　企业徽标

企业徽标不仅代表了企业的独特形象特征，同时徽标也孕育着企业的文化和核心价值理念，所以我们就从了解其徽标开始了解鲁北集团。鲁北集团的徽标如图1-1所示。

鲁北集团的这个徽标设计构图可谓精妙，图案整体为圆形，由两大部分构成。上半部分是"鲁"字的汉语拼音大写字母"L"，变形设计形成了一只昂扬奋飞的天鹅，天鹅的头顶托着一轮东升的红日；下半部分是三条与天鹅平行向上的斜线。图案由红、绿两色构成，太阳为红色，其他均为绿色。图案结构按黄金分割比例布局，上部占图形总面积的2/3，下部占1/3，其中"L"字母又占上部分的2/3，红日则占1/3。东升的红日与向上奋飞的天鹅和斜线，给予构图强烈的动感，清新自然的绿色又透着典雅沉稳的气息，整个构图轻重相宜，大小相适，对立统一，相辅相成，形成极强的视觉冲击力和审美感染力。

图案的设计阐述了这样的理念：徽标整体形象为圆形，象征鲁北企业集团严密的合作精神、强大的凝聚力和对于完美的不懈追求。上部变形的天鹅形象为"鲁"字声母"L"的变体，象征美好祥和，天鹅45°角倾斜向上，以强烈的动感寓示着公司的蒸蒸日上、不断腾飞。右上方的圆形是一轮红日，象征着鲁北人精诚团结和灿烂的明天；下部平行于天鹅排列的三条斜线为公司所处黄河三角洲的形象体现，同时暗喻公司的生态产业链条。徽标右上方的图形为红色，是生命的原色，象征企业的勃勃生机和美好前景；其余为绿色，清新、天然，体现了鲁北企业集团的环保意识、无污染的特色以及与自然、社会协调发展的理想追求。"绿草茵茵，天鹅翱翔。旭日即出，共赴辉煌。"

图 1-1 鲁北集团的徽标

提起鲁北徽标，人们不会忘记它的设计者——企业集团的董事长冯怡生先生。当时集团徽章的设计工作受到了社会各界的广泛关注和参与，各种设计方案如雪花一般从四面八方飘来，仅从 1996 年 1 月初至 3 月底，就收到徽案设计文稿 1100 余件。集团公司对于设计工作十分重视，组织董事会全体成员聘请了几位专家作最终的审议、裁决，还请了公证员对整个活动过程进行了监督公正。最后在严格的公平、公正、公开的原则下，冯怡生先生本人设计的图案经过专家的评审脱颖而出，最终被确定为集团的徽标。人们在欣赏徽标开放的、独特的、鲜明的特性的同时，也深刻地领会到，徽标实际酸联产 6 万吨水泥"国家工业示范装置，于 1990 年 10 月全部竣工，实现一次性投料试车成功，刷新了中国磷复肥的历史。1991 年 4 月和 10 月，顺利通过了国家计委、化工部组织的技术经济评审和为期一个月的长周期考核考评。评审结论认为，"鲁北化工总厂'三四六'工程是我国第一套年产三万吨磷铵配套采用副产磷石膏制硫酸联产水泥的资源综合利用和消除环境污染的工程。实践证明，磷铵副产磷石膏制硫酸联产水泥装置工艺成熟，技术可靠，设备选型合理，产品质量合格，能够实现连续安全稳定运行，企业经济效益、社会效益和环境效益显著，可以在条件适宜的企业里推广"。

磷铵、硫酸、水泥联合生产技术既有效地解决了废渣磷石膏堆存占地、污染环境、制约磷复肥工业发展的难题，又开辟了硫酸和水泥新的原料路线，减少了温室气体二氧化碳的排放。

1989 年，鲁北集团抓住"开发黄河三角洲"、"建设海上山东"两个跨世纪工程的机遇，以发展海洋化工为目标，利用海水逐级蒸发、净化原理，于 1990 年 12 月在 70 华里的潮间带上建成 100 万吨盐场、5 万亩养殖场、1 万吨溴素厂，构建了"初级卤水养殖、中级卤水提溴、饱和卤水制盐、苦卤提取钾镁、盐田废渣盐石膏制硫酸联产水泥，海水送热电冷却、精制卤水送到氯碱装置制取烧碱"的海水"一水多用"产业链，产生巨大的综合效能，为国内盐业企业综合利用海水资源开辟了新路。

1991 年 3 月，滨州地区行署批准以山东鲁北化工总厂为核心成立山东鲁北企业集团。1992 年 6 月，山东省体改委批准山东鲁北企业集团更名为山东鲁北企业集团总公司。在 1997 年，为配套年产 15 万吨磷铵联产 20 万吨硫酸、30 万吨水泥（简称"15、20、30"）国家试点放大工程，发挥百万吨盐场资源优势，他们进行了 6 万 kW 热电机组和 6 万吨离子膜烧碱工程建设，开发了清洁发电产业链，形成"盐、碱、电"联产的特色工艺。热电厂以劣质煤和煤矸石为原料，采用海水冷却，排放的煤渣用作水泥混合材料，经预热蒸发后的海水排到盐场制盐，同时与氯碱厂连接。氯碱厂利用百万吨盐场丰富的卤水资源，不经传统的制盐、化盐工艺，直接通过管道把卤水输入到氯碱装置，既减少了生产环节，又节省了原盐运输费用，建设成本、运行成本大幅度降低，大大增强了企业的核心竞争力。

磷铵硫酸水泥联合生产技术、海水"一水多用"技术、"盐、碱、电"联产及清洁发电技术的成功运用，形成了三条相关度很高的生态工业产业链，改变了传统产业消耗资源—制造产品—排出废物的线性生产链条，为中国化学工业树立了一面自己的可持续发展的绿色旗帜。

　　美国著名科学史家、哲学家托马斯·库恩在他的专著《科学革命的结构》中曾经提出，"科学是通过从一种范式向另一种范式的革命而不断发展"，"科学发现作为一个复杂的过程推动范式转换"，"科学革命"的实质就是"范式转换"。从牛顿力学到爱因斯坦的相对论，就是"范式转换"的物理学革命。鲁北集团完成的具有世界意义的生态产业链的创建，则是把握住了对国家传统工业可持续发展实施"范式转换"革命的金钥匙。尽管当时还没有几个人能识得其对于传统工业"范式转换"的革命意义以及促进人类与科技创新、经济发展、资源综合利用与生态环境和谐进步的思想内涵，仅从资源综合利用和科技进步的角度，国家经贸委、化工部先后授予其"环境保护资源综合利用先进企业"和"科技进步奖"。

　　1997年5月，在第72次国家香山科学会议①上，科学家们将其确认为我国独有的零排放技术、原子经济技术、环境友好技术、可持续发展技术，是

------

　　①　香山科学会议是由科技部（原国家科委）发起，在科技部和中国科学院的共同支持下于1993年正式创办，相继得到国家自然科学基金委员会、中国科学院学部、中国工程院、教育部、解放军总装备部和国防科工委等部门的资助与支持。上述各单位均为香山科学会议的理事会成员单位。香山科学会议的宗旨是：创造宽松学术交流环境，弘扬学术民主风气，面向科学前沿，面向未来，促进学科交叉与融合，推进整体综合性研究，启迪创新思维，促进知识创新。基础研究的科学前沿问题与我国重大工程技术领域中的科学问题均可作为会议主题。会议侧重于：探讨科学前沿，展望未来发展趋势，讨论最新突破性进展，交流新的学术思想和新方法，分析新学科的生长点以及交叉学科的新问题。截至2007年10月12日香山科学会议已举办310次会议。

无机化工领域继侯氏联合制碱法①之后又一标有中国标记的发明。

三、鲁北化工挂牌上市

鲁北集团总公司及其前身无棣县硫酸厂、山东鲁北化工总厂自1977年以来一直是国有独资。随着集团规模的扩大，继续拓展新的资金来源，同时股权结构单一的弊端逐渐凸显出来。出于以上两个原因，集团总公司决定实施股份制改造。由于鲁北集团的生产基地位于远离市区的盐碱滩，托儿所、学校、医院等生活服务设施难以社会化，所以集团整体改造为股份有限公司的条件不具备，只能采取剥离上市的形式。

1995年上半年，鲁北集团实施了现代企业制度改革。股份制改造方案，报经山东省政府、中国证监会批准后开始实施。同年11月，山东省人民政府向滨州地区行政公署下发了"鲁政字（1995）第152号"文件，同意鲁北集团总公司作为独家发起人，将其核心企业"三四六"分厂和溴素厂剥离出去，改组设立"鲁北化工股份有限公司"，公司总股本10000万股。其中，国有法人股为7000万股，社会公众股为2700万股，内部职工股为300万股。1996年，中国证监会对山东鲁北化工股份有限公司（筹）申请公开发行股票给予批复，同意山东鲁北化工股份有限公司采用"全额预缴款"方式发行A股，每股面值1元，发行价6.28元，融资1.9亿元。1996年7月2日其在上海证券交易所上市交易。本次发行募集资金主要用于国务院特批的"年产

---

① 纯碱，学名碳酸钠，是生产玻璃、搪瓷、纸张等许多工业品、食品和日常生活不可缺少的基本化工原料。在古代，人们曾先后学会了从草木灰中提取碳酸钾和从盐碱地及盐湖等天然资源中获得碳酸钠，但这不能满足工业生产的需要。1791年和1862年，分别由法国医生路布兰和比利时人索尔维先后开创了以食盐为原料制取碳酸钠的路布兰制碱法和以食盐、氨、二氧化碳为原料制取碳酸钠的索尔维制碱法（又称氨碱法）。索尔维法以其能连续生产、食盐利用率高（70%左右）、产品质量纯净且成本低廉等优点，逐渐取代了路布兰法。但这种生产方法长期被几大公司控制着，封锁技术，垄断纯碱市场。1917年，爱国实业家范旭东在天津塘沽创办永利碱业公司，决心打破洋人的垄断，生产中国造的纯碱，并于1920年聘请侯德榜出任总工程师。针对氨碱法消耗原料（食盐）多，废液量大，占用大片土地来堆积肥料且污染水源等问题，侯德榜先生着手改进索尔维制碱法，并探索新工艺。1940年完成了新的工艺路线，其要点是在索尔维制碱法的滤液中加入食盐固体，并在30~40℃下往滤液中通入氨气和二氧化碳气，使它达到饱和，然后冷却到10℃以下，结晶出氯化铵（一种化肥），其母液又可重新作为索尔维制碱法的制碱原料。新的工艺不仅把食盐利用率提高到98%，而且由于把制碱和制氨的生产联合起来，省去了石灰石煅烧产生二氧化碳和蒸氨的设备，从而节约了成本，大大提高了经济效益。1943年，这种新的制碱法被正式命名为"侯氏联合制碱法"。侯德榜因此被视为我国重化学工业的开拓者。

15 万吨磷铵、20 万吨硫酸、30 万吨水泥"国家试点放大工程项目。

上市以来，鲁北化工先后于 1998 年 8 月和 2000 年 10 月实施两次配股，分别募集资金 2.28 亿元和 5.63 亿元，连同首次发行募集的 1.9 亿元，共募集资金近 10 亿元。

四、从企业集团到生态工业园区

鲁北集团的生态工业链条和生态工业系统是分阶段创建、逐步完善形成的。开始，仅是一个国家科技攻关项目，随着生态产业技术的不断进步和认识的自觉深化，开始了由点到面的突破，实现了生态工业的区域化、园区化，探讨了由点到面、由企业到区域到社会层面实现循环经济的成功路径。

"15、20、30"国家试点放大工程被列入《中华人民共和国国民经济"九五"发展规划和 2010 年目标发展纲要》。1996 年，成立"山东鲁北化工总厂'15、20、30'扩建工程指挥部"，总指挥冯久田，指挥部下设办公室、基建处、供应处、设备处、电仪处、财务处、保卫处。1997 年，开始规划、建设以"15、20、30"工程为主体的生态工业园区。通过关键技术创新、过程耦合、工艺联产、产品共生和减量化，再循环、再利用等一系列措施，鲁北生态工业园实现了物质充分循环、能量多级集成使用和信息交换共享，实现了与自然环境的友好协调与管理系统的适应性，取得了经济效益、社会效益和生态效益的协调发展。

2003 年 2 月，国家环境保护总局组织鲁北集团、清华大学、中国环境科学研究院等单位对鲁北集团的生态工业模式进行了研究，并于 2003 年 2 月在北京召开了鲁北生态工业模式研究鉴定会，专家组给予了高度评价。专家组充分肯定了鲁北集团作为我国较早的生态工业实践者，形成了结构紧密的、共享共生的生态工业模式，是世界上为数不多的、具有多年成功运行经验的生态工业系统，比国际上推广的卡伦堡模式的企业间联系更加紧密，比杜邦模式的产业链关联度更大；对我国实施可持续发展战略，推广循环经济，走出一条科技含量高、经济效益好、资源消耗低、环境污染少、人力资源优势得到充分发挥的新型工业化路子，将产生重要的示范作用。[1]

2003 年 5 月，鲁北集团规划建设国家"循环经济"2×300MW 大型热电示范装置，并被列入山东省电力发展规划。

① 国家环境保护总局：《重要环境信息》（总第 25 期），2003 年 4 月 22 日。

2003 年 11 月 18 日，国家环境保护总局批复鲁北国家生态工业示范园区建设，阐明鲁北国家生态工业示范园区建设符合循环经济发展战略，对山东省生态建设、化工行业的可持续发展以及建立中国特色的新型工业化模式，具有示范意义。

同年 12 月 20 日，国家火炬计划鲁北海洋科技产业基地通过国家科技部专家评审，鲁北集团被确定为国家第一家海洋科技产业基地、山东省第四家通过国家评审的科技产业基地。鲁北海洋科技产业基地利用总公司海洋产业优势，可以最大限度地整合鲁北国家生态工业示范园区的各种资源，发展以海洋化工、油化工、煤化工"三化合一"为支撑的生态海洋科技产业体系。

自 2004 年，鲁北集团开始实施建设国家"循环经济"2×300 兆瓦大型热电示范装置、海水淡化示范装置、风力发电工程、"油化工、盐化工、煤化工'三化合一'"工程等一批对区域经济有重大贡献、有重大影响力和推动力的生态工业示范项目。

2005 年，根据国务院关于加快发展循环经济的若干意见，国家发展和改革委员会、国家环保总局、国家科学技术部等部委（局）将其列为国家循环经济试点单位。

2006 年 3 月，鲁北集团作为国家重点循环经济企业被列入国家"十一五"经济和社会发展规划纲要。①

2007 年 1 月，鲁北集团被列入山东省重点培育的循环经济企业。

2007 年 10 月，鲁北集团被列入山东省《黄河三角洲高效生态经济区发展规划》。

鲁北集团为倡导生态工业和循环经济的发展实践，为建设社会主义和谐社会提供范例，提出了"大、强、久"的企业发展思想，要求把"中国鲁北生态工业模式"不但要做强、做大，而且更要做久，通过建设一批对区域经济有重大贡献、有重大影响力和推动力的生态工业示范项目，提升生态工业园区的核心竞争力，创造具有广泛国际影响力的生态工业园区和循环经济实践的示范，探索区域经济可持续发展道路，引导全社会层次循环经济的实现。

---

① 《中华人民共和国国民经济和社会发展第十一个五年规划纲要》第 22 章指出，要推动钢铁、有色、煤炭、电力、化工、建材、制糖等行业实施循环经济改造，建设济钢、宝钢、鞍钢、攀钢、中铝、金川公司、江西铜业、鲁北化工等一批循环经济示范企业。

第三节　鲁北集团成员单位

鲁北集团的前身无棣县硫酸厂自 1977 年创立，现已发展成为以鲁北企业集团总公司为核心企业，拥有两个园区和 52 个成员企业，横跨化工、建材、电力等 12 个产业，"产、学、研"有机结合的国家特大型企业集团。集团主要成员企业和所属单位如图 1-2 所示。

一、山东鲁北企业集团总公司

山东鲁北企业集团总公司是经山东省人民政府同意，由山东省无棣县人民政府单独投资设立的国有独资有限责任公司。公司在山东省无棣县工商行政管理局登记注册，现已经发展成集化工、轻工、建材、电力等于一体的国有特大型企业，其前身是 1977 年 8 月创建的无棣硫酸厂。1987 年 2 月，无棣硫酸厂更名为山东鲁北化工总厂。1991 年 3 月滨州地区行署批准以山东鲁北化工总厂为核心成立山东鲁北企业集团。1992 年 6 月，山东省体改委批准山东鲁北企业集团更名为山东鲁北企业集团总公司。截至 2006 年 12 月 31 日，鲁北集团注册资本 10 亿元，全部为国有资本，国有股权由山东省无棣县国有资产管理委员会持有。山东鲁北企业集团总公司是鲁北化工等 50 余家企业的控股公司，目前持有鲁北化工 27.9% 的股份。鲁北集团已形成年产磷铵 40 万吨、硫酸 80 万吨（其中：石膏制酸 40 万吨、硫磺制酸 40 万吨）、水泥 90 万吨、复合肥 100 万吨、原盐 100 万吨、溴素 1 万吨、烧碱 30 万吨、总装机容量 1100 兆瓦的生产能力。集团总资产达 200 亿元，占地面积 400 平方公里，现有员工 7500 名。2006 年，集团完成工业总产值 101 亿元，工业增加值 33.2 亿元，实现销售收入 105 亿元、利税 12.5 亿元；2007 年完成工业总产值 160 亿元，工业增加值 53 亿元，实现销售收入 158 亿元、利税 18 亿元。

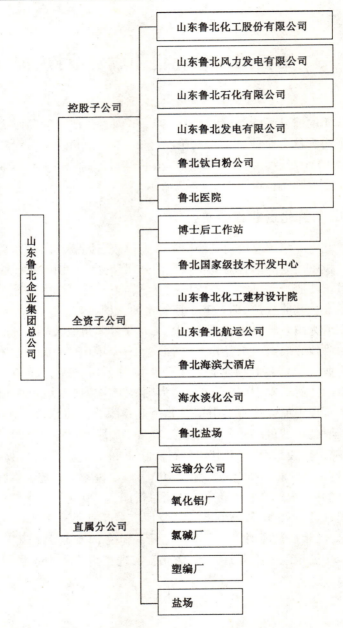

图1-2 山东鲁北企业集团组织结构图

二、鲁北生态工业园

2003 年 11 月，国家环保总局以"环函〔2003〕324 号"文批复鲁北企业集团为"国家生态工业示范园区"。该园区以鲁北企业集团总公司、鲁北化工股份有限公司为主体，下辖 52 个成员企业，涉及化工、建材、轻工、电力等 12 个行业。园区正在以生态科技产业作为支撑体系，实施大规模产业化升级。至 2010 年，鲁北生态工业园区将建成技术先进、知识密集、管理文明、环境友好、结构和谐、系统网化的世界知名生态工业园区，创造具有广泛国际影响的生态工业园区建设和循环经济实践的示范。

三、山东鲁北高新技术开发区

2000 年 12 月，由滨州市政府批准依托鲁北集团创办的山东鲁北高新技术开发区成立。鲁北高新技术开发区地处黄河三角洲开发腹地，位于山东省的北部，与河北省黄骅港一河之隔，濒临渤海湾，被称为山东的北大门，该区总面积 600 平方公里，海岸线长 50 公里，人口 8 万，年国民生产总值 139 亿元人民币。开发区以鲁北集团为依托单位，工业以鲁北生态工业园为主体，农业以枣业种植、海洋渔业为特色，区内有丰富的油气资源、滩涂资源和海洋资源。鲁北高新技术开发区是滨州市首家也是唯一一家高新技术开发区，主要辖区跨越马山子、埕口两个乡镇，与国家重点工程黄骅港一河之隔。开发区南靠碣石山，4000 年前大禹治水以此山为"疏九河入海"的向标；三国时曹操登临此山"以观沧海"；西汉时期，北部沿海车网城曾驻扎过韩信的千军万马。北部的"望子"岛传说为秦代徐福带 500 名童男童女出海的地方。现在，这片沉睡的土地因鲁北高新技术开发区的崛起正在焕发出勃勃生机。

几年来，开发区在海洋科技产业开发、生态科技产业开发、循环经济发展、园区建设管理等方面，已取得了长足的发展。目前，依托开发区内形成的生态工业项目集群，正在积极探索一条从企业层面到区域层面，再到社会层面，引导全社会层次实现循环经济的良性发展道路。开发区的建立，将有助于石膏制硫酸技术、磷石膏窑外分解技术、海水"一水多用"技术等重大科技成果得以最大限度地转化，并加快当地资源的综合开发利用步伐，有助于借一河之隔的黄骅港，打开山东北大门，加强与天津滨海新区的主动对接，尽快融入环渤海经济圈。

四、山东鲁北化工股份有限公司

山东鲁北化工股份有限公司是山东鲁北企业集团公司独家发起，在集团公司核心企业山东鲁北化工总厂的三四六分厂和鲁北盐场所属的溴素分厂改组的基础上，采用募集方式于1996年设立的股份有限公司，同年在上海证券交易所挂牌交易。鲁北化工现有硫酸厂、磷铵厂、水泥厂、合成氨厂、热电厂、氯碱厂、溴素厂7个生产工厂，拥有1830名员工，是目前世界上最大的磷铵、硫酸、水泥联合生产企业，全国最大的磷复肥生产基地之一。

鲁北化工是国家科技部认定的高新技术企业，依托磷铵—硫酸—水泥联产、海水"一水多用"、清洁发电与盐碱联产三条高相关度的生态产业链，形成支农、环保、高新技术开发、建材、原材料等国家重点扶持、政策倾斜的优势产业。新技术产业化给鲁北化工带来了良好的业绩和可持续高成长发展态势。被列入国家《国民经济和社会发展"九五"计划及2010年远景目标发展纲要》的"年产15万吨磷铵、20万吨硫酸联产30万吨水泥（即'15、20、30'）"国家试点放大工程，采用新技术创新成果，在建设的同时使装置生产能力比原设计提高一倍，奠定了在国家磷复肥、石膏制酸行业的主导地位，为我国提供了大型磷复肥工业装置国产化样板。

鲁北化工自1996年7月在上海交易所挂牌上市以来，以全国支农化工第一股和科技含量高、经营业绩好的良好形象，成为沪市绩优板块的突出代表，入选上证180指数，成为全国上市公司中最具发展潜力的企业之一。

五、山东鲁北发电有限公司

鲁北发电有限公司以山东鲁北企业集团总公司为主投资兴建，集团持股85%。鲁北发电有限公司位于鲁北国家生态工业园区南端，距即将开工建设的黄（骅港）—大（家洼）铁路只有11公里，距黄骅港、朔（州）—黄（骅）铁路20公里，交通运输便利。鲁北发电有限公司所实施的2×300兆瓦燃煤热电工程是山东省"十五"电力发展规划的重点项目，是国家循环经济产业化示范项目，国家发改委于2005年5月以"发改能源〔2005〕917号"文对该项目进行了核准批复。工程投资27亿元，全部完成后每年可实现销售收入近100亿元、利税30亿元。

鲁北发电有限公司主要以神华公司的神府东胜煤为主，可与鲁北集团现有的生态工业系统实现有机地结合，蕴涵了生态化、集成化、产业化、效益化的创新智慧和创造理念。电厂采用海水冷却，并输入海水淡化装置，淡化后排出的高卤度海水，送鲁北盐场提溴、制盐；锅炉排出的炉渣，送鲁北集团氧化铝生产线提取氧化铝，也可作为水泥的混合材料，锅炉烟气脱硫渣（即石膏渣）送鲁北集团用作生产硫酸与水泥的原料。资源得到充分利用，实现经济与环保双赢，将成为全国最大的生态电厂。

鲁北发电有限公司建成后，从根本上改善了鲁北地区及山东电网末端的电力供应状况，提高了电网运行质量，缓解了电力供应局面。同时，也调整了产业布局、培植壮大新的工业体系，促进了黄河三角洲经济的协调快速发展。

六、山东鲁北石化有限公司

山东鲁北石化有限公司是由集团持股33%的合资企业，行业类型为石油制品业。公司位于山东鲁北化工生态工业园区内，依托集团自身盐化工、海洋化工资源、技术优势和当地丰富的石油、天然气资源，主要实施油化工、盐化工、煤化工"三化合一"工程建设。石化公司有中国科学院院士合作项目——重油裂解制乙烯工程，被列入国家火炬计划，一期主要工程包括150万吨/年常减压装置、50万吨/年重油催化裂化装置、100万吨/年渣油延迟焦化装置和40万吨/年柴油加氢精制装置、10万吨/年环氧氯丙烷生产装置。目前，主要产品有轻质溶剂油、燃料油、工业用液化气、焦炭、环氧氯丙烷等，综合效益明显。

七、山东鲁北风力发电公司

山东鲁北风力发电公司是鲁北集团正在筹建中的独资公司。鲁北地区具有滩涂广阔、地势平坦、风能资源丰富的优势条件。根据当地气象站多年的气象资料统计及鲁北集团的现场实测风速资料分析，无棣县北部沿海地区累年平均风速为4.6米/秒、近五年平均风速为4.7米/秒，10m高度平均风速为6.4米/秒、平均风能密度为395W/平方米，30m高度平均风速为6.98米/秒，有效风速年平均累计小时数超过6200小时，属风能资源丰富地区，而且该地区人口稀少，大部分为盐碱荒滩，发展风力发电不受场地限制，风能资源开发前景十分广阔。

鲁北集团拥有60万亩的巨量土地，区位优势、地理优势、土地优势、风能资源、太阳能资源、海洋资源优势极其明显。利用广阔的盐田和海滩，现正在建设 4.8 万 kW 风力发电工程，并规划在黄骅港以东区域近 20 公里海岸线区间，向北部海域延伸 10 公里，规划 200 平方公里，投资 800 亿元，建设 1000 万 kW 大型风力发电工程。

八、鲁北盐场

鲁北盐场是鲁北集团的全资企业。鲁北集团所在地无棣县海岸线长 102 公里，浅海渔场 150 万亩，滩涂 98 万亩，潮间带 48 万亩，宜盐面积 653 万公亩，已开发盐田 356 万公亩，原盐年产量达 220 万吨，是全国大型优质盐生产基地和重点出口盐基地。1991 年，经原山东省滨州地区行署批准，鲁北化工总厂车网城盐场正式更名为山东鲁北盐场，现辖 3 个化工厂、7 个制盐公司、2 个养殖公司、1 个供电公司和 1 个航运公司。鲁北盐场与国家重点港口黄骅港毗邻，海水"一水多用"模式为国家同行业首创，"初级卤水养殖、中级卤水提溴、饱和卤水制盐、苦卤提取钾镁、盐田废渣盐石膏制硫酸联产水泥、海水送热电冷却、精制卤水送到氯碱装置制取烧碱"，综合效益明显。2006 年，鲁北盐场生产原盐 100 万吨、丰年虫卵 1000 吨，总资产 4.6 亿元（不含土地使用权），实现销售收入 0.86 亿元、利润 0.35 亿元。

九、鲁北钛白粉公司

鲁北钛白粉公司是集团独立核算的产业之一。2003 年，年产 1.5 万吨钛白粉装置建成投产，经过扩产现拥有全国最大的 $\phi 3 \times 88m$ 煅烧窑，年生产能力达 5 万吨。2006 年实现销售收入 1.68 亿元、利润 0.44 亿元。公司主要产品为锐钛型钛白粉，[①] 是一种优质白色颜料，化学性质稳定，粒子细小均匀，光学性能佳，着色力高，广泛应用于涂料、橡胶、造纸、塑料、油墨等行业，产品畅销全国 20 多个省市区。

另外，集团还拥有山东鲁北化工建材设计院、鲁北医院（与政府合资）、鲁北海滨大酒店、山东鲁北航运公司、山东鲁北建筑安装有限公司、国家级技术开发中心、博士后工作站、海水淡化公司等多个成员单位。

---

① 关于钛白粉的类型可参阅本书第四章第二节第六部分钛白粉工艺流程。

第四节　企业的主要业务与流程

　　鲁北集团的主要业务范围涉及化工、轻工、建材、机械、电力、石化、海水养殖、有色金属、清洁能源、汽运、航运、化工工程咨询设计、建筑工程设计、设备安装维修、进出口贸易等多个领域。其中，生产加工销售的品种有硫酸、原盐、水泥、化学肥料、溴素、溴化钠、溴化钾、溴化铵、溴化锂、氯碱、建材、涂料、工业盐、环氧氯丙烷及其石化产品；出口商品有磷酸一铵、磷酸二铵、复合肥料、水泥、原盐、氯碱、钛白粉、溴素、溴化锂、溴化钠、溴化铵、溴化钾、阻燃系列产品及相关设备；进口的商品有本企业生产、科研所需的原辅材料、机械设备、仪器仪表及零配件等。

　　鲁北集团的业务主要包括产品和工艺研发，磷矿石、煤炭、铝土矿等物资采购，产品制造和加工，产品销售等环节。

　　各环节的业务流程详见相关各章，其中产品生产的工艺流程主要体现在各循环经济产业链中，具体流程如本书第四章所述。

第五节　企业的荣誉

一、鲁北集团的荣誉

　　30年的实践，鲁北集团通过科技集成创新，创建了鲁北生态工业模式，改变了人类在开发一种资源的同时，又破坏、污染其他资源的传统发展方式，成为中国循环经济的拓荒者。鲁北集团因此获得多项荣誉称号和奖励。

　　鲁北集团获得的部分荣誉和奖励如表1-1所示。

表1-1 山东鲁北企业集团部分荣誉一览表

序号	荣誉名称	颁发单位	年份
1	盐石膏制硫酸联产水泥试验圆满结束，现场召开技术鉴定会	山东省石化厅	1983
2	盐石膏制硫酸联产水泥试验成果获山东省科技成果一等奖 山东省技术进步奖 化工部科技成果三等奖	山东省科技厅 化工部	1984
3	磷石膏制硫酸联产水泥试验成果获国家"六五"科技攻关奖	科技部	1986
4	"优秀化肥矿山企业" "无泄漏工厂" 年产1万吨磷铵项目获山东省技术进步二等奖	化工部 山东省石化厅	1988
5	荣获化工部磷铵"建好开好奖" 荣获山东省经委"资源综合利用先进企业"、"省级节能先进企业"称号 磷石膏制硫酸联产水泥科技成果获"山东省科技成果一等奖"	化工部 山东省经委 山东省化工厅	1990
6	省级技术进步先进企业 化工部在鲁北集团召开"三四六"装置技术经济评审会，决定在全国推广鲁化经验，30家磷铵厂先期试点	山东省经委 化工部	1991
7	企业技术进步奖	化工部	1992
8	无外返料喷浆造粒技术获科技进步二等奖	化工部	1993
9	国家级科技成果重点推广计划依托单位	国家科学技术委员会	1994
10	山东省第二批"无泄漏工厂"称号	山东省化工厅	1995
11	鲁北集团总公司被列为国家"九五"科技成果重点推广单位，磷铵副产磷石膏制酸联产水泥技术列为国家"九五"重点推广的重大科技成果，列入国家重点支持推广的产业、技术、产品目录	国家科委	1996

续表

序号	荣誉名称	颁发单位	年份
12	参加第72次香山科学会议	香山科学会议	1997
13	"山东省企业技术创新先进集体"	山东省政府	1998
14	"山东省资源节约综合利用先进单位" "质量无投诉企业"称号	山东省经贸委 中国质量无投诉活动委员会	1999
15	石膏制酸联产水泥新技术获山东省省委省府科技重奖（二等奖）	中共山东省委、省政府	2000
16	在国家科学技术奖励大会上，鲁北集团总公司磷石膏制酸联产水泥新技术获国家科技进步二等奖。冯久田作为获奖代表出席会议，接受了胡锦涛、江泽民、朱镕基等党和国家领导人的亲切接见	国务院	2001
17	中国信用共建重信用企业单位	山东省政府	2001
18	山东省质量奖	山东省政府	2001
19	山东省明星企业	山东省科学技术厅 山东省知识产权局	2001
20	AAA级企业	中国建设银行	2002
21	参加第198次香山科学会议	香山科学会议	2002
22	中国鲁北生态工业模式通过国家环保总局组织的专家委员会鉴定。鉴定意见认为，鲁北集团形成了结构紧密，共享共管的联合企业型生态工业模式，是世界上为数不多的，具有多年成功运行经验的生态工业园区，是我国实现经济与环境双赢的一个典型案例。对这一模式开展研究和规划，总结、发展，推广经验，有很重要的意义	中国鲁北生态工业模式鉴定专家委员会	2003
23	国家生态工业示范园区	国家环境保护总局	2003
24	山东省先进企业	山东省经贸委	2003
25	山东省质量管理先进单位	山东省质量技术监督局	2003
26	山东省先进基层党支部	中共山东省委	2004

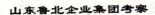

续表

序号	荣誉名称	颁发单位	年份
27	首批国家环境友好企业	国家环境保护总局	2004
28	国家火炬计划鲁北海洋科技产业基地	科技部火炬高技术产业开发中心	2004
29	国家第一批循环经济试点单位	国家发改委等部委	2005
30	产品质量免检证书	国家质量监督检验总局	2005
31	关于开展向鲁北企业集团总公司学习活动的决定	中共无棣县委、县政府	2005
32	全国化工环保先进单位	中国石油与化学工业协会	2005
33	全国工业企业500强和国家千家最大企业集团	中国石油与化学工业协会	2005
34	山东省先进基层党支部	中共山东省委	2006
35	列入《中华人民共和国国民经济和社会发展第十一个五年规划纲要》（2006～2010年）		2006
36	山东省企业文化建设示范单位	中共山东省委宣传部	2006
37	2005中华环境奖 中国名牌产品证书	中华环境奖组委会国家质量监督检验总局	2006
38	山东省思想政治工作优秀企业	中共山东省委组织部	2006
39	中国鲁北生态工业模式研究环境保护科技成果奖	国家环保总局	2007
40	山东省重点培育的循环经济企业	山东省政府	2007
41	国际权威专利机构——欧亚专利局发布公告，授权鲁北石膏制硫酸联产水泥新技术发明专利，专利号为007885	欧亚专利局授权	2007

序号	荣誉名称	颁发单位	年份
42	2007 阿拉善"SEE 企业生态奖"颁奖辞，"对于贵单位在企业发展中不忘环保，不忘社会责任，历史和人民会永远铭记"	中国大陆首个由民间环保团体设立的生态环保奖，由阿拉善 SEE 生态协会与全球最大的民间环保组织大自然保护协会（The Nature Conservancy）联合举办	2007
43	中国鲁北生态工业循环经济技术集成创新与产业化示范获得中国石油与化学工业协会科技进步一等奖	中国石油与化学工业协会	2007
44	列入山东省《黄河三角洲高效生态经济区发展规划》	山东省政府	2007
45	省级文明单位	山东省政府	1991~2007

二、集团总公司董事长的荣誉

冯怡生，男，1943 年 10 月生，山东省无棣县人，大学学历，工程应用研究员。现任山东鲁北企业集团总公司董事长，中国硫酸协会和磷肥协会理事，中国盐化工管理委员会委员，中国企业文化促进会副会长、山东省企业专利协会副理事长，全国劳动模范，第七、八、九、十届全国人大代表。先后荣获山东省优秀科技工作者称号和富民兴鲁劳动奖章，全国中青年有突出贡献的专家，全国第四届科技实业家金奖，中国 500 名企业创业者，全国优秀科技工作者和"五一"劳动奖章，山东省专业技术拔尖人才，山东省委、省政府科技重奖，国际优秀企业家贡献奖等荣誉和奖励。

冯怡生董事长获得的部分个人荣誉及奖励如表 1－2 所示。

表1-2 冯怡生董事长获得的部分个人荣誉及奖励

序号	荣誉名称	授予或颁发单位	颁发时间
1	中国硫酸协会理事会理事	中国硫酸协会	1986
2	"六五"国家科技攻关奖	化学工业部	1986
3	山东省优秀科技工作者称号和富民兴鲁劳动奖章	山东省总工会	1987
4	全国优秀科技工作者称号和"五一"劳动奖章	中华全国总工会	1987
5	第七届全国人大代表		1988
6	山东省劳动模范	山东省政府	1988
7	山东省优秀共产党员	中共山东省委	1988
8	优秀化肥、矿山厂矿长称号	化工部	1988
9	山东省专业技术拔尖人才	中共山东省委、省政府	1988
10	山东省科学技术进步二等奖	山东省科学技术进步奖评审委员会	1988
11	山东省企业管理先进工作者	山东省企业管理领导小组、省经济委员会	1988
12	山东省优秀新产品一等奖	山东省经济委员会	1988
13	全国劳动模范	中华人民共和国国务院	1989
14	山东省化学工业科学技术进步一等奖	山东省石油化学工业厅	1990
15	优秀共产党员	中共滨州地委	1990
16	企业承包优秀经营者	滨州行署	1991
17	政府特殊津贴	国务院	1991
18	全国有突出贡献的中青年专家	人事部	1991
19	全国企业管理先进工作者	国家经委、中国企业管理学会	1991
20	山东省科技兴鲁先进工作者	中共山东省委、省政府	1992
21	省委1992年首批科技重奖	中共山东省委	1992
22	石膏法制硫酸联产水泥技术成果荣获孙师白基金会二等奖	孙师白基金会评奖委员会	1992
23	当选第八届全国人大代表		1993

序号	荣誉名称	授予或颁发单位	颁发时间
24	当代专利、科技成果转让博览会银奖	当代专利科技成果转让博览会、组委会	1993
25	科教影片"一水多用"科学顾问	国家科学教育电影教育制片厂	1993
26	全国化学工业科学技术进步二等奖	化工部	1993
27	中国500名企业创业者	国务院发展研究中心中国企业家调查系统和中国创业者评价中心	1994
28	第四届全国科技实业家创业奖金奖		1994
29	全国化工优秀思想政治工作者	化工部	1994
30	"优秀专利发明家"、"石膏制硫酸联产水泥"发明技术专利获中国专利十年成就展金奖		1995
31	中国专利明星企业突出贡献奖	山东省科学技术委员会、省专利管理局	1995
32	山东省优秀专利发明家	山东省专利管理局	1995
33	山东省优秀企业家	山东省政府	1995
34	国家科学技术进步三等奖	国家科学技术委员会	1995
35	中国专利优秀奖	中华人民共和国专利局	1995
36	山东省化工科技进步一等奖	山东省化学工业厅	1995
37	冯怡生总经理带领鲁北人艰苦创业的先进事迹在中央电视台一频道为纪念中国共产党诞生75周年而制作的《先锋颂》专题节目中播出		1996
38	中国诗书研究院书法研究员（教授）	中国诗书画研究院	1996
39	全省最佳企业思想政治工作者	中共山东省委宣传部、省委组织部、省经委、省总工会	1996
40	中国科联经济发展研究中心研究员	中国科联经济发展研究中心	1997

序号	荣誉名称	授予或颁发单位	颁发时间
41	中国企业文化促进会副会长	中国企业文化促进会	1997
42	华盛顿荣誉市民	中美友好协会	1997
43	石膏制硫酸联产水泥技术发明专利	俄罗斯专利局	1997
44	当选第九届全国人大代表		1998
45	山东省企业技术创新先进个人（二等功）	山东省人事厅、省经贸委	1998
46	中国磷肥工业协会副理事长	中国磷肥工业协会	1999
47	重庆渝鲁经济发展研究（促进）会名誉会长	重庆渝鲁经济发展研究（促进）会	1999
48	书法作品及《从黄席棚到科技城》荣获"庆国庆"五十周年书法摄影、征文比赛一、二等奖	山东省企业管理协会、省企业家协会	1999
49	滨州市特级优胜企业经营者		2001
50	国家科学技术进步二等奖	中华人民共和国国务院	2001
51	"九五"国家重点科技攻关计划（重大技术装备）优秀科技成果奖	科学技术部、财政部、国家计委、国家经贸委	2001
52	被聘为英国实用技术开发研究院高级研究员		2002
53	当选第十届全国人大代表		2003
54	山东省优秀经营管理者	山东省经贸委	2006
55	中国鲁北生态工业循环经济技术集成创新与产业化示范获科技进步一等奖	中国石油和化学工业协会	2007
56	当选第十一届全国人大代表		2008

三、鲁北化工董事长的荣誉

冯久田，男，1968 年 11 月生，山东省无棣县人，博士，工程应用研究员，现任山东鲁北高新技术开发区管委会主任、山东鲁北企业集团总公司党委书记、山东鲁北化工股份有限公司董事长，荣获全国劳动模范、国家科技进步奖、"九五"国家重点科技攻关计划（重大技术装备）先进个人、中国优秀青年科技创新奖、全国科技先进工作者、山东省委省政府科技重奖、山东省劳动模范、山东省有突出贡献的中青年专家、山东省十大杰出青年等荣誉称号。

冯久田董事长获得的部分个人荣誉及奖励如表1-3所示。

表1-3　冯久田董事长获得的部分个人荣誉及奖励

序号	荣誉名称	授予或颁发单位	颁发时间
1	内分级、内返料喷浆造粒干燥机技术获滨州地区科技进步奖	滨州地区科学技术委员会	1992
2	实用新型专利（浓差电池测氧仪）	国家专利局	1993
3	实用新型专利（一种固体粉料分料器）	国家专利局	1993
4	当代专利、科技成果转让博览会银奖	当代专利科技成果转让博览会组委会、评委会	1993
5	国家科技进步三等奖	国家科委	1995
6	第二届滨州地区青年科技奖	中共滨州地委组织部	1995
7	实用新型专利（一种高温黏性粉料分料器）	国家专利局	1995
8	实用新型专利（三风道煤枪）	国家专利局	1995
9	实用新型专利（新型烘干机）	国家专利局	1995
10	滨州地区十大青年科技明星	共青团滨州地委	1995
11	首届环渤海科技成果博览会金奖	环渤海科技成果博览会组委会、评委会	1995
12	中国专利十年成就展金奖	中国专利十年成就展组委会、评委会	1995
13	发明专利（石膏窑外分解工艺与装置）	国家专利局	1996
14	山东省化工科技先进工作者	山东省化工厅	1996
15	发明专利（石膏窑外分解工艺与装置）	国家专利局	1996
16	首届山东科技创业杰出青年	共青团山东省委、省科委、省科协、省青年联合会	1996
17	循环硫化床窑外分解中试装置工程设计获滨州地区优秀工程勘察设计一等奖	滨州地区城乡建设委员会	1996
18	实用新型专利（流量调节装置）	国家专利局	1996

序号	荣誉名称	授予或颁发单位	颁发时间
19	国家资源综合利用优秀实用技术	国家经贸委	1996
20	实用新型专利（袋式除尘器）	国家专利局	1996
21	全国优秀科技工作者	中华人民共和国科技部	1997
22	先进专利工作者	山东省企业专利协会	1997
23	山东省化工科技先进工作者	山东省化工厅	1997
24	山东省十佳高新技术企业家	山东省科技厅	1997
25	全省厂矿企业"讲理想、比贡献"竞赛优秀成果二等奖	山东省科协、省经贸委、省计委	1997
26	全省石化系统十佳技术革新能手	山东省石化工会	1997
27	国际优秀企业家贡献奖	美国美中人民友好协会	1997
28	华盛顿荣誉市民	美国政府	1997
29	山东省十大杰出青年	共青团山东省委、大众日报社、省广播电视厅、省青年联合会	1998
30	"石膏窑外分解工艺与装置"发明专利	国家专利局	1998
31	山东省富民兴鲁劳动奖章	山东省政府	1998
32	山东省重点工程建设青年岗位能手	山东省建委、共青团山东省委	1998
33	滨州地区劳动模范	滨州地区行政公署	1998
34	宁夏固原"四六"工程获滨州地区优秀工程勘察设计一等奖	滨州地区城乡建设委员会	1998
35	"15、20、30"水泥工程获滨州地区优秀工程勘察设计一等奖	滨州地区城乡建设委员会	1998
36	第五届山东省青年科技奖	中共山东省委组织部、省人事厅、省科协	1998
37	先进专利工作者	山东省企业专利协会	1999

序号	荣誉名称	授予或颁发单位	颁发时间
38	山东省第五届专利金奖	山东省专利局	1999
39	山东省劳动模范	山东省政府	2000
40	第四届中国优秀青年科技创新奖	共青团中央、全国青联、中国青年科协	2000
41	山东省重奖科技成果二等奖	中共山东省委、省政府	2000
42	磷铵副产磷石膏制硫酸联产水泥新技术获滨州地区科技进步奖	滨州地区科学技术委员会	2000
43	山东省有突出贡献的中青年专家	山东省政府	2000
44	国家科技进步二等奖	国务院	2001
45	"九五"国家重点科技攻关计划个人暨优秀成果奖	科技部、财务部、国家计委、国家经贸委	2001
46	山东省富民兴鲁劳动奖章		2001
47	全国优秀科技工作者	中国科学技术协会	2001
48	省委省政府科技重奖	中共山东省委、省政府	2001
49	第四届山东省优秀科技工作者	山东省人事厅、省科协	2001
50	山东省产品质量奖	山东省政府	2001
51	"15、20、30"硫酸装置获优秀工程勘察设计一等奖	滨州市建设委员会、滨州市科学技术局	2001
52	100万吨/年 NPK 复肥工程获优秀工程勘察设计二等奖	滨州市建设委员会、滨州市科学技术局	2001
53	当选中共山东省第八次党代表大会代表		2002
54	山东省质量管理先进工作者	山东省质量技术监督局	2002
55	山东省十佳高新技术企业家	山东省科技厅	2002
56	当选山东省第十届人民代表大会代表		2003

续表

序号	荣誉名称	授予或颁发单位	颁发时间
57	国家发展与改革委员会在北京主持召开"推进循环经济专家座谈会",冯久田代表鲁北企业集团做典型发言		2003
58	2003 年管理精英人物	中国管理科学杂志	2003
59	第四届中国优秀青年科技创新奖	共青团中央、全国青联、中国青年科协	2003
60	山东省有突出贡献的中青年专家	山东省政府	2004
61	全国劳动模范	国务院	2005
62	中国鲁北生态工业模式研究环境保护科技成果奖	国家环保总局	2007
63	石膏制硫酸联产水泥新技术发明专利	欧亚专利局	2007
64	中国鲁北生态工业循环经济技术集成创新与产业化示范获科技进步一等奖	中国石油和化学工业协会	2007
65	当选中共山东省第九次党代表大会代表		2007
66	当选山东省第十一届人民代表大会代表		2008

第二章　领导体制和治理结构

企业的领导体制和治理结构是现代企业制度中最重要的组织架构，是建立现代企业制度的核心，是决定国有企业经营成效的关键。所谓企业的领导体制和治理机构主要是指，股东会、董事会、监事会及经理层之间所形成的相互制衡相互协调关系的一系列制度和安排，这种制度和安排也可以称为公司治理体制。企业领导体制和治理结构的本质是妥善处理由于所有权与经营权分离而产生的信托、代理关系，即股东与信托人——董事会及经理人之间的关系；其本质是提高公司的决策能力、管理能力，预防和避免"内部人控制"现象的出现。

鲁北化工及其控股股东集团总公司能够按照现代企业制度的要求，规范公司股东会、董事会、监事会和经营管理者的权益和义务，完善企业领导人员的聘任制度。鲁北集团的领导体制和治理结构虽然经历了一个逐步完善的过程，但其目前通过逐步优化产权结构、完善内部监督和高管人员的聘任制度，已经形成了股东会决定董事会和监事会成员，董事会选择经营管理者，经营管理者行使用人权和事权，权力机构、决策机构、监督机构和经营管理者之间既责任明确又有效制衡和相互协调的良好局面。

第一节　鲁北化工股权结构的多元化

股权结构对于一个公司的治理结构往往具有决定性的作用，鲁北化工股份有限公司自成立到现在，其股权结构经历了一个逐步优化的过程，从而使鲁北化工的治理结构得以逐步完善。1996 年，鲁北化工股份有限公司成立，鲁北集团实现了股份制改造，但就集团而言，此举只是建立了一个部分小股东参股的子公司,这个子公司当时由鲁北化工集团控股70%。就当时的鲁北化工股份有限公司而言,其股权结构有两大特点:①国有股比重过高,呈现出"一股独大"的现象。②法人股东单一。鲁北化工股份有限公司当时的这种股权结构特点,一方面是由鲁北集团所处的特殊地理位置决定的:地处盐碱滩的鲁北集团,周围除了大面积不能种植的碱盐地就是大海,艰苦的生活条件与偏远的地域条件,对其他法人股东进入缺乏吸引力;另一方面,很多机构、公司没能认识到鲁北集团系列专利性技术的重要意义,因此一直也就没有参与股份制改造的动因。

建设现代企业制度,要实行多元化投资,国有股"一股独大"不利于建立真正意义上的股份制企业。如果不及时解决,将来危害有可能显现出来。鲁北化工股份有限公司的这种"一股独大"的股权结构使其在以后的经营中遇到了三大难题:①公司运行机制与经营方式的转变缺乏股东压力。②公司在股本扩张中,国有股无法按比例配股。③国有股"一股独大"的局面导致了国有企业内部的资产监管缺乏有效的制约。所以,鲁北化工成立以后的相当长时间内,其"一股独大"的股权结构制约了公司的有效治理。值得庆幸的是,鲁北集团通过这么多年的发展,已一步步实现了股份公司股权结构多元化,并逐步建立了现代企业制度。鲁北化工优化股权结构,以建立有效的公司治理结构大致经历了以下历程:

1995年10月25日,山东省国有资产管理局以鲁国资字(1995)第191号《关于山东鲁北企业集团总公司股份制改造中国有股权设置的通知》批准了鲁北集团股份制改造中国有股权设置方案。根据该通知规定,鲁北集团以核心企业山东鲁北化工总厂资产、负债出资,评估并经国家国有资产管理局确认净资产价值为10338.46万元。上述净资产按照1:1.477的比例折国有法人股7000万元,剩余的3338.46万元转入资本公积金。

1995年12月18日,中信永道会计师事务所出具《验资报告》,确认鲁北集团应投入鲁北化工的国有法人股部分已全部缴足。鲁北化工设立时注册资本为10000万元,鲁北集团占总股本的70%。

1997年1月29日,鲁北化工召开1997年临时股东大会,会议审议通过鲁北化工以10000万股为基数,按10:10的比例用资本公积金转增股本的方案,本次转增后,鲁北化工股本总额增加至20000万股。鲁北集团的持股总数变更为14000万股,仍占股本总额的70%。

1998年4月13日,鲁北化工召开1997年度股东大会,会议通过了公司董事会制定的配股方案。鲁北化工决定以 1997 年 3 月实施公积金转增股本后的总股本 20000 万股为基数，按 10:3 的比例配股，应配股总数为 6000 万股，其中国有法人股股东鲁北集团书面承诺，以其所属鲁北盐场部分生产经营性资产评估确认值，按本次配股价格认购 400 万股，放弃其余应配股份 3800 万股，社会公众股以现金认购 1800 万股，实际配股数量 2200 万股。经中国证监会上字（1998）67 号文批准，鲁北化工 1998 年配股 2200 万股，公司总股本变更为 22200 万元，其中鲁北集团持股总额为 14400 万股，占股本总额的 64.86%。

1999 年 5 月 12 日，鲁北化工召开 1998 年度股东大会，审议通过以利润送红股议案。鲁北化工决定以 1998 年 12 月 31 日股本 22200 万股为基数，向全体股东按 10:5 的比例用利润送红股 11100 万股，送股后公司的注册资本变更为 33300 万元。鲁北集团持股总数变更为 21600 万股，仍占股本总额的 64.86%。

2000 年 5 月 9 日，鲁北化工召开了 1999 年度股东大会，审议通过了公司董事会关于 2000 年增资配股方案。本次配股鲁北化工以截至 1999 年 12 月 31 日公司股本总额 33300 万股为基数，按 10:3 的比例向全体股东配股，其中鲁北集团可获配 6480 万股，鲁北集团以非货币实物资产认购其中的 1120 万股，社会公众股可获配 3510 万股，以上合计配售股份总额为 4630 万股。本次配股经中国证券监督管理委员会证监公司字（2000）116 号文核准，鲁北化工本次配股结束后，股本总额变更为 37930 万股。其中，鲁北集团持股总数增加至 22720 万股，占股本总额的 59.90%。

2005 年，为了解决我国上市公司流通股和非流通股长期分置所带来的公司治理中的障碍，我国进行了股权分置改革。股权分置改革中，各上市公司中的非流通股通过向流通股无偿地支付一定的股份为对价，以换取非流通股的流通资格。鲁北化工股份有限公司 2005 年也进行了股权分置改革，根据鲁北化工制定的《股权分置改革以及定向回购说明书》，在股权分置改革中，鲁北化工股份公司将向大股东山东鲁北企业集团总公司定向回购 28313393 股国有法人股并注销；公司非流通股股东向流通股股东按每 10 股流通股获送 4 股的比例送股安排对价，对价安排的股份总数为 60840000 股。

在鲁北化工本次股份回购与股权分置改革一并实施后，公司的大股东鲁北集团所持股份进一步减少，其持有鲁北化工股份比例减至股份公司股本的 27.90%，鲁北化工股权结构得到了很大程度上的优化。至此，股份公司的股权结构如表 2 - 1 所示。

表 2 - 1   鲁北化工 2005 年股权分置改革前后股权结构统计表

股东名称	持股数量（股）（改革前）	持股数量（股）（改革后）	持股比例（％）（改革前）	持股比例（％）（改革后）
鲁北集团	181226100	97923083	47.78	27.90
其他非流通股股东	45973900	40123524	12.12	11.43
流通股股东	15210	212940000	40.10	60.67
股本总额	379300000	350986607	100	100

第二节   治理结构逐步改善

鲁北化工自设立以来，按照《公司法》、《证券法》以及上市公司的相关规定要求，建立了股东大会、董事会、监事会的决策监督体系；按照建立现代企业制度的要求，建立起党委政治核心领导，董事会集体决策，总经理管理指挥，监事会依法监督，以及工会、职代会民主管理的新的国有企业领导体制和法人治理结构；设立了以总经理为核心的公司高级管理层，各司其职，确保公司能够有效运转，同时也兼顾了决策的科学性和民主性问题。公司先后制定并进行了多次《公司章程》、《股东大会议事规则》、《董事会议事规则》、《监事会议事规则》、《独立董事工作细则》、《总经理工作细则》、山东鲁北化工股份有限公司《累计投票制度实施细则》等各项规章制度的完善，确保股东大会、董事会、监事会以及管理层的运作合法高效。

一、建章立制，股东会、董事会、监事会各司其职

鲁北化工结合《公司法》等法律规范制定了较为详细的《公司章程》，为公司实施有效的治理提供了较为详细的制度依据。公司 1996 年上市时即制定了《公司章程》，以后又对其进行了多次修改完善，其中仅 2003 年、2005 年、2006 年就对《公司章程》进行了三次修改。特别是，公司为了保障社会公众股股东选择董事、监事的权利，进一步建立健全公司管理制度，

完善公司治理制度，在公司董事、监事选举中率先实行了累计投票制度，并制定了《山东鲁北化工股份有限公司累计投票制度实施细则》。

公司股东大会制定了《股东大会议事规则》，并能得到切实执行。公司历次股东大会的召集、召开程序符合相关规定；公司重大事项均按法定程序通过股东大会审议，不存在绕过股东大会或先实施后审议的情况，充分保护所有股东的权利，平等对待所有股东，给股东以充分的知情权和表决权。

公司制定并完善了《董事会议事规则》、《独立董事制度》。董事会的召集、召开程序严格按照上述公司章程及相关规则的规定执行，确保董事会的召开合法合规。公司董事会会议记录完整，保存安全，并能够按照上市规则要求及时披露。出席会议的董事表决和签署董事会决议均由其亲自完成，不能出席的董事也均以书面形式委托其他董事代为参会并表决。公司董事会运作规范，公司董事均能勤勉尽责地履行职责，公司已经建立了科学、民主的决策体系，有助于公司决策的合法、科学。同时，公司充分认识到董事会下设各专业委员会的重要性，并率先在董事会内部下设了提名委员会、薪酬委员会、审计委员会、投资战略委员会，进一步完善了公司的法人治理结构。

公司制定了较为详细的《监事会议事规则》，以确保监事会的监督作用。公司四届监事会均经股东大会和职工代表大会选举产生，公司监事三名，其中由职工代表担任的监事一名，符合《公司法》和相关规定的要求。公司监事均参加了山东证监局组织的资格培训，并通过了资格考试。公司监事能够做到勤勉尽责地履行职责，并定期对公司依法运作情况、财务情况以及公司关联交易情况进行检查。

公司还制定了较为详细的《山东鲁北化工股份有限公司会议记录、文书制作、文档保管与使用制度》，确保了公司议事的科学化和治理的有效化。该制度规定，董事会秘书负责股东大会、董事会、监事会的会议记录、文书制作及文档保管工作。董事会秘书列席股东大会、董事会、监事会会议并作记录，且保证记录的合法、真实、准确、完整；会议记录的内容：该制度对股东会会议、董事会会议和监事会会议的内容都作出了较为详细、具体的规定。例如该制度规定，股东大会会议记录的内容包括出席股东大会的、有表决权的股份数，占公司总股份的比例；召开会议的日期、地点；会议主持人姓名、会议议程；各发言人对每个审议事项的发言要点；每一表决事项的表决结果；股东的质询意见、建议及董事会、监事会的答复或说明等内容；股东大会认为和公司章程规定应当载入会议记录的其他内容。同时，公司章程还对各种会议记录的保存期作出了规定，《公司章程》第73条规定，会议召集人应当保证会议记录内容真实、准确和完整。出席会议的董事、监事、董事会秘书、召集人或其代表、会议主持人应当在会议记录上签名。会议记录应当与现场出席股东的签名册及代理出席的委托书、网络及其他方式表决情况的有效资料一并保存，保存期限不少于10年。

二、经理层：依法、依章、依授权行使职权

鲁北化工按照《公司章程》规定，由董事会聘任公司总经理，并组建了公司管理层。公司管理层的选聘是董事会通过对个人才干、管理经验、工作能力、专业水准等各个方面的考察后确定的。在最近任期内，经理层能够完成经营目标，能够忠实履行《公司章程》等相关规定赋予其的职责，积极维护公司和全体股东的最大利益，尚未发现公司经理层存在违背诚信义务的情形。公司经理层各司其职，公司总经理依照《总经理工作细则》对经理层的工作负总责。公司董事会、监事会对经理层实施了行之有效的监督制约机制，公司经理层对外签署文件，做出投资决策，均严格按照董事会授权范围执行，不存在超越职权范围的行为。为了确保经理层能够切实地履行职责，保证公司的健康稳步发展，公司建立了内部问责机制，出现违规的情形时，相关责任人员将被追究责任。公司旨在打造一支由优秀人才组成的专业化管理团队，通过他们的努力，最大限度地维护投资者的利益。

公司除建立了三会制度外，还根据公司的特点拟定了相关内部管理制度，主要包括如下方面：生产、安全、财务管理、劳动人事、薪酬福利、固定资产、营销等。公司上述制度涵盖了公司生产销售及经营管理各个方面，比较完善和健全。公司还勤抓贯彻执行，通过对经理层、员工加强教育，提高公司的风险防范意识。公司还将进一步完善内部控制体系，增强公司的风险防范意识和机制，确保公司在市场经济大潮中平稳、健康发展。另外，公司设立了专门的内部审计部门，加强内部审计和监督。公司还特别注重职工代表大会的组织和运行，建立了职工代表大会制度，使职工能够参与到公司的一些决策过程，并对公司"三会"及经理层实施有效的监督。

充分披露信息，发挥外部监督作用。公司按《公司章程》、《信息披露管理办法》、《上市公司信息披露管理办法》等制度的要求建立了《信息披露管理制度》并已执行，公司能够真实、准确、完整、及时地披露信息，并主动、及时地披露所有可能对股东和其他利益相关者决策产生实质性影响的

信息，保证所有股东有平等的机会获得信息；公司定期报告由公司董事会编制、审议，年度财务顾问报告、年度董事会工作报告、年度监事会工作报告等均按规定由股东大会审议通过；定期报告依照规定在相关董事会召开后随董事会决议一同披露，近年来定期报告能做到及时披露，没有被出具非标准无保留意见的情况。

第三节　企业的独立性和关联交易

一、企业独立性情况

现代企业制度的重要特征就是企业的独立性，但是我国上市公司是在我国经济体制改革的特定历史时期出现的。在改革初期，普遍存在着上市公司独立性不强，在人员、资产、财务、机构和业务方面未能完全独立于控股股东；经常出现大股东、关联企业占用股份公司资产，侵犯股份公司利益的现象，甚至于有些大股东把股份公司当成了"提款机"。鲁北化工在初期也存在着这类现象。例如，截至 2004 年 10 月 31 日，作为大股东的鲁北集团直接占用上市公司资金就有 19266.75 万元，其他关联方占用 7286.97 万元。随着公司的进一步发展，鲁北化工股份公司从 2005 年起就开始自查，严格按照证券监督委员会和国务院的有关法律、法规的规定，纠正过去不规范的做法，加强了大股东及关联股东的自律，培育股份公司的独立性。目前，股份公司相对于控股股东在业务、人员、资产、机构、财务等方面已经实现了独立性，具体来说，独立情况主要体现在以下几点。

第一，业务方面具有独立于控股股东的业务体系，公司的生产、销售环节完备，具有自己的客户群体，不需要依赖控股股东。由于公司与控股股东的产品之间存在互补性，为了减少原材料采购成本，公司与控股股东之间存在与日常生产经营相关的、持续性的关联交易，但该等交易不会影响公司业务的完整性。公司 2005 年上半年内将进一步完善产、供、销体系，将目前公司与大股东共用的非经营性机构，如基建、研发等部门，转让由控股股东控制，待公司需要时，通过签署协议由控股股东为公司提供服务或研究成果。

第二，人员方面，公司在劳动、人事、工资管理方面完全独立，公司的工作人员不存在控股单位双重任职的情况，公司的董事长与控股股东的董事长不是同一人。公司的董事以及高管没有在控股股东单位担任除董事以外的其他职务。由于公司系由国有企业改制设立的，2005年前公司尚存在职工的劳动合同未变更，以及职工的养老保险仍由控股股东统一缴纳的情况。针对该等情况，公司已于2005年1月1日起，将职工的养老保险统一由公司缴纳，并决定于2005年4月前，与职工协商变更劳动合同。

第三，资产方面，公司具有完整的资产，公司不存在与控股股东共享生产设备的情况。公司在专利技术、土地使用权等方面与控股股东——山东鲁北企业集团总公司签订了有偿使用协议，每年按协议交纳使用费。公司目前使用的商标系控股股东所有，为了确保公司资产的完整，提升公司的品牌价值，公司就此事与控股股东进行了协商，并通过有资格的评估机构对商标权进行评估，根据评估后的价值已在2005年之内将商标使用权纳入公司。

第四，机构方面，公司具有完善的组织机构，独立于控股股东。但由于公司发展较快，公司的办公条件未能及时跟上公司的发展步伐。因此，公司部分机构在2005年前未能严格地与控股股东的办公场所分开。2005年公司已经着手解决此问题，并于2005年4月将与控股股东在一个场所办公的机构迁至新的办公场所，并悬挂明显标志，彻底实现分署办公。

第五，财务方面，公司具有完善的财务管理制度，独立于控股股东。公司设有独立的财务部门，拥有独立的会计核算系统、财务管理制度和独立的银行账户。目前，公司独立纳税，独立核算，不存在控股股东干涉公司财务的情况。

综上所述，公司在人员、机构、资产、业务以及财务方面基本上做到了与控股股东分开，但也存在部分不完善之处，公司已经根据山东监管局的整改意见对该等不完善的地方提出了整改方案，其中大部分已经整改完毕，公司将严格按照相关规定以及主管部门的意见进行整改，以彻底使公司在人员、机构、资产、业务以及财务上与控股股东分开，使公司真正成为独立运行的法人实体。

二、企业关联交易及其规制

根据我国《公司法》第 217 条（四）的定义，"关联关系，是指公司控股股东、实际控制人、董事、监事、高级管理人员与其直接或者间接控制的企业之间的关系，以及可能导致公司利益转移的其他关系。但是，国家控股的企业之间不仅因为同受国家控股而具有关联关系"。由于鲁北化工股份公司是由国有企业利用部分资产改制设立的，因此股份公司与集团公司以及其他兄弟公司在经营中存在产品互相利用及经济关系，因此构成了关联关系，长期存在着关联交易。目前，股份公司的关联企业如表 2-2 所示。

表 2-2 鲁北化工股份公司的关联企业表

关联方名称	本公司所占关联方股权比例（%）	关联方占本公司股权比例（%）	与本公司关联关系
山东鲁北企业集团总公司	—	27.90	控制本公司的企业
山东鲁北企业集团总公司盐场	—	—	兄弟公司
山东鲁北企业集团总公司预制厂	—	—	兄弟公司
山东鲁北企业集团总公司运输公司	—	—	兄弟公司
山东鲁北企业集团总公司砖厂	—	—	兄弟公司
山东鲁北发电有限公司	—	—	兄弟公司
山东鲁北海生生物有限公司	—	—	间接关联方
无棣海通盐化工有限责任公司	—	—	间接关联方
无棣海星煤化工有限责任公司	—	—	间接关联方
无棣县国有资产管理委员会	—	—	实际控制人
山东鲁北石化有限公司	—	—	间接关联方

鲁北集团作为股份公司的控股股东，其下属一系列子公司，如山东鲁北化工股份有限公司、山东鲁北发电有限公司、山东鲁北企业集团总公司盐场、山东鲁北企业集团总公司预制厂、山东鲁北企业集团总公司运输公司、山东鲁北企业集团总公司砖厂等，股份公司和这些集团的子公司之间存在着持续性的关联交易，关联交易的主要产品包括水泥、合成氨、原盐、电、蒸汽、氢气、硫酸等。

随着公司的进一步发展，鲁北化工股份公司从 2005 年起开始自查，纠正过去不规范的做法，严格按照中国证监会和国务院国资委联合下发的《关于规范上市公司与关联方资金往来及上市公司对外担保若干问题的通知》的有关规定，严格界定关联方，规范关联交易，每年初就与日常经营性相关的关联交易签订关联交易协议，制定公允的交易价格。同时，根据上市规则的规定对全年可能发生的同类交易进行预计，根据预计的交易金额提交董事会或股东大会审议表决，关联董事和股东应回避，独立董事对该等关联交易要进行审查并发表意见，并及时准确地在公司的各类公报中予以公告。公司还在《公司章程》第 79 条中明确规定，股东大会审议有关关联交易事项时，关联股东不应当参与投票表决，其所代表的有表决权的股份数不计入有效表决总数；股东大会决议的公告应当充分披露非关联股东的表决情况。从而，在关联董事表决回避的基础上，又将关联股东表决回避纳入了制度化范畴。

第四节　完善内部审计制度，强化内部制约机制

企业内部审计是现代企业管理的重要组成部分，是企业内部控制系统中的一个重要环节，它通过对企业内部经济活动的监督与评价，帮助企业堵塞漏洞，增收节支，加强管理，提高经济效益。鲁北集团除了发挥独立董事、监事会、职工代表大会等机构在公司治理中的制约作用外，还一直以来都十分重视内部审计制度的建立，以实现良性的公司治理。目前，集团公司及集团内部各子公司都基本建立了以独立董事、监事会、职工代表大会和审计部门为主体的、多渠道的内部制约机制。下面重点就公司的审计监督机制做一简介。

一、内部审计机构的逐步完善

内部审计机构从无到有，从不完善到逐步完善，体现了鲁北集团越来越注重内部审计在公司治理中的作用。公司审计部门的完善经历了以下过程：

1993 年 5 月 1 日，山东鲁北化工总厂成立了"清查监督小组"，小组成员 2 人。工作重点：一是年度目标利税的事中审计，利税完成及存在问题和差距，并拿出补救方案和超额完成利税目标的措施；二是清查各分厂的应收

账款、库存物资。

1994年2月，更名为"审计科"，以专项审计为主，内部审计职能更加突出，重点是财务决算审计和职工借款清理。

1996年3月，更名为"审计处"，定员扩编至5人，分两个小组，即利税目标事中审计和财务决算审计小组2人，专项审计小组3人，重点清理内外欠款，纠正查处销售和职工队伍的违规违纪。至1998年末，其间共收回客户欠款856万元。

1999年，在以上两组的基础上，增设"物价检查"组，其工作重点是审计所购原料、备件等物资的价格和审查经济合同，事前运用比质比价的手段使各分厂的采购成本最低，事中进行采购跟踪手段，纠正、揭露黑色等不正当交易，对不可回避的对方销售折扣，保证及时足额入账。通过比价有效地降低了采购成本，提高了企业经济效益。

2002年7月，审计处更名为"审计部"，工作重点调整为检查全公司的产品出厂情况，财务收支、工资分配、利润和税收目标完成事中审计，财务物价事前审计工作。

2005年，公司尤其意识到了内部审计工作应该发挥更大的作用，于是进一步充实了审计部的力量。审计部现有审计人员6人，3人专职，3人兼职，由财务、法律、商贸和工程技术专业人员组成。仅在2005年一年，审计部就对电安公司、鲁北医院、车队、保卫部等9个单位进行了专项审计，提出建议57条，查出不合规跟踪整改36项。

2006年7月，股份公司在董事会内部又设立了专门的审计委员会，并在《公司章程》中明确赋予了审计委员会的主要职责：提议聘请或更换外部审计机构；监督公司的内部审计制度及其实施；负责内部审计与外部审计之间的沟通；审核公司的财务信息及其披露；审查公司的内控制度。从而，将内部审计比较规范地纳入到了公司内部制约因素之中。

二、企业审计工作的思路

鲁北集团审计部门的工作人员在长期的工作中总结出了以下审计工作的新思路：超越账本，深入业务；重点审查其自身的经营情况和财务活动是否符合总公司的规定，在审计工作中，审计人员先从查账入手，但绝不止步于单纯查账，而是花费更多的时间和精力去研究可能有问题的业务，包括业务流程和有关策略、措施，意在从中发现经营效果、公司内部资源的开发利用、产品质量和服务等各个方面有无改进之处。纠正低效率、浪费、不求进取等种种弊端。找出问题的解决方案，即便找到了解决方案，事情也远未结束，关键是实施改进方案，由谁负责和实施，具体落实后才肯罢手。

鲁北集团认为，审计工作除了应加强独立性和权威性，严格实行审计回避制度以外，还应突出以下特点。

第一，具有较强的预防性。现代企业要生存、要发展，要在激烈的市场竞争中立于不败之地，必须建立严格的、完善的、有效的控制系统。内部审计着重研究和评价内控系统的严密性、科学性、适应性、有效性。检查分析发现经营管理中的薄弱环节和存在的漏洞，及早提醒经营管理者采取措施加以改进。起到标本兼治、防患于未然的作用。

第二，注重效益性。内部审计要以促进管理提高效益为重点，一方面，开展投资项目可行性、评估、经营风险预测审计和生产技术工艺审计，为促进经济效益的提高发挥作用；另一方面，开展成本费用和内控制度审计，为堵塞漏洞、降低成本、减少损失贡献力量。

第三，定位于服务。内部审计由过去查错防弊到现在主要从事评估内部控制系统；由检查营私舞弊风险到评估投资风险、经营风险；由过去的"警察"形象转变为"顾问"，重点是协助管理者顺利完成生产经营任务，实现经营目标。

第四，不断更新观念，研究工作的新方法，采用新技术。在观念上，把审计对象看做是服务对象；在方法上，广泛应用风险评估技术，提高审计效率效果；在环节上，把主要精力放在计划和决策阶段，及早确认风险；在目标上，熟练掌握和使用现代化工具；在素质上，要具有一定企业经营管理的实际经验和专业审计任职资格。

第五，内审工作应不断地由事后审计向事前审计、预防性审计发展。注重趋势和风险分析。

第五节 企业高管人员情况及高管人员选拔制度

一、鲁北化工高管人员情况简介

鲁北化工自组建以来，共产生了四届董事会、监事会，公司的高管人员也经历了四次大的变动，目前公司的高管人员更趋于年轻化、专业化。鲁北化工股份公司现任高管人员的基本情况如表 2-3 所示。

表 2-3 鲁北化工现任高管情况表

人员类型	姓 名	职 务	持股数（股）	任职日期	离职日期
董事会成员	冯久田	董事长	309777	1999 - 06 - 18	2008 - 07 - 01
	刘希岗	副董事长	157170	1996 - 06 - 18	2008 - 07 - 01
	冯久田	董事	309777	1996 - 06 - 18	2008 - 07 - 01
	冯怡深	董事	没公布	2002 - 06 - 26	2008 - 07 - 01
	刘希岗	董事	157170	1996 - 06 - 18	2008 - 07 - 01
	吴玉瑞	董事	1060470	1996 - 06 - 18	2008 - 07 - 01
	范本强	独立董事	没公布	2002 - 06 - 26	2008 - 07 - 01
	李德周	独立董事	没公布	2002 - 06 - 26	2008 - 07 - 01
监事会成员	李世泽	监事	162240	1996 - 06 - 18	2008 - 07 - 01
	吴宗文	监事	25350	1996 - 06 - 18	2008 - 07 - 01
	李世泽	监事会召集人	162240	1996 - 06 - 18	2008 - 07 - 01
	佘洪华	职工监事	55770	1996 - 06 - 18	2008 - 07 - 01
公司管理人员	袁金亮	总经理	没公布	1999 - 06 - 18	2008 - 07 - 01
	冯立田	副总经理	没公布	2002 - 06 - 26	2008 - 07 - 01
	翟洪轩	副总经理	没公布	2002 - 06 - 26	2008 - 07 - 01
	刘金亭	财务负责人	没公布	2005 - 06 - 18	2008 - 07 - 01
	吴玉瑞	财务总监	1060470	2002 - 06 - 26	2008 - 07 - 01
	田玉新	董事会秘书	50700	1996 - 06 - 18	2008 - 07 - 01

注：表中资料截至 2006 年 4 月 18 日。

鲁北化工董事、监事、高级管理人员最近 5 年的主要工作经历如下：

冯久田：工程应用研究员。曾任山东鲁北企业集团总公司副董事长、总经理，山东鲁北化工股份有限公司"15、20、30"国家试点放大工程指挥部指挥，现任山东鲁北化工股份有限公司董事长。1996 年 6 月至 1999 年 6 月任公司副董事长兼副总经理，1999 年 6 月至今任公司董事长。

刘希岗：高级工程师。曾在无棣县化肥厂、磷肥厂、山东鲁北化工总厂工作，历任车间主任、科长、副厂长，现任山东鲁北化工股份有限公司副董事长。1996 年 6 月至 1999 年 6 月任公司副董事长兼副总经理，1999 年 6 月至今任公司副董事长。

吴玉瑞：会计师。曾任无棣县硫酸厂车间主任，山东鲁北化工总厂财务科长、财务处长，山东鲁北化工股份有限公司财务部经理，山东鲁北化工股份有限公司董事兼财务总监。1996 年 6 月至 1999 年 6 月任公司董事兼财务部经理，1999 年 6 月至今任公司董事兼财务总监。

冯怡深：工程师。曾在山东鲁北化工总厂水泥厂、山东鲁北化工股份有限公司水泥厂工作，历任办公室主任、副厂长、厂长。1996～2001 年在集团总公司水产研究所工作，2002 年至今任公司董事。

范本强：1971～1999 年在山东埕口盐场工作，历任财务科长、总会计师、工会主席；2000～2001 年在无棣县国有资产经营公司工作；2002 年至今任公司独立董事。

李德周：1991～2000 年在无棣县发展与计划委员会任副主任；2002 年至今任公司独立董事。

李世泽：高级政工师。曾在无棣二中、城关中学、山东鲁北化工总厂工作，历任校长、党支部书记、政工处长、纪委书记，现任山东鲁北化工股份有限公司监事会召集人。1996 年至今任公司监事会召集人。

吴宗文：工程师。曾在无棣硫酸厂、山东鲁北化工总厂、鲁北盐场工作，历任车间主任、分厂厂长、综调处副处长、"三、四、六"分厂厂长，现任山东鲁北化工股份有限公司监事会监事。1996 年至今任公司监事。

佘洪华：经济师。曾在无棣县供销社、县委县政府接待处、无棣县宾馆、山东鲁北化工总厂工作，历任副主任、主任，现任山东鲁北化工股份有限公司监事会职工监事。1996 年至今任公司监事。

袁金亮：工程师。曾在无棣县硫酸厂、鲁北化工总厂、河北省沙河市鲁北化工有限责任公司工作，历任生产科长、副厂长兼设备处长，山东鲁北化工股份有限公司总经理。1999年至今任公司总经理。

翟洪轩：工程师。历任山东鲁北化工总厂生产科长、新产品开发研究所所长、鲁北化工国家级技术中心主任、公司副总工程师。1993～2001年任山东鲁北企业集团总公司技术中心主任，2002年至今任公司副总经理。

冯立田：毕业于天津电子学院、南开大学国际商学院MBA，曾任公司信息中心主任，现任经营办公室主任。1998～2001年任公司热电厂负责人，2002年至今任公司副总经理。

田玉新：经济师。曾在无棣县计委、鲁北化工总厂、鲁北化工股份有限公司工作，历任工贸科长、技术经济办公室主任。1996年至今任公司董事会秘书。

刘金亭：近几年一直担任公司财务部门负责人。

从以上所列可以看出，鲁北化工的高管人员从工作经验方面来说，多数董事都具有企业工作经历，熟悉企业的经营管理，可以说是实践经验丰富，具有较强的参与公司经营决策和协调沟通的能力；从知识背景来说，他们一般都具有生产、财务、技术背景，这对于抓好公司的生产经营业务及完善公司财务管理具有一定的意义，但是高管人员中缺乏具有法律背景的人员，不利于防范公司经营决策中的风险。

二、鲁北化工高管人员选拔制度

鲁北化工选拔高管人员是在坚持"德才兼备、责任心第一"的原则下，严格规范选拔程序，注重确保中小股东的发言权。公司不仅在《公司章程》中明确了各类高管人员的选拔标准和选拔程序，而且还专门制定了针对董事和监事选举的《山东鲁北化工公司累计投票制度实施细则》。具体说来，公司高管选拔制度可概括如下：

1. 董事和监事的资格

《公司章程》规定，董事、监事为自然人，有下列情形之一的，不能担任公司的董事、监事：无民事行为能力或者限制民事行为能力；因贪污、贿赂、侵占财产、挪用财产或者破坏社会主义市场经济秩序，被判处刑罚，执行期满未逾五年，或者因犯罪被剥夺政治权利，执行期满未逾五年；担任破产清算的公司、企业的董事或者厂长、经理，对该公司、企业的破产负有个人责任的，自该公司、企业破产清算完结之日起未逾三年；担任因违法被吊销营业执照、责令关闭的公司、企业的法定代表人，并负有个人责任的，自该公司、企业被吊销营业执照之日起未逾三年；个人所负数额较大的债务到期未清偿；被中国证监会处以证券市场禁入处罚，期限未满的；法律、行政法规或部门规章规定的其他限制。

《公司章程》规定，公司董事会成员中应当有1/3以上独立董事，其中至少有一名会计专业人士。为此，《公司章程》还特别规定了独立董事的任职条件，以确保独立董事的专业性和独立性。根据公司章程规定，独立董事应当具备下列基本条件：根据法律、行政法规及其他有关规定，具备担任上市公司董事的资格；具有本章程规定的独立性；具备上市公司运作的基本知识，熟悉相关法律、行政法规、规章及规则；具有五年以上法律、经济或者其他履行独立董事职责所必需的工作经验；公司章程规定的其他条件。独立董事必须具有独立性，下列人员不得担任独立董事：在公司或者其附属企业任职的人员及其直系亲属、主要社会关系（直系亲属是指配偶、父母、子女等；主要社会关系是指兄弟姐妹、岳父母、儿媳女婿、兄弟姐妹的配偶、配偶的兄弟姐妹等）；直接或间接持有公司已发行股份1%以上或者是上市公司前十名股东中的自然人股东及其直系亲属；在直接或间接持有上市公司已发行股份5%以上的股东单位或者在公司前五名股东单位任职的人员及其直系亲属；最近一年内曾经具有前三项所列举情形的人员；为公司或者其附属企业提供财务、法律、咨询等服务的人员；《公司章程》规定的其他人员；中国证监会认定的其他人员。

2. 董事和监事的候选人提名制度

公司规定，董事、监事的提名采取两种方式：一种是公司董事会提名的方式，即由董事会在《公司章程》规定的人数范围内，按照拟选任董事监事的人数，提出拟选任董事监事的建议名单，然后由董事会向股东大会提出董事、监事候选人提交股东大会选举；股东代表出任的监事由监事会按照拟选任监事人数提出建议名单，然后由监事会向股东大会提出由股东代表出任的监事候选人提交股东大会选举。另一种是股东提名的方式，即持有或者合并持有公司发行在外有表决权股份总数的5%或以上的股东在《公司章程》规定的人数范围内，按照拟选任董事监事的人数，向公司董事会提出董事、监事候选人或向公司监事会提出由股东代表出任的监事候选人。董事会、监事会在股东大会上必须将上述股东提出的董事、监事候选人以单独的提案提请股东大会审议。

关于独立董事的提名，《公司章程》规定，公司董事会、监事会、单独或者合并持有上市公司已发行股份1%以上的股东可以提出独立董事候选人（首批独立董事候选人由公司董事会推荐），并经股东大会选举决定。

3. 董事和监事的选举表决制度

为了保障中小股东选举权的实现，《公司章程》特别规定了累计投票制度。所称的累计投票制是指股东大会选举董事或者监事时，每一股份拥有与应选董事或者监事人数相同的表决权，股东拥有的表决权可以集中使用。

4. 经理和其他高管人员的选拔

《公司章程》规定，公司设经理一名，由董事会聘任或解聘；公司根据经营管理需要设副经理若干名，由董事会聘任或解聘；董事可以由经理或者其他高级管理人员兼任，但兼任经理或者其他高级管理人员职务的董事以及由职工代表担任的董事，总计不得超过公司董事总数的1/2。

第六节　绩效考核制度

为了充分调动公司各类人员的积极性，鲁北集团制定了详细的绩效考核制度并在实践中取得了良好的效果。集团的绩效考核分为两个层次展开：第一个层次是一般员工的绩效考核；第二个层次是主要高层管理人员的绩效考核。基层员工的绩效考核是由人事部门负责制定总的考核纲要，然后由二级单位制定具体细则进行考核。

高层管理人员的考核由党委办公室负责管理。

一、绩效考核总则

依据集团公司下达的年度生产经营预算目标完成率为基础，将安全、环保、现场、设备、质量、人力资源、班组建设等基础管理纳入绩效考核兑现范围。公司与各单位、各部门负责人签订目标考核责任书，绩效考核以约定的经营业绩考核责任为准。

绩效考核坚持报酬与经营业绩相挂钩，坚持与风险、责任相一致，坚持激励与约束相统一，坚持短期激励与长期激励相结合，坚持分配公正、透明的原则。

根据工作性质，绩效考核分为生产管理、工程建设、行政管理、营销管理四个体系。

二、绩效考核内容

（1）产品产量（A、B、C目标——年度生产经营预算制定的三级目标）。

（2）产品成本（A、B、C目标——年度生产经营预算制定的三级目标）。

（3）利润（A、B、C目标——年度生产经营预算制定的三级目标）。

（4）基础管理（安全、环保、现场、设备、质量、人力资源、班组建设）。

三、绩效考核办法

1. 对生产管理人员的考核

（1）按照总公司制定的生产、成本、利润的A、B、C三个目标为依据。对实现A目标、B目标、C目标的单位分别进行不同层次的指标考核，考核指标按照岗位责任制直接考核到岗。

（2）各单位并同时接受职能部门对基础管理的考核。

2. 对工程建设管理人员的考核

（1）按照工程建设的实际完成计划进度，进行同比考核，同时接受安全、质量、环保、现场等基础管理的考核。

（2）待所负责的工程竣工后，根据工程质量和设备运行情况进行综合考核兑现。土建、安装质量无差错，设备运行良好，则按每月考核结果汇总后实施兑现；如在运行中暴露土建、安装质量问题，视具体责任情况，予以考核扣罚。

3. 对营销管理人员的考核

（1）按照产品、原料实际完成计划的完成率和回款率同比考核，同时对其客户管理、网络建设等基础管理进行考核。

（2）预留核定月绩效工资额的20%，年终进行考核平衡。

4. 行政管理人员的考核

（1）按照职能履行和计划任务的完成情况进行量化考核。

（2）预留核定月绩效工资额的20%，与总公司生产经营目标完成情况挂钩，年终进行考核平衡。

四、奖惩与任免

依据任期经营业绩考核结果，对公司高管实行奖惩与任免。对于任期经营考核结果完成圆满的公司高管，除按期兑现绩效年薪外，给予相应的中长期激励。对于任期经营考核结果不能如期完成的企业高管，除根据考核结果扣减绩效年薪外，将根据具体情况，可不再对其任命、续聘或对其进行工作调整。对于凡发生安全、质量、环保等重大责任事故的单位的高管人员，或因履行职责不到位、失职给公司造成重大经济损失和声誉、形象损失负有重要责任的高管人员，当月绩效工资一票否决。

第七节　企业员工激励措施

一、企业员工激励机制的现况

鲁北集团创立于1977年，地处荒凉盐碱滩，距县城40千米，条件十分艰苦。正如前述，当时支撑公司创立和发展的重要精神支柱是以集团董事长冯怡生先生为首的创业者们的那种"黄席棚"精神。在公司成立以来的30年间，这种"黄席棚"精神一直都影响和熏陶着鲁北人。现在这种"黄席棚"精神已成为鲁北集团企业文化的重要组成部分，仍然是集团发展的重要信念和支柱。鲁北集团一直以来都把艰苦创业、无私奉献的信念放在第一位，公司上下仍然继承着"艰苦创业、无私奉献"的"革命"精神。

但是，由于鲁北集团地处落后地区，大多数员工的收入与当地的官员、工人、农民相比，处于较高的水平，具有优越性，员工珍惜现有的工作岗位，人员流动性较差。目前，集团除了在考核环节对成绩优秀者，给予一定的奖金鼓励之外，还没有实施股权激励制度。集团员工的收入分配根据重要员工、管理层、重要岗位员工与一般员工的职责和贡献，制定相应的薪酬制度，薪酬结构和薪酬水平都有进一步优化的必要。集团对高管人员的长期激励较弱，表2-3中的"持股数"实质上是高管人员通过公司配股和自己从公开市场自己所购得的股票，而不是通过股权激励渠道得来。

二、企业实施员工激励机制的必要性

"没有期权激励，就没有美国的硅谷"，这句话道出了员工激励制度对一个企业发展的重要意义。在市场经济条件下，企业的员工，尤其是企业的高管人员的人力资本价值应按市场规则进行确定，让广大企业员工只讲无私奉献会弱化公司治理机制的作用；缺乏有效的激励措施就不能满足企业家个人价值的充分体现，就会使整个公司的收入分配制度产生扭曲。实施股权等激励措施能够把公司高管人员的个人利益和公司利益紧密地捆绑在一起，使管理层与投资者的利益取向一致，其积极作用无须多言。实施股权激励，也是提高上市公司质量的一大利器。良好的股权激励机制能充分调动经营者的积极性，将股东利益、公司利益和经营者个人利益结合在一起，从而减少管理者的短期行为，使其更加关心企业的长远发展。

人们常说，上市公司最重要的资产是人才，最核心的竞争力也在人；即使你规模再大，业绩再出色，缺乏长期激励机制的公司，市场对公司未来业绩能否持续稳定增长仍会心存疑虑。近年来，鲁北集团资产规模扩张和国际经营步伐显著加快，人才结构不合理的缺陷日益明显。

从公司的实际情况看，公司缺乏三类人才：①复合型的高级管理人员。这类人员受过良好高等教育，具备大型公司的专业管理知识，了解化工行业的技术与产品市场状况。②大量的财经人员。集团公司、子公司以及分厂的财务人员不再是简单的记账员、出纳员，而是需要受过现代财务的专业训练，了解资本市场的基本知识的财经人员。③外语与外贸都需要熟悉的专业人员。近几年来，特别是鲁北集团国际贸易发展迅速，国际交流日益频繁，既懂外语又懂国际外贸业务的专业人员缺乏。这三类人员的缺乏，使鲁北化工集团既定发展战略的实施受到影响。集团地理位置偏僻，而且生产、生活基地在同一区域，这里的物质生活条件及精神生活条件相对比较艰苦。如果公司不实施有效的激励措施，就难以从工资待遇方面对高管人员及优秀人才产生吸引力。要求公司管理层关注公司长远的利益，就必须把他们自身的收益与公司的长期业绩捆绑起来。所以集团很有必要实施企业家年薪制、股权激励等措施。

三、企业实施员工激励机制的可行性

相当部分上市公司存在经营层报酬偏低、报酬结构不合理、激励机制缺位的问题。建立上市公司经营层长期期权激励制度，可以促进管理人员更好地经营好公司，为股东创造更多利润。但是，为什么在中国 1400 多家 A 股上市公司里，执行股权激励计划的却寥寥无几呢？原因是以前在我国实施股权激励措施存在着众多的制度障碍，其实并非中国企业没有意识到激励机制的重要性，早在十五届四中全会的《关于国有企业改革和发展若干重大决定》中就肯定了经营者"持有股权"的激励方式，十六大报告更明确地提出了要确立管理与其他要素一起按贡献参与分配的原则。2001 年 9 月，国务院体改办也曾布置财政部牵头起草《有关深化国有企业分配制度改革若干意见》的配套文件《上市公司股票期权试点办法》和《关于国有企业经营者持股试点的指导意见》，可经过几番讨论之后股权激励的事情却不了了之。

　　这几份文件被搁置，股权激励制度受挫的制度原因有两个。①2005 年以前，我国上市公司实行股权激励机制仍面临一些法律障碍。执行股票期权缺少合理的股票来源，按照美国的做法，实行股票期权的股票来源可以包括新股发行预留股票、定向增发、上市公司回购等，但这些方式在当时都有法律障碍。如我国原《公司法》第 78 条规定公司注册必须采用实收资本制，第 149 条规定禁止库存股，这些规定使得实施股权激励缺乏了股票来源；我国原《公司法》第 147 条规定高管持股任职期内不得转让其所持股票，原《证券法》第 68 到 70 条规定高管不得买入或卖出本公司股票，这些规定使得高管人员无法通过二级市场把股权激励得来的股票变现，由此高管人员对股权激励失去了积极性。②我国原来上市公司的状况是股权分置，上市公司的股份为非流通股。在股权的分置情形下，一方面，上市公司的股票价值不与流通股的市场价值挂钩，上市公司的股票缺乏价格发现机制，容易使得股权激励中导致国有资产的流失，并且这种股权激励往往还不能反映高管的经营业绩；另一方面，由于上市公司的股票不能流通，高管人员同样无法通过二级市场把股权激励得来的股票变现。

　　可喜的是，目前我国的经济现状已发生了很大变化，目前前述实施股权激励的两大障碍都已迎刃而解了。针对上述第一个障碍，证监会于 2002 年初就有关修改《公司法》若干条款的问题向国务院法制办提交了专门报告。其中，建议上市公司股票回购在原有两种情况下增加国务院证券管理机构规定的其他情形；建议有限制地允许上市公司高管人员任期内持股及转让。

　　2005 年修订后的《公司法》规定，公司可以回购公司股票和高级管理人员任职期内转让股票等方面均有所突破，上市公司实施股权激励的法律障碍得以消除。新《公司法》第 143 条对原《公司法》第 149 条作出了修改，新《公司法》第 143 条规定："公司不得收购本公司股份。但是，有下列情形之一的除外：（一）减少公司注册资本；（二）与持有本公司股份的其他公司合并；（三）将股份奖励给本公司职工；（四）股东因对股东大会作出的公司合并、分立决议持异议，要求公司收购其股份的。公司因前款第（一）项至第（三）项的原因收购本公司股份的，应当经股东大会决议。公司依照前款规定收购本公司股份后，属于第（一）项情形的，应当自收购之日起十日内注销；属于第（二）项、第（四）项情形的，应当在六个月内转让或者注销。公司依照第一款第（三）项规定收购的本公司股份，不得超过本公司已发行股份总额的百分之五；用于收购的资金应当从公司的税后利润中支出；所收购的股份应当在一年内转让给职工。"

可见，新《公司法》第 143 条允许公司为了实施股权激励而回购自己的股票，这就解决了股权激励中的股票来源问题。同时，新《公司法》第 142 条还对原《公司法》第 147 条作出了修改，新《公司法》第 142 条规定："发起人持有的本公司股份，自公司成立之日起一年内不得转让。公司公开发行股份前已发行的股份，自公司股票在证券交易所上市交易之日起一年内不得转让。公司董事、监事、高级管理人员应当向公司申报所持有的本公司的股份及其变动情况，在任职期间每年转让的股份不得超过其所持有本公司股份总数的百分之二十五；所持本公司股份自公司股票上市交易之日起一年内不得转让。上述人员离职后半年内，不得转让其所持有的本公司股份。公司章程可以对公司董事、监事、高级管理人员转让其所持有的本公司股份作出其他限制性规定。"允许上市公司高管人员任期内有限制地持股及转让，解决了高管人员无法通过二级市场把股权激励得来的股票变现的问题。

针对上述第二个障碍，2005 年我国实施了上市公司股权分置改革。通过这次股权分置改革，长期以来困扰我国上市公司的股权分置的状况得到了彻底解决。股权分置改革工作的全面展开，将逐步增强证券市场的有效性，为上市公司实施股权激励构筑了良好的市场基础。更为重要的是，适应我国《公司法》、《证券法》的修改，中国证监会发布了名为《上市公司股权激励规范意见》的文件。国资委有关负责人也曾对媒体公开表示正在积极制定国有企业管理层持股激励制度，并有望马上正式公布施行。《上市公司股权激励规范意见》规定："股权激励是指上市公司以本公司股票为标的，对其董事、监事、高级管理人员及其他员工进行的长期性激励。"建立公司经营层长期期权激励制度，是为了促进管理人员能更好地经营公司，为公司创造更多利润。目前，可以说我国实施股权激励的制度环境已完全具备了。据了解，目前许多上市公司相机而动，在第二批42家股改试点上市公司中，已有7家企业在股改方案里面提出了股权激励计划。所以鲁北集团应该考虑企业员工的股权激励措施了。

第三章　企业组织结构与流程

　　组织是人们为了实现一定的目标，使分散的人或事物具有一定的系统性或整体性的方式和过程。组织要求其各组成部分互相结合、明确责任、分工合作、协调行动。企业组织结构是根据企业的基本目标和技术经济特点，由领导人或领导集团组建起来的配置企业权力和各种要素的方式与过程，包括直线制、职能制、直线职能制、矩阵制、事业部制等基本类型。

　　在1890年出版的《经济学原理》中，马歇尔在土地、劳动和资本三大生产要素的基础上，提出了第四种生产要素——"组织"。马歇尔提出的"组织"，其内容包括企业内部组织、同一产业中各种企业之间的组织、不同产业之间的组织以及政府组织等。这里集中研究鲁北集团内部组织结构以及这种结构形成和演进的过程。企业组织与管理状况决定着企业利用生产要素的方式，直接影响企业竞争力的强弱。随着企业发展战略和技术水平的变化，企业组织结构也处于变化调整之中。企业管理者必须根据面临的内部条件和外部环境，确定一种最适合于本企业的组织结构设计方案。

第一节　组织结构

　　鲁北集团是以山东鲁北企业集团总公司为核心企业，以山东鲁北化工股份有限公司等几十家公司为成员企业，通过股权和生产经营技术纽带形成的特大型企业集团。鲁北集团组织结构可以分为三个层级：第一层是山东鲁北企业集团总公司、山东鲁北生态工业示范园区（国家级）、山东鲁北高新技术开发区（市级），其中园区和开发区均由鲁北集团总公司投资、建设和管理。第二层是成员企业，包括集团全资子公司和控股子公司，如鲁北化工股份有限公司、鲁北发电有限公司、鲁北风力发电公司、鲁北石化有限公司、鲁北海生生物有限公司等。第三层是研发机构和新项目筹备机构，如国家技术开发中心、国家博士后科研工作站、鲁北化工建材设计院、鲁北绿色化学研究院。

一、组织结构的基本形式

1. 组织管理体系——组织结构实施柔性化管理

集团总公司与成员企业是母子公司关系，子公司均为集团公司全资或控股子公司。

山东鲁北集团总公司及所属骨干企业均属于化工企业。企业之间主要是以产权为基础形成的母子公司关系，成员企业之间的交易基本按照市场原则和合同规定进行。

成员企业内部由于生产工艺过程各个要素间的上下游关系，各个产业链内部和产业链之间良性的共生关系，组织结构实施柔性化管理。

一方面，吸取直线职能制组织结构管理的特点，对整个管理系统中两大类机构和人员进行直线职能制管理。一类是直线指挥机构和人员，服从和执行直属上级的命令，并对其直属下级有指挥命令的权力；一类是职能机构和人员，其职责是承担综合管理和专业管理工作，为同级直线指挥人员出谋划策，对下级直线部门和人员起指导、服务和监督作用。保证企业生产经营决策权的集中统一，措施执行的快速便捷。

另一方面，在生态工业系统内部，管理框架不再是统一的刚性模式，而是根据生产功能及组织目标来构建不同的虚拟组织结构，提出系统内各节点间直接、间接连接程度和节点间物质交换量的耦合度指标，对物质、能量、信息、仓储、市场等资源，克服了直线职能制组织结构权力高度集中、管理层次较多、传导反馈迟缓的缺陷。

2. 生态管理集成创新

生态管理概念的提出源于 20 世纪 70 年代美国，90 年代成为研究和实践的热门课题，其理论基础非常广泛，跨越了生态学、生物学、经济学、管理学、社会学、环境科学、资源科学和系统论等学科领域。生态管理强调经济与生态的平衡可持续发展，强调整体性和系统性，强调更多公众和利益相关者的广泛参与，是循环经济思想在企业管理实践中的科学应用。

鲁北生态工业示范园区不仅是一个完整的有机生命系统，而且是一个开放的与社会有着全方位资源交换的动态系统，同自然生态系统中的物种一样，在鲁北生态工业系统中的每一家企业和谐共生、互为制约、共同发展，最终都要与整个企业生态系统共命运。因此，基于鲁北生态工业系统的全面、协调、持续健康发展，从全局考虑，遵循自然生态规律的要求，用生态管理思维指导企业循环经济实践，集中把握整个企业生态系统及其子公司与经济、环境、社会的发展关系，使企业管理从纯粹的经济型管理向生态型管理转变，形成生态链上的良性循环，使系统成员中的每一个生命体都能共同受益，提升鲁北生态工业系统的核心竞争力、和谐发展力、社会影响力。

根据鲁北生态工业园区内的产业规划和各个生态产业链网布局，以发展度、协调度和持续度为原则，确定生态产业链条中各个要素间的上下游关系，对物质流动路线、流量和组成等进行了优化调整，对能量使用进行了有效匹配，对信息进行了系统整合，建立信息数据库，使物质、能量、信息在整体网络的各个节点之间按照一定的经济和生态规则流动，以促进生态工业园区内的物质充分循环、能量多级集成有效利用、环境与生态协调，使产品、产业结构不断完善优化，生态工业系统内各个环节中的物料、能源、信息等要素能够达到梯级持续循环利用和运行顺畅，获得生态效益、经济效益、社会效益最优化，建立起全面、理性、和谐的生态管理集成创新体系。

生态管理指标实行目标机制管理，总体目标落实与岗位职责、绩效考核结合，通过班组建设活动载体，按单位层层分解落实，日核指标、周核成本、月核业绩，确保每个部门、每个班组、每个节点的工作目标日清日结落到实处，构建起了一套科学规范、运行有效的生态管理和流程管理制度。

3. 生态管理集成创新体系的实施效果及社会影响

生态管理集成创新体系的实施，建立起了一个物质流、能量流、信息流运动的高效益转换系统，一个道路交通、信息传输、物资能源供给、商业服务的高效率支持系统，一个知识密集、管理文明、技术先进、环境友好、结构和谐的高质量的人文环境管理系统。

鲁北循环经济及其生态管理的集成实践，作为促进转变传统经济增长方式的中国循环经济的典型范式，被高校和社会广泛研究、传播、借鉴。2005年10月，被联合国环境规划署亚太组织列为"亚太地区环境与可持续发展未来领导人研修班"案例教材。

4. 生态管理实践形成先进生态企业文化

在长期的发展实践中，鲁北集团形成了"发展循环经济，致力环境保护，实现生态文明"的发展理念和建设"循环经济、生态工业"的先进企业文化。在企业发展的每一个历程中，以先进的循环经济文化作为战略发展导向，首先把生态、环保、资源综合利用作为战略决策的第一要素，坚持结构、质量、速度、效益的全面、理性、和谐发展，并强化企业文化教育作用，以循环经济、生态环保观念贯穿于企业文化建设的各个方面，使之成为企业乃至职工的自觉行为和衡量公司发展的重要尺度，保持了公司可持续发展的良性循环。

鲁北集团生态企业文化，成为职工、群众共同追求的精神支柱，使企业的管理体系、环境体系和人际关系达到统一和谐。鲁北集团生态企业文化的具体内容如本书第十章所述。

二、指挥机构和人员的基本职责及其关系

鲁北集团的主要成员企业指挥机构设置基本相同。纵向管理均由总经理、厂长、分厂厂长、车间主任、班组长构成，部分企业和分厂车间设置情况如表3-1所示。各分厂因相互关联性较强，均实行经济责任互补制度，进行独立核算。各分厂由生产经营厂长垂直领导车间，负责生产调度指挥，车间主任领导班组。横向管理以工艺、设备、电气、安全、质量、环保、考核办等专业组为主，在业务上直接接受生产经营厂长领导，指导检查车间各专业工作，为车间服务，当班调度行使厂长权力协调调度各项生产经营活动，考核办负责计划制定、成本核算、绩效考核，原料、能源消耗情况、中间品和成品产量由班组逐级上报汇总，各级管理人员能够及时了解班组、生产装置、车间、分厂、公司内的能量平衡和物料平衡情况。公司对具有独立经营管理权的分（子）公司的主要考核指标是税前利润和投资利润率。公司和分厂对车间、班组考核的主要指标有成本（费用）降低额、成本（费用）降低率和单位产品材料消耗。

表 3-1　鲁北集团部分企业和分厂车间设置情况

企业或分厂名称	车间设置情况
磷铵厂	制浆车间、磷酸车间、磷铵车间、氢钾车间、包装车间、仓库、化验室
硫酸厂	石膏车间、硫酸车间、电仪车间、化验室
水泥厂	烘干车间、生料车间、煤粉车间、烧成车间、水泥车间、包装车间、物理室、电站
氯碱厂	盐水车间、电解车间、氯氢车间、蒸发车间、盐酸车间、成品车间、电气车间、化验室
鲁北石化	环氯车间、氯丙烯车间、环氯电器、环氧仪表、品管车间、石灰乳车间、环氧罐区、环氧维修
眨河水泥厂	制氧站、乙炔站、焊条车间、涂料车间
海星煤化工	粉磨工段、酸解沉降工段、结晶分离工段、精滤浓缩工段、空压机站、锅炉、水解工段、水处理工段、水洗工段、漂白工段、煅烧工段、雷蒙粉碎工段、尾气处理工段、稀酸沉降工段、电气安全车间
鲁北盐场	制盐分场（一场、二场、三场、四场、五场、六场、七场）、航运公司、养殖公司、供电公司、化工厂（化工一场、化工二场）
氧化铝厂	原料车间、溶出车间、沉降车间、分解车间、焙烧车间、煤气车间、化验室、仪表车间、电器车间、成品车间、维修车间
鲁北发电公司	汽机部、锅炉部、电气部、热控部、检修部、土建水煤部

三、各职能部门的基本职责及其关系

　　各职能部门在直线制组织统一指挥的原则下设置。职能部门的设置及优化是企业组织结构的重要内容。鲁北集团把职能管理权限集中在总部，在总公司设置了比较健全的职能部门，主要有企业管理委员会、人力资源部、行政办公室、总工办、技术中心、财务部、质检部、设备处、安环处、信息中心等。此外，集团党委办公室作为一个重要的综合部门，在集团对外宣传、企业文化、高层领导绩效考核等方面发挥了重要作用。

　　各所属企业集中精力从事生产，一般不再重复设立相应职能机构，减少了大量管理人员。对于无法上收的职能，各所属企业指定专门人员负责相应的职能。

1. 企业管理委员会

企业管理委员会是集团负责企业管理、生产运行和绩效指标的综合部门，下设经济运行部和企管办。其主要职责为：

——负责集团的企业管理工作，指导各成员企业完善企业管理制度。

——制定并组织实施集团年度生产经营计划及下达季度、月度生产计划，调度集团生产运行，控制和协调各类产品的生产进度。

——组织制定定额、生产作业制度和实施细则，定期进行生产过程分析，制定预防和纠正措施。

——组织实施对各成员企业的目标考核。

——负责对集团及各成员企业经营管理状况进行评估、诊断，并向集团领导提交诊断报告。

——负责向集团领导提供管理变革的建议，并在决策层的指导下组织、参与管理变革；集团决策层布置、指派的其他各项工作。

2. 人力资源部

人力资源部是负责集团人力资源开发和管理的部门，内设主任、统计、人员管理、培训、劳资、福利、合同签订、事故处理等岗位。其主要职责有：

——负责编制集团人力资源发展规划，年度员工招聘计划和培训计划，并组织实施。

——负责集团劳动工资管理，负责办理新职工录用和新工种、新岗位的培训工作。

——负责集团劳动合同和劳动纪律管理。

——负责职工晋级、工资调整、新进人员转正定级和职工调动工作，集团各单位人员变化情况统计。

——牵头组织制定岗位定员和劳动定额。

——负责职工的社会保险工作。

——负责集团一般管理干部的考核、聘用和任免，专业技术人员的评聘、考核和职称管理，审批技术工种和特殊工种岗位人员变动，配合做好各类工种的技术培训、考核、办证工作。

——管理人事档案。

——协助公司领导和有关职能部门制定内部监督管理方面的规章制度。

3. 行政办公室

行政办公室是在总经理、分管副总经理的直接领导下，处理集团总公司日常行政事务的部门，担负承上启下、协调左右和服务各方的责任。其主要职责是：

——负责总经理办公会议、总公司办公会议、现场办公会议及其他重要会议的准备，做好会议记录，整理并撰写会议纪要，及时下发。

——负责起草、修改、审核、校对总公司下发文件，并及时做好印发服务。

——负责文件和资料的收集、登记、传递、落实、整理、归档工作，并负责保密。

4. 总工办

总工办是负责集团技术战略和技术管理，协调集团及各成员企业技术工作的部门。其主要职责如下：

——负责集团技术全面工作，制定集团技术发展战略和规划。

——组织拟定集团技术管理制度、技术标准和技术规范，并组织实施。

——参与集团重大投资项目、技术改造项目的可行性评估，提出意见。

——组织集团技术状况调研，拟定需要攻克的技术难题，负责集团科研项目立项，组织科研成果评审、鉴定，申报评奖。

——组织、处理生产中的重大技术问题。

5. 技术中心

技术中心是集团的研发机构。其主要职责有：

——负责协调、沟通市、省、国家相关部委有关部门，争取、落实相关科技政策。

——收集、翻译国内外有关技术信息和竞争对手的技术动态，为公司技术决策服务。

——负责组织技术攻关，解决集团总公司和各成员企业的技术难题。

——负责集团技术状况分析、技术力量评估，以及集团各成员企业的技术培训。

——负责原料、产品和工艺的质量检测，新产品、新工艺的试验和评估。

——负责拟定集团技术管理制度、技术标准和技术规范。

6. 财务部

财务部是负责集团会计核算、财务管理和内部审计的部门。其主要职责有：

——负责集团的会计核算和财务管理，包括经营分析、会计核算、财务管理，编制会计报表和财务报告。

——负责制定集团年度财务目标、预算和财务收支计划，指导成员企业的财务和会计工作。

——负责分析、检查预算和计划的执行情况，参与对职能部门和控股企业的业绩考评。

——参与集团资本运作规划、重大投资项目和经营决策的可行性分析。

——拟定集团财务管理、会计核算管理、资产经营考核、经费管理等办法，经批准后组织实施。

——负责集团公司的内部审计工作。

——负责集团公司下属企业资金的管理和监督使用，包括国家预算资金的申请和核拨。

——对集团的日常资金进行管理和调度，并检查、监督资金使用情况。

——负责集团的融资工作，办理委托贷款的相关手续。

——编制集团年度经营财务决算、基建财务决算，编写财务分析报告书。

——负责集团纳税申报和清缴。

——负责财务档案和相关文件的管理工作。

7. 安环处

安环处是负责集团安全生产和环境保护工作的部门。其主要职责有：

——负责拟定集团安全生产和环境保护规章制度，经批准后组织实施。

——参与审查集团生产经营计划和各类建设工程的安全和环境评估。

——负责集团安全生产和环境管理方面的认证。

——负责评估集团各成员企业安全生产和环境保护状况，并提出改进建议。

——负责组织集团安全生产和环境保护的教育、培训工作。

——负责审批集团各单位废气、噪声与废弃物的排放方案，并监督实施。

——负责编制集团安全生产和环境保护应急与响应预案，并安排演练、

山东鲁北企业集团考察

监督实施。

——协助政府部门调查安全生产和环境保护领域的事故和纠纷。

8. 质检部

质检部是负责集团的标准、计量和质量工作的部门。其主要职责有：

——负责集团总公司各单位各生产环节的质量监督、检查和考核管理。

——负责各类采购物资的检测。

——负责生产过程各环节和半成品、成品的质量检测。

——负责集团标准、计量和质量标准的实施和分析。

9. 设备处

设备处是负责集团固定资产管理的部门。其主要工作职责是：

——组织制定公司设备管理和维修的规章制度、规程。

——负责集团的设备管理工作，做好设备的管、用、调拨、封存、报废、统计和事故处理及理赔工作，尤其是锅炉、压力容器、管道和特种设备的检查和验收工作。

——负责建立生产设施（设备、工业性厂房等）台账、技术资料、图纸档案。

——编制设备年度、季度大中修计划、更新改造计划和备品备件计划，并组织实施。

——定期召开设备例会，组织设备维护保养的检查评比活动。

——确定主要设备的维修周期，计划并组织实施。

——积极推广应用新技术、新设备，提高产品质量，降低生产成本，减轻劳动强度，改善作业环境。

10. 信息中心

信息中心是组织集团信息工程建设和管理的部门。其主要职责有：

——拟定集团信息建设方案，经批准后组织实施。

——协助集团各成员企业解决信息化建设中的问题。

11. 保卫处

保卫处是负责集团内部治安保卫工作的部门。其主要工作职责有：

——负责拟订集团治安保卫工作管理制度、工作计划和目标。

——负责防火、防盗、安全工作的检查和管理，以及各类事故的现场保卫。

——负责维护集团正常的生产、生活秩序，做好重点场所和设备的安全保卫工作。

——负责集团内有毒有害物品的管理和审批。

——负责员工暂住证的登记和发放管理工作。

——负责做好公司安全保卫专业档案管理。

——协助公安机关处理有关治安案件。

12. 党委办公室

党委办公室是集团党委的办事机构，负责日常党务和党委领导交办的工作。其主要职责有：

——主持党委办公室的全面工作，负责党委办公室工作计划的制订和实施。

——负责党委各类会议的组织筹备。

——负责组织党委办公室的思想政治学习、业务学习。

——组织起草和审核以党委或党委办公室名义发出的文电、函件。

——负责安排、协调党委领导的重要公务活动和重要来宾的接待工作。

——督促检查党委决定事项及党委领导批示意见的贯彻落实，负责上级领导批示、指示的落实、催办及情况的反馈。

——组织起草党委文件、党委领导讲话和有关汇报、申报材料。

——负责拟定集团党组织工作计划，经批准后组织实施。

——负责协调办理市县上级党委、组织部门交付的有关工作。

——负责总公司高管人员的绩效考核方案的制定及实施。

——承办党委领导交办的指令性工作任务。

四、关键岗位的基本职责

集团关键岗位包括集团总公司董事长、董事、监事、总经理。鲁北化工的关键岗位包括董事长、董事、监事、独立董事、总经理、财务总监、董事会秘书。其中，部分关键岗位的职责如下：

1. 集团总公司董事长岗位职责

——召集、主持股东代表大会。

——领导董事会工作，召集和主持董事会会议。

——签署本公司的股票、债券、重要合同及其他重要文件。

——提名总经理人选，供董事会会议讨论和表决。

——在董事会会议闭会期间执行董事会决议，处理董事会权限内的事务，重要问题应向下次董事会会议报告。

——在发生战争、特大自然灾害等重大事件时，可对一切事务行使特别裁决权和处置权，但这种裁决权和处置权必须符合本公司利益，并在事后向董事会会议报告。

——指导本公司的重大业务活动；董事长因故不能履行职务时，可授权副董事长或其他董事负责。

2. 集团总公司总经理岗位职责

——主持公司的日常生产经营管理，组织实施董事会决议，并将实施情况向董事会报告。

——组织实施公司年度经营计划和投资方案。

——拟定设置、调整或撤销公司内部管理机构的具体方案。

——拟订公司的基本管理制度。

——制定公司的具体规章；提请聘任或解聘公司副总经理、财务部门负责人。

——聘任或解聘除应由董事会聘任或解聘以外的管理人员和工作人员。

——依有关规章制度决定对公司职工的奖惩、升级、加薪及辞退；在职责范围内，对外代表公司处理业务。

——董事会授权的其他事项。

3. 鲁北化工购销副总经理岗位职责

——负责总公司化肥、水泥产品的销售及市场管理。

——主持供销公司的全面基础管理工作。

——负责总公司磷矿、硫磺、氯化钾等原料的供应管理。

——负责销售与清欠的关联、协调管理。

4. 鲁北化工信用和营销管理副总经理岗位职责

——负责化肥销售市场信息调研、反馈。

——负责产品广告策划、宣传及其实施监督。

——负责化肥市场秩序的规范、销售网络建设及客户档案管理。

——驻济办事处的指令性工作安排。

5. 鲁北化工董事会秘书职责

董事会秘书作为鲁北化工与上海证券交易所的指定联络人，对股份公司和董事会负责。董事会秘书的主要职责是：

——准备和提交董事会和股东大会出具的报告和文件。

——负责准备和提交证券交易所要求的文件，组织完成监管机构布置的任务。

——按照法定程序筹备董事会会议和股东大会，列席董事会会议并作记录，保证记录的准确，并在会议记录上签字。

——协调和组织公司信息披露事务，包括建立信息披露的制度、接待来访、回答咨询、联系股东、向投资者提供公司公开披露的资料，促使公司及时、合法、真实和完整地进行信息披露。

——列席涉及信息披露的有关会议，公司有关部门应当向董事会秘书提供信息披露所需要的资料和信息，公司在作出重大决定之前，应当从信息披露角度征询董事会秘书的意见。

——负责信息的保密工作，制定保密措施，内幕信息泄露时，及时采取补救措施加以解释和澄清，并报告股票上市的证券交易所和中国证监会。

——负责保管公司股东名册资料、董事和董事会秘书名册、大股东及董事持股资料以及董事会印章，保管公司董事会和股东大会会议文件和记录。

——帮助公司董事、监事、高级管理人员了解法律、法规、公司章程、股票上市证券交易所制定的上市规则及股票上市协议对其设定的责任。

——协助董事会行使职权，在董事会决议违反法律、法规、规章、政策、公司章程及股票上市的证券交易所有关规定时，应当及时提供异议。

——为公司重大决策提供咨询和建议。

——公司章程和股票上市的证券交易所上市规则规定的其他职责。

五、信息技术对企业组织结构的影响

信息技术与先进的管理思想和方法相结合，可以有效地提高企业管理效率，并对组织结构产生影响。信息技术对鲁北集团组织结构的影响主要体现在以下几方面：

首先，提高了研发和生产过程的自动化程度，使集团建立集中统一的技术中心。1996年，集团公司所属的山东鲁北建材设计院引进了ABD为基础平台的设计软件，建立了设计院内部局域网，全面取消手工制图。1999年，利用计算机及网络，将全部图纸资料转化为相应的电子版文件，实现网上查询、借阅、复用与修改图纸资料。2000年以来，集团新产品和新工艺研发、生产过程控制、产品和工艺质量检测等环节均采用信息技术收集、传递、处理、存储各类信息，使集团技术中心及时掌握各单位的技术需求及技术运用状况，精简了成员公司和中间层次的技术人员。

其次，减轻了事务性工作量，减少和精简中间层次，实现扁平化结构。各职能部门、各单位均进行了信息化改造。信息技术改变了集团的信息收集、加工、处理方式，计算机的运用不仅增加了信息的处理量，而且加快了信息处理速度，并提高了其准确度。各职能部门人员采用计算机从事事务性工作，譬如统计、汇总、填表、信息传递等工作，节省了纸张，减轻了工作量。更重要的是，信息技术和计算机的广泛应用使企业上下级之间、各部门之间及其与外界环境之间的交流变得更便捷，降低了中间管理层和非执行机构的重要性。集团及时减少中间层次和非执行机构，加大管理幅度，增加执行机构，使执行机构与决策层建立直接关系，优化信息的传递与沟通。

再次，搭建财务网络平台，实现集团财务管理新模式。为有效控制资金流，2000年，公司根据鲁北需求与用友公司合作开发了鲁北财务系统，运行3个月后，成功实现甩账。该系统实施后，财务部门人员削减1/3，财务人员劳动强度降低20%。譬如，与银行对账，原来一个人专心致志需要3~4天，现在只需一个上午即可。原来一个专人汇总一级科目，现在使用计算机汇总，既准确又快捷。由于集团总公司业务量大，往来户有1200余户，原来2~3个月余额对不上是常事，现在利用鲁北财务系统处理这些问题就非常容易。同时，可以利用强大的查询功能，方便快捷地实现对以前年份所作凭证及往来户的查询，便于业务人员与客户及时对账。还有各产品成本、利润的核算以及根据这些核算项目制作凭证、再记账原来需要3~4天时间，现在半天可全部完成。

最后，探索项目管理和矩阵组织结构的应用。信息技术使集团管理框架可以根据生产功能及组织目标来构建不同的组织结构，对物质、能量、信息、仓储、市场等资源，通过定性及定量分析，实现组织的自我调节和网络化、扁平化管理，克服传统企业管理的封闭性、局限性和设计、制造能力的不完备性，减少资源的重复投入，缩短建设和生产周期，提高产品从设计、制造到销售全过程的整体柔性和敏捷性，提升企业综合效率。

第二节 流程及管理基础

鲁北集团重视构建科学的、适应循环经济要求的产品流、信息流和资金流以及有效的流程管理制度。根据生态产业链条中各个要素间的上下游关系，对物质流动路线、流量和组成等进行了优化调整，对能量的使用进行了有效匹配，对信息进行了系统整合，使物质、能量、信息、资金在整体网络的各个节点之间按照一定的经济和生态规则流动，以促进集团物质充分循环、能量多级集成有效利用、环境与生态协调，使产品、产业结构不断完善优化，生态工业系统内各个环节中的物料、能源、信息、资金等要素能够达到梯级持续循环利用和运行顺畅，获得生态效益、经济效益、社会效益最优化。

一、产品流及其管理情况

鲁北集团的产品流及其管理，是根据其独特的生态产业链条进行的。

根据其生态产业链条中各个要素间的上下游关系，为保持整个产业链条的良性循环，对各单位实施市场运作，独立核算管理。

在鲁北集团各个产业链条中，产品已不是传统意义上的完成制造、上市、交换的商品，链条要素中各个节点对于下一个生产环节都构成商品，就是说，链条中的每一个环节所产生的物流都视为下一个环节的商品，分厂车间与车间之间，车间内岗位与岗位之间，下游环节都作为上游环节的用户进行市场模拟核算，互相之间签订经济责任制，实行经济指标结转、互补到位。

为阐述与理解的方便，仅以各单位水、电、气的使用及责任互补管理作如下说明：

1. 水、电、气的结转与结算

水、电、气的结算采取先交费、后使用的管理方式，计量数据以供方出口仪表为准，结算价格执行集团公司年度预算价格，线损、变损、管道损失由需方承担，对于特殊情况在需方安装计量仪表的线损、管道损失，由该线路上所有用户按照使用量平均分摊，具体分摊数据以计统部核算数据为准。

需方根据月预算需用量按照上、中、下旬分别于 25 日、5 日、15 日三次分期预付款，水、电、气由鲁北发电公司统一管理，预付款交发电公司财务处，对于未预付款的单位，由发电公司负责以书面通知的形式向需方下达催交单，催交单下达三日内，对仍未交款的单位，发电公司正式通知用户予以停止使用，因此造成的一切损失由需方自行承担。

集团总公司计统部负责水、电、气计量器具的管理，结合发电公司每五天巡检一次并记录使用量及时通知各用户，如计量器具损坏，由需方负责购买更换，发现弄虚作假骗取用量的，对责任单位按照五天预算用量的双倍进行罚款。

2. 互补责任界定

为了保证产品按照生产工艺要求流动，减少产品不正常流动造成的损失，明确责任方，鲁北集团制定了严格的产品流责任的界定方法。

（1）发电公司应严格按照年度、月度制定的预算目标，实现达产达标，如因自身原因，造成一方压负荷限电运行，应承担给对方因降负荷造成产量减少的利润额。

（2）如发电公司出现设备故障，造成对方突然拉路断电，应承担对方因停电所造成的设备维修、原料损失等直接经济损失和因停电造成对方产量减少的利润额。

（3）如需方生产条件受限达不到预算目标产量，因此减少的用电负荷和蒸气量，由需方承担供方电力负荷和蒸气量减少使用量的利润额。

（4）如需方出现设备故障或其他原因减负荷运行，应承担因此所减少的电力负荷和蒸气减少的利润额。

（5）若需方因自身工艺、设备故障系统跳闸停车，需方将承担供方电力设施损坏维修损失和自设备检修时间到系统开车达到满负荷所造成的电力负荷和蒸气减少的利润额。

（6）发电公司应确保外供蒸气压力（出口）：海星化工不低于 11.5 公斤，项目区 325 管线、氯碱蒸气管线、油化工管线不低于 9.5 公斤，氧化铝线减温减压前蒸气压力必须确保在 7.0～8.0kg 之间，若低于以上压力要求，蒸气价格按折半结算。

（7）电流保障：氯碱一期 74.5kA，二期 A、B、C 三台槽子各达到 9.0kA 电流运行，否则，如发电公司原因，造成氯碱厂低电流运行，应补给氯碱厂因此所减少产量的利润额；如氯碱厂原因达不到以上电流运行，应补给热电厂因此减少的供电利润额。

（8）如一方责任造成发电公司停电或压负荷，同时给第三方带来影响，责任方应承担发电公司和受影响的第三方因此所造成的经济损失和产量减少的利润额。

（9）原盐非产盐季节和溴素非生产季节，盐场与发电公司不予互补。

（10）氧化铝回水量按照发电公司的实际供气量返送合格的冷凝水不低于供气量的80%，计量以发电公司进水流量表为准，回水欠供量处罚执行《发电公司与氧化铝厂生产互保协议》。

3. 责任互补操作程序

（1）各单位应日常记录外界因素所影响的开停车时间和影响的产品产量，以原始记录为依据，每周五上午9：30前将一周来运行情况和影响因素汇总上报集团公司计统部；如发现伪造现象，按照伪造产量利润额的双倍进行罚款。

（2）每周五由经济运行部、计统部负责对各单位的上报情况和设备、质量事故等原因进行审定，经审核无误确认后上报财务公司，由财务公司按月度进行账务划转并核算当月责任制兑现。

4. 补充事项说明

（1）若因外界因素（非对方责任）造成双方损失自负，不予互补。

（2）在运行中总公司根据年度计划统一安排的检修停车不予互补。

（3）当月装置运转良好，无对外界影响因素，各项指标达到 A 目标以上，对单位负责人给予奖励；当月装置运转较差，对外界影响因素较多，各项指标未完成 B 目标，对单位负责人给予经济处罚。

（4）互补利润额以集团公司确定的年（月）度预算目标为依据。

集团总公司经济运行部组织，由各考核部门和专业职能部门安环部、质量部、设备公司、人力资源中心按照管理考核细则对各单位综合管理情况实施检查考核，并出具考核结果，作为各单位工资兑现的依据。

二、资金流及其管理情况

货币资金是企事业单位资产的重要组成部分，是企事业单位流动性最强的一种资产，也是唯一能够转换为其他任何类型资产的资产。所以，货币资金涉及面最广、应用最广泛，并且极容易发生流失、短缺和被盗窃等现象，最容易被挤占和挪用，甚至产生舞弊行为。因此，所有企事业单位必须加强对货币资金管理，规范货币资金的使用，避免现金不足和过剩所产生的不良现象，不能因为对货币资金的管理不善而影响企事业单位的正常运转和经营效益。为此，财政部颁发了《内部会计控制规范——货币资金》（试行），对保护企事业资产的安全完整，维护经济秩序具有重大的意义。作为一个成功的国有企业，和其他的企业一样，鲁北集团也有自己的一套现金管理体系。

1. 货币资金的预算制度

实行货币资金的预算制度，对于完善企事业单位货币资金的管理，有着举足轻重的作用。货币资金预算提供了控制企事业单位日常货币资金流动的主要依据，也是评价各部门、各单位对货币资金管理成绩的考核标准和重要手段。货币资金的预算制度，增加了资金运行的透明度，可充分利用资金，从制度上、管理上防止挤占和挪用的现象产生。

对于货币资金预算的编制，首先根据集团发展规划、年度计划、业务规模、生产状况等因素，由专业人员、销售人员、采购人员和直接参与资金支付业务的人员根据业务需要，从公司最基层开始编制资金预算，逐级上报审查。经过集团总公司及相关企业有关部门认真研究、反复协商、综合平衡修订后，会计主管部门审核，最后由集团总公司最高管理层批准后执行。实行货币资金预算，可以避免货币资金不足和过剩现象的发生，有利于提高单位资金的使用效率，防范金融风险和提高公司适应市场经济的应变能力。

2. 货币资金的内部控制制度

鲁北集团依据国家有关法律法规的规定和要求，完善内部货币资金控制制度，规范会计行为，健全监督制约机制。各成员企业的主管会计负责人要对本单位的内部会计控制的有效实施负总责，并明确各级管理部门、各企业内部各职能部门在预算安排、计划管理、实物资产、对外投资、项目招标、工程采购、经济担保等经济活动中的管理权限，依法制定严格的批准制度，明确审批权限、方式、方法、程序、责任和相关的内部控制制度。

3. 实行不相容的职务相互分离制度

鲁北集团通过建立职务分工控制制度，理顺了财务管理关系，从组织机构设置上确保了资金流通安全。同时，建立内部监督制约机制，资金的管理人员实行不相容的职务相互分离制度，合理设置会计、出纳及相关的工作岗位，职责分明、相互制约，确保资金的安全。会计出纳不能相互兼职，不得由一人办理货币资金流通的全部过程。具体规定有：会计人员负责分类账的登记、收支原始单据的复核和收付记账凭证的编制；出纳人员负责现金的收付和保管、收支原始凭证的保管、签发银行有关票据和日记账的登记；内审人员应当负责收支凭证和账目的定期审计和现金的突击盘点及银行账的定期核对；会计主管负责审核收支项目、保管公司和公司负责人的印章；企业负责人负责审批收支预算、决算及各项支出；电脑程序员应负责程序设计和修改，不得随意操作程序，不能随意出入会计室。

4. 建立收入和支出环节的内部控制制度

通过建立收入和支出环节的内部控制制度，加强了对货币资金的预算编制、执行各个环节的管理，规范了货币资金的管理程序，确定货币资金执行的审批权限和制度，超限额或重大事项资金支付要实行集体审批，严格控制无预算或超审批权限的资金支出。

一方面，对货币资金的收入控制：每笔收入支出都要及时开票；要尽可能使用转账结算，现金结算款项要及时送存银行；尽可能采用集中（财务部门）收款的方式，分散（单位或个人）收款要及时送交单位出纳；不得坐支各项收入；出纳员收妥每笔款项后应在收款凭证上加盖"收讫"章。

另一方面，对货币资金的支出控制：每笔支出都应有单位负责人的审批、会计主管审核、会计人员复核；出纳人员每一笔款项都应以健全的会计凭证和完备的审批手续为依据，付款后，需在付款凭证上加盖"付讫"章；各项支出都有预算和定额控制执行；要按国家规定的用途使用现金，尽可能使用转账支付；银行单据签发和印鉴保管应当分工负责。

5. 强化货币资金的保管和控制

鲁北集团各成员企业均建立了比较完善的货币资金保管和控制制度，在货币资金、会计凭证、原始资料的管理，在依法建账、及时核对银行账目、定期对账报账制度等方面均有据可循。不符合审核程序不能支付资金，按规定实事求是报账，不做假账。具体内容为：一是货币资金的收付只能由出纳员负责，其他人员（包括单位负责人）不得接触货币资金；二是严格执行库存现金限额制度；三是出纳人员要做到每日现金日记账余额与保管的现金核对相符，并经常与会计核对账目；四是要严格执行定期现金突击盘点制度和核对银行账的制度；五是已开出的收付款原始凭证必须全部及时入账；六是所有收付款原始凭证必须连续编号并顺序使用，错写作废的原始单据应加盖"作废"章后妥善保管。

6. 实行统一财务管理，防范资金风险

鲁北集团各成员企业均严格执行一个单位只能设置一个财务机构的管理规定，统一管理企业的全部（包括事业、基建、企业）账簿，全部收入和支出一律纳入本单位的财务总账管理。企业银行账户的开设均按规定程序审批，严格禁止账外账和"小金库"现象。对公司发生的重大经济活动事项要及时报告，准确、全面反馈公司的经济信息。要树立风险意识，从源头上防止货币资金被挤占、挪用、盗窃的问题产生；从制度上对可能出现的财务风险和经营风险加以防范和控制。

三、信息流及其管理情况

人类正走进以信息技术为核心的知识经济时代，信息资源已成为与材料和能源同等重要的战略资源，信息流管理成为企业管理的重要领域，信息化水平成为企业管理水平和综合实力的重要标志。

鲁北集团较早认识到信息应用的重要性，信息化建设起步较早。1996年，山东鲁北建材设计院引进了中国建筑研究院的建筑结构设计 ABD 为基础平台的设计软件，建立了鲁北集团设计院内部局域网，全面取消手工制图。

1997 年扩大建设开始之初，集团公司做出了建设一流自动化生产线的决定，先后在 PSC－Ⅱ（磷铵、硫酸、水泥联产装置）、氯碱生产装置、热电装置和鲁北石化装置上，先后配制了 A－B 公司、日本横河和浙大 JX－300 三类共六套 DCS 集散控制系统。

1999 年，为加强网络宣传力度和促进信息化建设步伐，建成了鲁北集团网站（www. lubei. com. cn）。2004 年 6 月，根据集团发展需要，增加了循环经济、产品性能说明和图片下载功能，方便了客户对集团产品的了解，有效地提高了集团知名度。

2000 年，为有效控制资金流，集团总公司合作伙伴开发了鲁北财务系统，运行 3 个月后，成功实现甩手工账。

2002 年 3 月，为了实现企业的物流、资金流、信息流的一体化，为企业决策层提供准确、及时、科学的决策信息，达到降低成本、管理好资金、加强监控、优化业务流程为目标，实施了磷铵厂供应链管理系统。

2005 年 2 月，为提高集团办公效率，增强信息综合运用能力，强化企业管理水平，实施了一套基于纯 B/S 结构的统一企业办公、协同运作及管理支

持的综合平台。同时，设计了一个自己的信息管理构架，通过 OA 系统，将其纳入微机管理，先后增加了"参考信息"、"行业动态"、"内部质量信息"、"收发文管理"、"部门通知"等栏目，发动各部门信息员从互联网、电视、报纸等媒体搜索信息，通过 OA 系统将信息传送到公司办公室，办公室信息员将其整理后，发送到公司网络信息系统中，让领导在最短的时间内浏览到最有用的信息，为领导决策提供依据。在 OA 系统实施的初期，信息中心与办公室联合制定了信息管理方法，制定了奖惩制度，为以后信息管理系统的正常运行提供了保障。

目前，质检处、企管处、调度处、销售公司、供应公司等部门均实现了集团各成员企业产、供、销数据与信息查询、浏览和检索，各类信息与生产管理、经营决策分系统信息传递实现有机连接，成为一个信息集成的整体。这有效地促进了企业信息化建设，加快了信息流通，提高了企业的市场反应能力，使得过去信息不畅、信息滞后、不能及时进行管理的难点问题得到彻底解决。

2005 年 6 月，为及时了解企业运营的各类实际数据，准确考核企业采购成本、生产成本、库存状况等情况，通过充分论证，对员工计算机水平相对较高、管理流程顺畅的氯碱厂实施 ERP 项目。该系统运行效果较好，达到预期目的。

2007 年，为了进一步推进信息化建设，鲁北集团对信息化系统进行了改进和升级。

第四章 产品、工艺流程与循环经济

循环经济是在深刻认识资源消耗与环境污染之间关系的基础上，以提高资源利用效率与改善环境质量为目标，以资源节约和物质梯次利用为手段，实现资源效率最大化，废弃物排放和环境污染最小化的一种经济发展模式。从载体看，循环经济包括企业层面的循环经济、园区层面的循环经济和社会层面的循环经济。

鲁北集团自承担国家"六五"科技攻关试验项目，于1985年实现磷铵、硫酸、水泥联合生产以来，遵循生态规律，应用循环经济理论和系统工程的思想，历经30年艰辛实践，实施技术集成创新，创建了"磷铵—硫酸—水泥联产"、海水"一水多用"、"清洁发电与盐碱联产"三条生态工业产业链，形成了独特的中国鲁北生态工业体系。近年来，鲁北集团把循环经济和生态工业作为产品制造工艺流程的基本理念和基本原则，着力在生产和再生产的各个环节循环利用一切可以利用的资源，在原有三条生态工业产业链的基础上，又开发出了生态电业、油煤盐"三化合一"、钛白粉清洁生产和生态铝业四条产业链，创建了中国自己的、科学的循环经济和生态工业发展模式——鲁北模式。尽管世界各国都在按照循环经济理论进行生态园区建设的尝试，但至今还没有达到鲁北集团的目标——污染物的零排放标准。鲁北生态工业园的创建及其循环经济成就，超越了目前国际上工业生态系统运行最为典型的代表丹麦卡伦堡模式，其科技、经济、社会、生态等综合贡献率，高出卡伦堡一倍，为国内外生态科技产业、经济发展和工业发展提供了范例，对于促进我国经济增长方式的根本转变，转变人们经济观念和环境观念，建设生态文明的和谐社会影响深远，体现了极大的创新价值、经济价值、社会价值和环境价值，为我国工业化实现减量化（Reduce）、再使用（Reuse）、再循环（Recyli）的3R理念积累了有益经验。

第一节　企业产品结构

一、产品种类和产销量

鲁北集团的产品横跨化工、建材、电力、轻工等行业。总体来看，鲁北集团生产、加工、销售的产品主要有化学肥料、硫酸、水泥、溴素、溴化钠、溴化钾、溴化铵、溴化锂、氯碱、建材、饲料、涂料、工业盐、环氧氯丙烷、钛白粉、四氯化钛等。同时，集团还兼营海水养殖、账册印刷、汽车运输、土木建筑工程、建筑工程设计、机电设备安装维修等。

鲁北集团重点企业的生产能力状况如表 4-1 所示。

表 4-1　鲁北企业集团重点企业生产能力状况

企业名称	生产分厂	产品名称	计量单位	生产能力
山东鲁北集团总公司	氯碱厂	液氯	吨	50000
	合成氨厂	液氨	吨	80000
	氧化铝厂	氧化铝	万吨	100
山东鲁北化工股份有限公司	热电厂	电	万 kW	11
	氯碱厂	液碱	吨	60000
		液氯	吨	50000
	磷铵厂	磷酸二铵	吨	300000
		复合肥	吨	1000000
	硫酸厂	石膏酸	吨	400000
		硫磺酸	吨	400000
	水泥厂	水泥	吨	600000
		溴素	吨	10000
山东鲁北盐场		原盐	吨	1000000
山东无棣海星煤化工有限责任公司		钛白粉	吨	30000
山东无棣海通盐化工有限责任公司		液碱	吨	60000
山东鲁北发电有限公司			MW	一期 1000MW

鲁北集团 2000～2007 年主要产品产量见表 4－2。2007 年，鲁北集团生产磷铵 39.30 万吨，硫酸 80.12 万吨，水泥 85.13 万吨，三元肥 85.15 万吨，原盐 45.83 万吨，溴素 6350 吨，烧碱 12.25 万吨，发电 6.44 亿千瓦时，各主要产品产量均比 2000 年有所增长。其中，硫酸产量、水泥、三元肥、溴素、烧碱、发电量增长幅度较大，磷铵和原盐增长幅度较小。

表 4－2　鲁北集团 2000～2006 年主要产品产量

年　度	磷铵 （吨）	硫酸 （吨）	水泥 （吨）	三元肥 （吨）	原盐 （吨）	溴素 （吨）	烧碱 （吨）	发电量 （万 kWh）
2000	368314	450916	138110	319093	449641	5241	22026	19744
2001	345526	632696	250632	600176	421100	4453	35420	26109
2002	360272	809321	550695	611680	496374	4985	36926	24350
2003	320085	855746	602896	796094	363800	5095	30087	25584
2004	373901	866744	600673	801306	286200	4097	65749	44325
2005	353114	798720	612746	792228	391900	4992	85125	49841
2006	397460	799705	878264	858460	450360	6046	94876	59027
2007	393022	801231	851256	851554	458360	6350	122541	64429

鲁北集团的产品销售辐射山东、河北、河南、山西、湖北、湖南、四川、云南、新疆、辽宁、黑龙江以及广州等全国 27 个省市区，并成功打入国际市场，远销印度、澳大利亚、日本及东亚、东南亚等国家和地区。出口产品主要包括集团自产的磷酸一铵、磷酸二铵、水泥、复合肥料、原盐、氯碱、纯碱、溴素、溴化锂、溴化钠、溴化铵、溴化钾、阻燃系列产品及相关设备。进口商品主要是本企业生产、科研所需的原辅材料、机械设备、仪器仪表及零配件。

二、产品质量和技术水平

1. 企业生产质量

鲁北集团依靠科技进步、实施精细管理，全面贯彻执行 ISO9001 质量管理体系和 ISO14001 环境管理体系，产品生产工艺成熟、技术先进、质量稳定，主导产品均获国际采标证书，磷铵、复合肥被农业部认定为国家农业技术推广产品，磷铵、复合肥被评为"中国名牌"、国家免检产品，荣获 2001

年山东省产品质量奖。

2. 企业技术水平

鲁北集团十分重视技术研发和科技体系建设。

"六五"期间，取得了盐石膏、磷石膏、天然石膏制硫酸联产水泥三项重大科研成果，荣获国家"六五"科技攻关奖。"八五"承担了原国家计委下达的重大攻关课题和山东省科委下达的攻关课题，相继开发了旋风预热器分解磷石膏装备及技术、窑气净化技术、磷石膏快速干燥机、新型磷酸污水封闭循环利用技术、磷石膏生料配置自动化控制技术、回转窑系统自动化控制技术、电除尘器等多项技术，并通过了省部级鉴定和国家"九五"重点攻关项目专题验收。

鲁北集团对磷铵副产磷石膏制硫酸联产水泥技术拥有自主知识产权，具有世界先进水平，获国家科技进步二等奖，被授予国家发明专利。

2007年2月27日，国际权威专利机构——欧亚专利局发布公告，经过两年的严格审查，授权鲁北石膏制硫酸联产水泥新技术发明专利，专利号为007885。欧亚专利局的授权公告，标志着欧亚70多个国家和地区的认可。

鲁北集团从抓技术创新机构、完善科技开发体系入手，建成了以国家级化工建材乙级设计院、绿色化学研究院、高新技术攻关部和化工、建材、轻工、电子、水产、食品研究所及中试基地为配套的设计、科研、成果转化的组织机构网络。1995年鲁北企业集团技术中心被认定为国家企业技术中心，2001年经人事部批准建立了滨州市首家博士后科研工作站。鲁北集团从深化科技体制改革入手，建立起了强有力的循环经济技术支撑体系，把单纯的科技开发转变为全方位的科技经营管理，在企业技术化进程中，建立技术经营机制，培育和发展技术市场，技术开发创新与工业生产同步，贯穿于生产经营活动中，最大限度地开发对路的新产品、新技术，加速技术创新步伐，从而促进了企业技术结构、产品结构的不断优化和资源的有效配置。

鲁北集团广泛开展国内外技术研发合作交流，先后与清华大学、中国海洋大学等合作，进行了一步法合成二甲醚技术开发、十溴二苯基乙烷技术联合攻关、新型橡胶防老剂生产集成工艺开发、重油催化热裂解制乙烯项目研究、企业信息化管理与实施项目建设等课题研究；并邀请中国工程院一百余人次进行了"山东鲁北企业集团总公司技术创新院士行活动"等。除此之外，还与中国科技大学、天津轻工学院、济南大学、山东海洋工程研究院、大连物理化学研究所等几十家大专院校和科研机构建立了紧密协作关系，开展了多种形式的学术交流、人才培养、技术研究、难题攻关，还聘请了二十多名著名的国内外专家来公司做技术顾问，并进行技术指导。

在科研开发方面，鲁北集团也拥有良好的装备条件。鲁北集团技术中心现有溴系列阻燃剂中试生产装置、二甲醚中试装置、重油综合利用模拟试验室、计算机自动化控制试验装置、高强低碱水泥试验室等。各种分析仪器和试验设备近 40 台（套），大型仪器有：气相色谱分析仪、液相色谱分析仪、色谱仪器、原子吸收光谱仪、热分析仪、水分析测定仪、等离子发射光谱仪、原子吸收光谱仪等，约 90% 是 20 世纪 90 年代的产品，磷铵副产磷石膏制硫酸联产水泥装置相关仪器是 90 年代早期的产品，其他盐化工及有机化工仪器是 90 年代后期的产品，同时该中心还配备了计算机信息网络系统。

"以人为本，造就高科技人才队伍"是鲁北集团人才队伍建设的奋斗目标，经过多年的磨炼，造就出一批高科技带头人，培养形成了基础研究队伍、科技成果产业化队伍、项目评价推广队伍、工程设计开发队伍、工程承包施工一体化队伍等，成为依靠技术创新、发展循环经济的牵引龙头。

鲁北集团建立了企业技术创新的管理和奖励机制，有效地推动了企业的技术创新工作。总公司针对产品技术开发领域广的特点，在管理上实行项目经理负责制，并把发现、培养、提拔科技拔尖人才放在推进企业技术创新的重要位置。近几年来，企业共投入 70045 万元用于研究开发，占销售收入的 7.39%，大大增强了企业的自主创新能力和核心竞争力。

三、企业生产员工数量、结构与素质

山东鲁北企业集团总公司共有员工 7500 人，其中生产员工 6513 人，生产员工占员工总数的 86.84%。生产员工大中专、技校以上毕业的 5009 人，占生产员工总数的 76.91%。集团的主要成员企业生产员工分布如表 4－3 所示。

表4-3 鲁北企业集团主要成员企业生产员工状况

企业名称	分厂名称	职工数量（人）		
		员工总数	生产员工数量	生产员工大中专、技校以上毕业的数量
山东鲁北集团总公司	氧化铝厂	1027	870	790
	塑编厂	223	201	56
	运输分公司	68	50	41
	小计	4132	3498	2281
山东鲁北化工股份有限公司	热电厂	349	306	291
	氯碱厂	318	283	236
	磷铵厂	219	180	157
	硫酸厂	85	75	61
	水泥厂	231	194	170
	小计	1202	1038	915
山东鲁北盐场		2526	2102	1156
山东无棣海星煤化工有限责任公司		560	507	430
山东无棣海通盐化工有限责任公司		300	279	241
山东鲁北石化公司		775	721	690
山东鲁北发电有限公司		501	470	452
合计		7500	6513	5009

注：员工总数包括管理人员、财务人员、技术人员和生产人员；生产员工仅包括生产人员。表中仅列出了集团总公司和鲁北化工的部分分厂或分公司，因而小计大于各行之和。

第二节 工艺流程与循环经济

化工企业都有自己的产品制造工艺流程。就生产组织而言，产品制造工艺流程包括从原料准备到产品最终形成的整个过程，即由生产准备、基本生产过程、辅助生产过程以及生产服务等过程构成的全部活动过程。

化学工业生产过程一般包括原料处理、化学反应和产品精制三个主要步骤。原料处理是为了使原料符合化学反应要求的状态和规格，根据具体情况进行的净化、提浓、混合、乳化或粉碎（对固体原料）等多种不同的预处理。化学反应是对经过预处理的原料，在一定的温度、压力等条件下进行反应，以达到所要求的反应转化率和收率的过程。反应类型可以是氧化、还原、复分解、磺化、异构化、聚合、焙烧等。通过化学反应，获得目的产物或其混合物。产品精制是将由化学反应得到的混合物进行分离，除去副产物或杂质，获得符合标准要求的产品的过程。

早期的化学生产以经验为依据。在生产和科学的长期发展中，化学生产逐渐从手工作坊式生产向以科学理论为基础的现代生产技术转变。现代化学工业生产技术的主要发展趋势是：基础化学工业生产装置的大型化，原料、副产品和废弃物的充分利用，新原料路线和新催化剂、新反应的采用，能源消耗的降低，环境污染的防止，生产控制自动化和最优化等。

化学工业生产过程多按着资源、产品制造、废弃物排放为基本环节的线性流程构建工艺流程，这种线性流程除了产生产品外，还会产生多种副产品和废弃物。无论怎样优化和限制物质流量，废弃物排放都不可避免。副产品和废弃物的有效利用一直是制约我国化学工业可持续发展的难题。在生产实践中，鲁北集团认识到如果不配置利用副产品和废弃物的产业链，副产品和废弃物就只能低效利用或放空、堆积。副产品和废弃物的利用要求彻底改变传统线性工艺流程，构建一个能够使各类产品、副产品和废弃物之间保持平衡和协调的闭环反馈式投入产出关系，这不仅是一个技术问题，也是一个体制、机制问题。围绕各种副产品和废弃物、余热的有效利用，鲁北集团先后创建了磷铵副产磷石膏制硫酸联产水泥（PSC）、海水"一水多用"和盐碱电联产三条互成网络、高度相关的循环经济产业链。

2000年11月19~24日，由中国工程院、国家经贸委联合组织19位院士进行了"鲁北企业集团技术创新院士行"活动，在现场用6天的时间集中对鲁北企业集团的总体技术创新状况进行诊断、评估，对其技术创新、发展方向提供咨询。

全国政协常委、国家自然科学基金委员会名誉主任、中国科协副主席、中国科学院主席团成员、中国科学院院士、第三世界科学院院士、著名物理化学家张存浩院士这样评价鲁北集团："我认为，鲁北集团走的是深度资源开发的路子，没有污染，环境友好，这对于化工企业以及我们国家的其他工业来讲相当难得，非常有借鉴性。这个地方自然条件比较严峻，社会条件也不是很优越，特别是在技术创新、管理科学方面，没有依靠国外，完全自力更生，既没买专利，也没买生产线，而且还要进行技术输出，其精神难能可贵。"

东北大学原校长，东北大学教授，中国工程院化工、冶金与材料学部副主任陆钟武院士评价鲁北集团："可持续发展一是强调发展，满足人类生产、生活不断发展的要求，不是说为了保护环境就不发展了；二是强调公平，尤其代际之间的公平，公平的原则是不能以牺牲后代的利益、发展为代价，来满足当代人的需求；三是强调合作，特别是国际、区际之间的相互平等合作；四是强调协调，创造一个更有秩序、更加健康、更加愉悦的内外部环境，人与自然要在各方面协调起来，不应该是对抗的、征服的。工业生态学就是可持续发展的科学，其研究是以系统为基础的。生态工业园就是符合生态的工业园，是理想的工业系统，环境友好。假如有甲、乙、丙、丁四个厂，相互之间在能源、资源上面互相依存，互相依靠，废料、废能互相利用。鲁北集团的生态产业链条就构成了一个生态工业系统，我认为应该是我们中国的第一家实现的生态工业园。"

1997年，国际十人俱乐部发表了卡诺勒斯宣言，宣言的中心思想是在一代人的时间内，把能源、资源和其他物质的效率提高10倍，而且认为这是可以实现的。环境的破坏不仅仅是污染物的结果，更主要的是资源消耗、能源消耗量过大。因为从自然界索取的资源，一旦进入经济活动范畴，都会迟早变成被抛弃的废物、垃圾以及各种形式的污染物，从而使环境遭到破坏。所以为了减少环境的破坏，必须减少各种污染物的排放，同时更重要的是减少向大自然索取资源的消耗量。传统的经济模式是大量开采，大量生产，大量制取财富，然后大排放，严重破坏环境。资源能源效率低，要很多东西才能产生很多产品财富。新的经济模式就是少开采，多产出，少破坏环境，因为内部进行了物质循环。从工业经济内部来讲，其核心就是物质的循环，这种新的经济模式可以称为循环经济，它应成为21世纪经济的主要特征之一。它是信息经济、知识经济、全球经济以及其他能标志新的经济时代特征的这些名词的总称。从鲁北集团的经济运行状态来分析，所做的就是循环经济。

循环经济与传统经济比较，主要有三点不同：第一，传统经济是由"资源—产品—污染排放"所构成的物质单行道流动的经济，在这种经济中，人们以越来越高的强度把地球上的资源开采出来，在生产加工消费过程中把污染的废物大量地排放到环境中，对资源的利用常常是粗放的、一次性的。第二，循环经济倡导的是一种建立在物质不断循环利用基础上的经济发展模式，它要求把经济活动按照自然生态系统的模式，组成一个"资源—产品—再生资源"的物质反复循环流动的过程，使得整个经济系统不产生或产生很少的废弃物。第三，传统经济通过把资源持续不断地变成废物来实现经济的数量型增长，这样最终会导致自然资源的枯竭，并酿成灾难性的环境污染后果；而循环经济从根本上消解了长期以来环境与发展之间的冲突。

鲁北集团十分注重结构、质量、速度、效益的全面、理性、和谐发展，以"效率"和"环境"的双重优化为目标重新审视和改造以"效率"为单一目标的传统工业。这首先是思路观念的重大转变。集团董事长冯怡生认为经济的全面、理性、和谐发展是一种"健康状态下"的发展方式，既要环境安全又要经济效益，既要增长速度又要增长质量，除了结构要不断合理与优化外，新增效益要在资源消耗和能源消耗上越来越低，在对生态环境的干扰上强度上越来越小，在知识的含量上和非物质化方面越来越高，在总体效益的获取上越来越好。因而，鲁北集团不断通过"三度"即发展度、协调度和持续度实施了生态工业共生体系的构造，构建起了结构紧密的、共享共生的理性、和谐的科学发展体系。

具体的实践过程表现为，鲁北集团更重视思维及其技术的集成创新，不注重单一技术，而以集成思维、集成创新实施资源、能源、信息的系统整合。在鲁北企业集团的生态工业共生体系中，仅就行业就跨了 12 个，经过了过程耦合、工艺联产、产品共生等系统创新，形成了有机的结构紧密的共生集成化网络。

鲁北集团的成功实践表明，循环经济不但要求人们建立"自然资源—产品—再生资源"的经济新思维，而且还要求在从生产到消费的各个领域倡导新的经济规范和行为准则，完全可以实现科技、经济与人口、资源、环境发展的和谐统一。

一、磷铵、硫酸、水泥联产

磷铵、硫酸、水泥联产是以磷铵为起点，围绕磷铵生产过程中的废弃物利用构建起来的。磷铵包括磷酸一铵（MAP）和磷酸二铵（DAP）。磷矿是生产磷肥的主要原料之一，其主要矿物是氟磷灰石。生产磷铵首先要分解结构坚固的氟磷灰石，并把它转变成可溶的磷酸盐或玻璃体物质（水溶性或枸溶性）。生产高浓度品种时，需部分或全部除去磷矿中的无用组分。生产方法分酸法和热法两大类。酸法是用硫酸、磷酸、硝酸或盐酸分解磷矿，并把磷矿中的钙以钙盐的形式分离或固定。酸法是生产磷肥的主要方法，其中硫酸法最常见。

硫酸是工业上一种重要的化学品，它用途十分广泛，如制造肥料、非皂性清洁剂以及油漆添加剂。浓硫酸是黏稠油状液体，具有吸水性、强氧化性以及脱水性。硫酸分解磷矿，将硫酸钙分离后制得磷酸。磷酸是生产高浓度磷肥和复合肥料的中间原料。气氨或者液氨与高浓度磷酸生产磷铵，也可以用气氨与低浓度磷酸生产磷铵。前者是由磷矿和硫酸反应制取磷酸后，先将磷酸浓缩之后再用氨中和，干燥后获得粉状或者粒状磷铵产品。后者是将未经浓缩的磷酸直接用氨中和，然后将中和料浆浓缩，将浓缩之后的料浆送造粒干燥制得粉状或者粒状产品。无论传统方法还是料浆法都需要大量磷矿石，都面临废渣磷石膏的处理和利用问题。

鲁北集团首创的磷铵、硫酸、水泥联产技术，用生产磷铵排放的废渣磷石膏分解水泥熟料和二氧化硫窑气，水泥熟料与锅炉排出的煤渣和盐场来的盐石膏等配置水泥，二氧化硫窑气制硫酸，硫酸返回用于生产磷铵。上一道产品的废弃物成为下一道产品的原料，整个生产过程没有废物排出，资源在生产全过程得到高效循环利用，形成一个生态产业链条（见图4-1）。该技术每年可以节约硫铁矿600万吨（矿山建设投资30亿元），石灰石1300万吨（矿山建设投资21亿元），减少磷石膏2000万吨（10年2亿吨堆场建设费6亿元）。

该方法既有效地解决了废渣磷石膏堆存占地、污染环境、制约磷复肥工业发展的世界性难题，又开辟了硫酸和水泥新的原料路线，减少了温室气体二氧化碳的排放，改变了传统产业消耗资源、制造产品、排出废物的线性生产模式，达到经济效益、社会效益和环境效益的有机统一。1997年5月，第72次国家香山科学会议将其确认为我国独有的零排放技术、环境友好技术、可持续发展技术，是无机化工领域继侯德榜制碱法之后又一标有中国标记的发明。磷铵副产磷石膏制硫酸联产水泥（PSC）获2001年度国家科技进步二等奖，被国家列为资源综合利用重大科技成果重点推广项目。

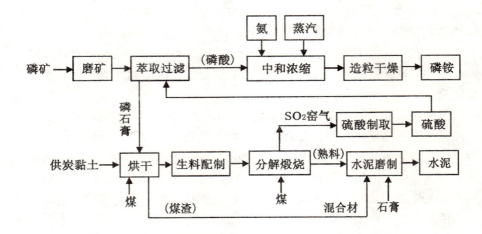

图 4 - 1　磷铵副产磷石膏制硫酸联产水泥技术工艺过程

上述产业链存在以下两个问题：首先，磷铵生产过程中产生有部分污水直接排放，这些污水含有磷石膏、磷酸和氟化物等，不仅引起水资源和农田的严重污染，而且石膏还会堵塞沟渠。污水中所含的五氧化二磷也随之流失。其次，集团现有的磷酸生产装置，采用多槽单浆二水法再结晶萃取工艺，结晶生成的为二水磷石膏（$CaSO_4 \cdot 2H_2O$），其中含有 25% 的游离水和 20% 的结晶水。二水磷石膏用来制硫酸联产水泥时需要干燥、脱水，成为含水 4% ~ 6% 的半水石膏。

为了完善优化磷铵、硫酸、水泥联产产业链，治理污水，提高经济效益，鲁北集团年产 30 万吨磷铵副产磷石膏制 40 万吨硫酸装置污水封闭循环项目和二水—半水法生产磷酸项目，实施装置的污水封闭循环，每年减排工艺污水量约 64.8 万吨、F 约 3.24 吨、SS 约 64.8 吨，不仅减少了企业排污处理费用，更重要的是实现废水零排放，减少了对环境的污染。每年可以节约新鲜水 74.2 万吨、电 36 万度、蒸汽 3600 吨，并且 P_2O_5 回收率提高 0.3%，提高了企业的经济效益。

二、海水"一水多用"

鲁北集团依托沿海及滩涂资源优势，抓住"开发黄河三角洲"、"建设海上山东"的机遇，以发展海洋化工为目标，突破传统制盐模式，实施创新设计，利用海水逐级蒸发、净化原理，在 35 公里的潮涧带上，建成百万吨规模的现代化大型盐场，构建了初级卤水养殖，中级卤水提溴，饱和卤水制盐，苦卤提取钾镁，盐田废渣盐石膏制硫酸联产水泥，海水送热电冷却，精制卤水送到氯碱装置制取烧碱和氯气的海水"一水多用"产业链（见图4－2），产生较好的综合效能，为国内盐业企业综合利用海水资源开辟了新路径。此外，鲁北集团开始尝试把制盐与海水淡化结合起来，用淡化海水得到了卤水制盐。

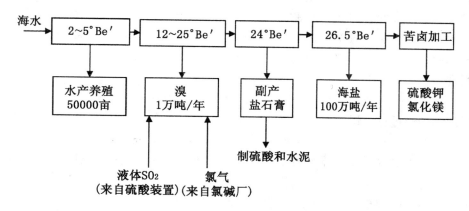

图 4－2　海水"一水多用"产业链

鲁北集团积极拓展海水"一水多用"产业链。一是海盐生产扩建项目，依托百万吨盐场，加大"太阳能"开发利用和电厂余热回收力度，加快传统制盐工艺的改革，使原盐生产能力由每年 100 万吨增加到 150 万吨。二是海水淡化项目。装置排出的浓缩海水送鲁北盐场提溴、晒盐，资源综合利用。项目建成后，不仅可以缓解鲁北地区淡水资源严重缺乏的紧张局面，而且可以提供大型海水淡化工程示范，提高我国海水淡化技术的核心竞争力。三是溴素扩建及溴系列产品生产。集团利用中度卤水，对现有的年产 5000 吨溴素装置进行技改，达到年产 20000 吨生产能力。同时，以溴素为原料，开发生产溴无机盐、溴系列阻燃剂（十溴二苯乙烷 2000 吨/年、四溴双酚 A400吨/年、八溴醚 500 吨/年、氢溴酸 8000 吨/年），制冷剂（溴化锂 500 吨/年），医药中间体及感光级溴化物（溴化钾、溴化钠、溴化铵 3000 吨/年以及 500 吨/年、二溴醛、TMP、TMB），染料中间体（2.4－二硝醛基－6－溴苯胺、2.4－二硝醛基－6－溴苯胺染料滤饼、溴氨酸等600吨/年），石油钻探压井液（溴化钙500吨/年）等，带动我国制溴技术发展，满足石油、化纤、有机合成、医药等工业市场需求。

三、清洁发电与盐、碱联产

火力发电是鲁北集团大力发展的产业。工业上用电解饱和氯化钠溶液来制取烧碱、氯气和氢气，并以它们为原料生产一系列化工产品，称为氯碱工业。鲁北集团依托百万吨盐场扩建，利用丰富的卤水资源，在18万吨烧碱工程建成投产的基础上，扩建完成30万吨/年烧碱工程，发展以烧碱和氯气为主的氯碱工业。氯碱生产采用离子膜法电解盐水，主要产品为氯气（经液化后为液氯）和32%的烧碱。鲁北集团盐、碱、电和海水淡化结合起来，实现了以循环经济为基础的清洁发电。

其流程是：发电公司运用水运、公路运输两种方式将原煤运至煤场，原煤从煤场经过皮带运送到原煤仓，原煤经煤粉制备系统将原煤碾成煤粉，以便于煤的充分燃烧，接着，煤粉通过燃烧器喷口，喷入锅炉的炉膛中燃烧，锅冷壁管中的水吸收炉膛中的热量后，变成饱和蒸汽。饱和蒸汽同水形成的汽水混合物在汽包中分离。饱和蒸汽流经过热器时，进一步吸收烟气中的热量变成高压的过热蒸汽，并通过蒸汽管道送到汽轮机中。

在这个流程中，过热蒸汽在汽轮机的喷管中，将热能变成动能，形成高速气流。高速气流冲动叶轮，带动汽轮机高速转动，使动能转变为机械能。接着，汽轮机带动发电机旋转开始发电，机械能转变为电能。电能就通过变压器、开关、线路送到电力系统及用户。

由于火力发电是一个周而复始的蒸汽动力装置的循环系统，过热蒸汽经循环后需要冷却降温并再次使用，发电公司冷却水从渤海经过人工运河引至海水湖，经海水泵至各机组凝汽器冷却排汽，使之凝结后再次循环利用。海水经凝汽器温度升高后，送海水淡化工程，提高淡水产量，保护淡水资源，海水淡化产生的淡水供发电机组补水和生活用水，海水淡化产生的浓海水，送鲁北盐场提溴、制盐和生产氯碱产品，提高产量，形成循环利用，实现了经济与环保双赢。

热电厂以劣质煤和煤矸石为原料，采用海水冷却，排放的煤渣用作水泥混合材料，经预热蒸发后的海水排到盐场制盐，同时与氯碱厂连接。氯碱厂利用百万吨盐场丰富的卤水资源，省去盐厂的结晶工序和碱厂的化盐工序，直接通过管道把卤水输入到氯碱装置，既减少了生产环节，又节省了原盐运输费用，建设成本、运行成本大幅度降低，增强了企业的核心竞争力，成为我国离子膜烧碱行业"盐、碱、电"联产的特色工程。

此外，经锅炉后未完全燃烧的尘粒进入除尘器，除尘器位于烟囱顶部，其主要是利用电除尘技术。除尘器内部设置有电极，高压电极将空气电离后，空气中的负离子（电子）在跑向正极的过程中被烟尘中的尘粒吸附后，带动尘粒一起打到器壁上后落入卸灰器中。这些废粒可被二次利用，运至水泥厂生产水泥等建筑材料。除尘后的烟气经过脱硫装置，除去烟气中的硫化物后经烟囱排出，减少排烟污染，保护环境。

具体流程如图4-3所示。

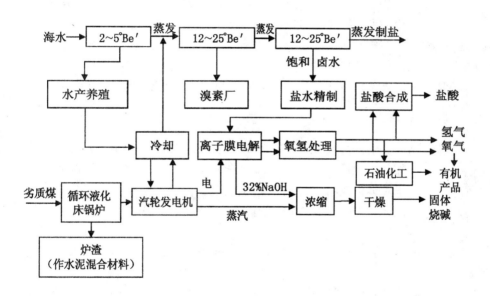

图4-3 盐碱热电联产产业链

通过磷铵硫酸水泥联产、海水"一水多用"和盐碱电联产三条产业链的有机沟通与整合，鲁北集团形成了以化学紧密共生关系为主的鲁北工业生态系统。三条产业链派生出17种共生关系，它们之间循环相扣，互为因果，紧密联系在一起，使有限的资源被多次循环利用，资源、能源综合利用率和循环利用率高。其中，硫酸、海水等构成系统内的物质流；蒸汽、电力的合理利用和梯级利用构成了能量流；磷石膏、盐石膏、炉渣等回用构成了废物流。热电厂利用海水产业链中的海水替代淡水进行冷却，既利用了余热蒸发海水，又节约了淡水；磷铵、硫酸、水泥产业链中的液体二氧化硫用于海水产业链中的溴素厂提溴，硫元素转化成盐石膏返回用来生产水泥和硫酸；热电厂的煤渣用作水泥的原料，热电生产的电和蒸汽用于各个产业链的生产过程；海水产业链氯碱厂生产的氢气用于磷铵、硫酸、水泥产业链中的合成氨，海水产业链的钾盐产品用于复合肥生产。各个产业链内部和产业链之间建立了良性的共生关系，在鲁北集团的生态工业共生体系中，共生关系总数达 17 个，主要产品的成本降低 30% ～50%，资源利用率达 95.6%，硫元素的利用率为 89.8%，磷的利用率为 92.3%，氟的利用率为 99.9%，氯的循环率为 58.7%，钙的利用率为 98.4%。整个系统的能量利用率为 82.5%；余热利用率为 71.4%；清洁能源利用率为 85.9%（主要是盐场晒盐利用太阳能）、水循环利用率为 91.3%，对企业经济效益增长贡献率达 40%。

检测表明，鲁北生态工业模式比国外较早的卡伦堡模式的企业间联系更加紧密，比杜邦模式的产业链关联度更大，是世界上为数不多、具有多年运行经验的、复合实体共生、自发企业类型的工业生态系统的典型代表。

四、热电联产资源化深层利用工程

国家循环经济产业化示范——2×300 兆瓦资源深层利用工程是集热电联产、海水冷却、海水淡化、烟气脱硫石膏灰渣资源化、粉煤灰提取氧化铝装置综合配套于一体的工程，蕴涵生态化、集成化、产业化、效益化的创新智慧和创造理念，按照资源化深层利用思想设计，延伸发展"煤、电、铝"生态工业链条，综合效能明显。

为节省淡水资源，2×300 兆瓦热电联产装置采用海水冷却技术，并与海水淡化工程结合，外排及浓缩海水送鲁北盐场晒盐，增大盐场产量达 30%；锅炉烟气脱硫后产生的石膏渣作为原料进入"石膏制硫酸联产水泥产业链"中生产硫酸和水泥，实现了硫污染向硫资源的转变和提升。

海水淡化示范工程日产淡水 40000 吨，源头来自鲁北运河、集成利用2×300 兆瓦热电联产的冷却海水，所产淡水一方面供给锅炉使用，另一方面供应市场，外排浓缩海水后连鲁北盐场"一水多用"产业链。

烟气脱硫石膏灰渣资源化工程，依托石膏制硫酸联产水泥技术生产线，利用 2×300 兆瓦燃煤热电工程排放的脱硫石膏、灰渣，生产硫酸和水泥，每年可吃掉脱硫石膏、灰渣 36.5 万吨，新增销售收入 1.8 亿元、利润 2400

万元。当前，全国燃煤燃油火电厂脱硫工程的大面积实施和磷复肥行业快速发展所产生的大量石膏堆存，为土地、资源利用和环境保护带来多重压力。在电力工程脱硫和其他相关领域，广泛推广此项技术，缓解国家硫资源匮乏的现状，为社会、为国家做出积极的贡献。

粉煤灰提取氧化铝项目，为山东省经贸委批复的科技创新项目（鲁经贸技字［2006］109 号文批复），利用 2×300 兆瓦热电装置排放的粉煤灰（含42% 氧化铝）作为原料提取氧化铝，依托拥有完备的"盐、碱、电、热"和"磷铵、硫酸、水泥"生态工业链，发挥碱、电、热的产能优势，利用"磷铵、硫酸、水泥联产"生产线，实施集成创新，用粉煤灰提取氧化铝，再用提取氧化铝后排放的硅钙渣和赤泥煅烧生产水泥，创造性地把煤和氧化铝产业与"盐、碱、电、热"、"磷铵、硫酸、水泥"生态工业链有机结合起来，资源深层化利用，能源梯级利用，真正实现了氧化铝生产过程的清洁化、零排放、零污染，化害为利、变废为宝，较传统工艺节约生产成本 200 元/吨，并提高水泥产量 30%，综合能耗下降 20%，产品成本明显降低，既能缓解我国氧化铝生产的铝土矿资源不足的局面，又可以解决储灰场大量占地和环境污染问题。

据统计，全国燃煤发电厂每年排放的粉煤灰已超过 1 亿吨，生态环保问题日益突出。鲁北粉煤灰提取氧化铝工程，不仅为粉煤灰综合利用开辟了一条新的途径，而且实现了用废弃物替代原生矿物的目标，为国家节省了宝贵的矿产资源，经济效益、社会效益、生态效益显著，是企业遵循循环经济思想，科学发展、创新发展建设的一项生态化、产业化、集成化、效益化大型综合工程，利国利民，符合国家产业政策，其示范意义、带动作用极其明显。

五、氧化铝工艺流程

铝是世界上第二大常用金属，其产量和消费量仅次于钢铁，是国民经济中具有支撑作用和战略地位的金属原材料。氧化铝是铝冶炼的主要原料，每生产 1 吨原铝需要消耗近 2 吨氧化铝。此外，各种特殊性能的氧化铝也广泛应用于电子、石油、化工、耐火材料、陶瓷、造纸、制药等行业。因此，氧化铝生产在我国经济建设中占有十分重要的地位。我国具有较丰富的铝土矿资源（保有储量约 26 亿吨），居世界第四位，具备发展铝工业的资源条件。20 世纪 90 年代以来，电解铝快速发展带动了氧化铝的需求快速增长。

氧化铝是从铝土矿中提取出来的白色粉末，其生产方法主要有拜尔法和烧结法，世界90%以上的氧化铝直接采用拜尔法生产。我国氧化铝企业因矿质不同，分别选用这两种生产工艺。烧结法氧化铝生产过程主要包括熟料烧成、熟料溶出、精液制备、分解和蒸发等生产工序，适于矿石品位含硅高、难溶的、中等资源品位的一水硬铝石，流程长、工艺复杂。我国大部分老的氧化铝企业多采用这一方法进行氧化铝冶炼。拜尔法是 Karl Joseph Bayer 于1887年发明，他发现加入精种的铝酸钠溶液中可以分解出$Al(OH)_3$，分解母液蒸发后可以在高温高压下溶出铝土矿中的$Al(OH)_3$。该发现后来在实验中得到证实并应用于工业实践，是国外氧化铝最广泛采用的生产工艺，适于生产易溶的三水铝石和一水软铝石，处理中等品位铝土矿碱耗高、矿耗大是常规拜尔法生产氧化铝的缺点。鲁北集团氧化铝生产由集团总公司氧化铝厂承担。氧化铝生产工艺流程采用拜尔法工艺，具体工序和环节如下：

（1）投料和磨矿。采用国外三水铝土矿和本公司生产的碱液。其用的矿石通过皮带计量装置，按规定的配料比与经过计量的循环母液加入磨机。磨矿过程采用球磨机与水力旋流器分级闭路的磨矿流程，磨制合格的原矿浆送往原矿浆槽，再用泵送至溶出工序的溶出矿浆槽。

（2）溶出。溶出矿浆槽内矿浆用泵送入溶出系统，管道化溶出采用$\Phi159 \times 10 \times 3$ ｜ $\Phi480 \times 10 \times 1500000$ 管道化溶出器，三套管间接加热连续溶出设备（$\Phi159$ 管走料，$\Phi480$ 管供汽），通过四级预热和五级加热，使物料出口温度达 $140 \sim 145℃$，送入保温罐保温一小时以上，经过三级闪蒸和稀释，完成溶出过程。

（3）洗涤。稀释矿浆在 $\Phi16M$ 高效沉降槽内进行液固分离，底流进入洗涤沉降槽，进行$4 \sim 6$次赤泥反向洗涤，末次洗涤沉降槽底流经泵送往赤泥堆场进行堆存。

（4）沉降。将合成絮凝剂制备成合格的溶液，按添加量加入赤泥分离沉降槽，将制备好的合成絮凝剂按添加量加入赤泥洗涤沉降槽，以强化赤泥沉降、分离和洗涤效果。

（5）过滤。分离沉降槽溢流用泵送入粗液槽，再送 226M2 立式叶滤机进行控制过滤，过滤时加入助滤剂（石灰乳或苛化渣），滤饼送二次洗涤槽，精液送热交换器。

（6）旋流分级。粗液经热交换器与分解母液和冷却水进行热交换，冷却至设定温度后，再与种子过滤滤饼（晶种）混合，然后用晶种泵送至种分分解槽首槽（1#或2#槽），经连续种分分解后，从11#槽（或12#槽）抽取分解浆液进行旋流分级。分级溢流进13#（或12#）分解槽，底流至产品过滤机，分解末槽（13#或12#）的分解浆液，从槽上部出料自流或下部用泵至种子过滤机，滤饼用精液冲入晶种槽，滤液入锥形母液槽。

（7）成品过滤、洗涤。AH浆液经泵送入80M2平盘过滤机，进行成品过滤、洗涤。氢氧化铝滤饼经皮带送至氢氧化铝储仓或直接送至焙烧炉前小仓。母液送种子过滤机的锥形母液槽。氢氧化铝洗液（白泥洗液）送蒸发原液槽。锥形母液槽的溢流进母液槽，底流送立盘过滤机过滤，滤液进母液槽，滤饼混合后作种分种子。母液槽内母液部分送氢氧化铝旋流分级的进料和底流作稀释液，其余经热交换器与精液进行热交换提温送至蒸发原液槽。

（8）调配。蒸发原液除少部分不经蒸发直接送母液调配槽外，大部分送六效管式降膜蒸发器内进行蒸发浓缩，经三次闪蒸后的蒸发母液送调配槽。在流程中 Na_2CO_3 高于规定指标时，需排盐，此时，蒸发三级闪蒸出部分母液送强制循环蒸发器内进行结晶蒸发，并加入部分盐晶种，作为蒸发结晶的诱导结晶，然后在析盐沉降槽进行分离，底流用排盐过滤机进行过滤分离，滤饼用热水溶解后，送入苛化槽内，添加石灰乳进行苛化，苛化渣送赤泥洗涤系统。排盐过滤机滤液和盐分离沉降槽溢流进强碱液槽，其一部分送入蒸发出料第三次闪蒸槽与蒸发母液混合，还有一部分送各化学清洗用点和种分槽化学清洗槽。新蒸汽含碱冷凝水和二次蒸汽冷凝水用作氢氧化铝洗水或送沉降热水站。生产补碱用NaOH浓度大于30%的液体苛性碱，循环母液储槽区域设有补碱设施。

（9）焙烧。焙烧炉前小仓料位与仓下皮带计量给料机连锁，控制焙烧炉进料量。含水6%～8%的氢氧化铝经皮带、螺旋喂料机送入文丘里干燥器内，干燥后的氢氧化铝被气流带入一级旋风预热器中，一级旋风出来的氢氧化铝进入第二级旋风预热器，并与从热分离器来的温度约1000℃的烟气混合后进行热交换，氢氧化铝的温度达320～360℃，结晶水基本脱除，预焙烧过的氧化铝在第二级旋风预热器与烟气分离卸入焙烧炉的锥体内，焙烧炉所用的燃烧空气经预热至600～800℃从焙烧炉底部进入，燃料、预焙烧的氧化铝及热空气在炉底充分混合并燃烧，氧化铝的焙烧在炉内约1.4秒钟时间完成。

（10）包装。焙烧出来的氧化铝经两段冷却后，温度降至80℃，从流化床冷却出来的氧化铝用皮带送入氧化铝贮仓，经包装后外销。

六、钛白粉工艺流程

钛白粉即二氧化钛，是一种被广泛应用于涂料、塑料和造纸等行业的白色颜料。在自然界中，二氧化钛有板钛型、锐钛和金红石型三种结晶。板钛型是不稳定的晶型，无工业利用价值，锐钛型（Anatase）简称 A 型，金红石型（Rutile）简称 R 型，两者都具有稳定的晶格，是重要的白色颜料和瓷器釉料，与其他白色颜料比较有优越的白度、着色力、遮盖力、耐候性、耐热性和化学稳定性，特别是没有毒性，被广泛用于涂料、塑料、橡胶、油墨、纸张、化纤、陶瓷、日化、医药、食品等行业。

工业生产钛白粉主要有氯化法和硫酸法两种生产工艺。

（1）硫酸法是将钛铁粉与浓硫酸进行酸解反应生产硫酸亚钛，经水解生成偏钛酸，再经煅烧、粉碎即得到钛白粉产品。此法可生产锐钛型和金红石型钛白粉。硫酸法的优点是能以价低易得的钛铁矿与硫酸为原料，技术较成熟，设备简单，防腐蚀材料易解决。其缺点是流程长，只能以间歇操作为主，湿法操作，硫酸、水消耗高，废物及副产物多，对环境污染大。硫酸法生产工艺 1925 年始于美国的 National Lead Industry，之后各地逐步建立生产厂，1941 年生产出金红石型产品。

（2）氯化法是将金红石或高钛熔渣粉料与焦炭混合后进行高温氯化生产精四氯化钛，精馏、除钒后，进行高温氧化，分级、表面处理，再经过滤、水洗、干燥、粉碎得到钛白粉产品。氯化法只能生产金红石型产品。氯化法的优点是干法生产，技术先进，工序少，流程短，生产能力易扩大，连续自动化程度高，能耗相对低，废弃物排放少，能得到优质产品；缺点是投资大，设备结构复杂，原料要求高，要耐高温、耐腐蚀，装置易堵塞、难维修，操作控制复杂。氯化法工艺开始于 1932 年，德国法本公司发表了第一个四氯化钛气相氧化法制钛白粉专利，在 1959 年杜邦公司开发了杜邦法生产工艺，并建成了年产 10 万吨的生产装置，实现了对钛白粉的大规模工业化生产。但是，氯化法工艺的技术难度非常大，目前核心技术仍只有少数企业掌握。我国目前仅少数几家企业采用氯化法生产钛白粉。

鲁北集团钛白粉公司采用硫酸法生产锐钛型钛白粉，工艺流程由钛铁矿粉碎、酸解和还原、洗渣、澄清、结晶工序、分离、精滤、钛液浓缩、水解和冷却、漂白、水洗、盐处理、煅烧、润湿、化学处理、干燥及气流粉碎等工序和环节构成。

（1）钛铁矿粉碎。钛铁矿由原料矿库，经斗提机将钛铁矿送入钛铁矿下料斗，再由圆盘给料机送入球磨机进行干燥粉碎。磨至所需粉度后，符合要求的钛矿粉随干燥氯流送至旋风分离器、电除尘器，然后进入钛铁矿料仓，下料至酸解工序。不合格的物料重新返至球磨机进行粉碎。粉碎过程中球磨机尾气（G_3）经旋风分离器、电除尘器除尘处理后由 15 米（原 10 米）高排气筒排入大气。

（2）酸解和还原。酸解工艺采用钛铁矿与 93% 硫酸直接反应，酸解过程包括下述操作：①钛铁矿和 93% 的硫酸混合，混合物用空气搅拌。②引发酸解反应用一次水洗来的 20%～23% 的硫酸，将 93% 的浓硫酸稀释到 90% 或 90% 以下，主反应在 15 分钟内完成，反应物用空气搅拌。③酸解过程产生的废气（G_1），用水喷淋的方法进行治理，通过 35 米高的排气筒排放。在此环节产生部分废水 W_1。④熟化、未反应的钛铁逐步转化为硫酸盐，以提高酸解收率。⑤溶解和铁粉还原：酸解产物用废酸湿润之后，再逐步加入冷水溶解。生产过程中，为了除铁，用金属铁把钛中的高价铁还成亚铁，同时，避免不了亚铁再一次被氧化，还须用过量的金属铁把适量的四价钛还原成三价钛。

（3）洗渣。由澄清池沉淀的渣子，依然含有大量可溶性的 TiO_2，该工序的目的就是回收这部分 TiO_2。泥浆由泵送至板框过滤机，滤液收集至贮槽，泵送去酸解工序。滤渣经中和处理后送至鲁北企业集团总公司水泥厂综合利用。

（4）澄清。从酸解来的黑钛液进入澄清池内，加入絮凝剂，在沉降过程中，除去全部悬浮的固体粒子，待澄清后，清液送至结晶工序，渣送至洗渣工序。

（5）结晶工序。黑钛液中的硫酸亚铁，主要来源于矿粉中的铁，部分来源于铁粉工序除去以七水硫酸亚铁形式存在的铁，同时也除去了锰和镁，结晶在间歇式真空结晶器中进行。

由澄清来的清钛液被加入结晶器中，在真空和搅拌的条件下进行冷却，用蒸汽喷射泵抽吸结晶器中的蒸汽，喷射泵抽出的蒸汽在冷凝器中冷凝，凝结水补充循环水系统；未冷凝的气体被水环真空泵除去。待结晶悬浮液达 16～18℃时，结晶在 3 小时内完成，然后结晶的钛液送至贮槽。

（6）分离。来自缓冲槽的结晶的钛液，送至圆盘过滤机过滤分离之后，绿矾经皮带机送至绿矾库，清液送至精滤。

（7）精滤。清滤工序用以除去钛液中最后的少量渣子和机械杂质分离后的清液，经加热、加助滤剂（木炭粉）和板框压滤机之后，清液送至下一工序浓缩，滤渣 S_2 经中和处理后外送鲁北企业集团总公司水泥厂综合利用。

（8）钛液浓缩。本工序用于增加钛液中 TiO_2 含量，满足水解的要求。由精滤来的黑钛液，先进钛液预热器，后经蒸发器，出蒸发器的钛液进分离器，在分离器内进行汽液分离。蒸汽分成两部分，一部分由喷射泵吸走，这些蒸汽被压缩，并用于热交换器加热；另一部分蒸汽被冷凝。浓缩的排出由密度（比重）控制计控制。

（9）水解和冷却。水解过程中偏钛酸在控制条件下沉淀，大约有93%的 TiO_2 转变成固体物，铁和其他杂质保留在废酸中，分离二氧化钛的方法是在晶种存在条件下进行煮沸和稀释，晶种在水解初期制造，以偏钛酸形式出现：TiO_2H_2YSO（水解产物）。黑钛液浓缩后，在预热器中用间接蒸汽预热，热水由预热器制备。然后热水和热钛液在水解罐中混合，以严格的比例和规定的速度进行两者的混合，以获得足够量的晶种。加热和沸腾采用直接蒸汽，全部水解过程完全自动化，大约在5小时后结束，水解时稍微带一点正压。冷却是把水解产物冷却到所需要的温度。水解之后悬浮液由水解罐排出，经泵进入石墨冷却器后，冷却后的白色悬浮进入贮槽。

（10）一次水洗。为了除去铁和其他杂质，进行一次水洗，水洗是间歇式操作，它包括挂助滤层、挂片、水洗、卸饼和再浆四个基本操作。

七、鲁北运河

鲁北运河是鲁北集团开辟的一条连接黄骅港的海上黄金通道。该工程全线总长达28公里，北起黄骅港附近的障卫新河入海口，南至鲁北生态电厂自卸港，设计底宽35米，上口宽110米，水深5米，能够双向通航千吨级自航船舶，总投资1.8亿元。工程于2007年1月开工建设，同年10月完工。通航后，鲁北集团可以利用鲁北大运河直接从黄骅港运送鲁北生态电厂每年所需的500万吨原煤，并将担负起鲁北集团每年300万吨铝矿、100万吨成品的运输周转任务，既可以节约运输成本，又可以有效缓解当地的交通运输压力。此外，鲁北运河还可以为鲁北生态电厂循环冷却、海水淡化提供水源，同时利用河道进行海水养殖，并为鲁北盐场制盐提供卤水保障，运河两岸坝基实施盐碱改造进行大面积造地，选择适宜树种实施规模化栽种，建设绿化林带，并在28公里长的坝基上规划建设5万kW风力发电装置，打造自然和谐、环境友好的水陆结合的生态旅游景区，是一项体现循环经济理念的大型综合水利运河工程。

八、生态工业系统集成网络

当前，为了解决经济发展中的资源短缺和环境保护问题，构建文明、生态、和谐社会，各地都把发展循环经济提到了很高的地位。但是，如何发展这一新型的、先进的经济形态，大多还仅仅停留在靠先进技术手段推动的认识层面上，没有作为整体经济管理政策中的一个环节进行具体化落实，即发展循环经济仍边缘于主体经济政策之外。鲁北集团循环经济实践，通过生态工业体系的不断完善优化，达到深层、梯级、持续利用资源、能源的高度，并对系统内生态产业链条各节点，进行系统化生态管理指标设计，实施生态管理，这在全国应该是绝无仅有的。

鲁北集团根据生态工业园区内的产业规划和各个生态产业链网布局，以发展度、协调度和持续度为原则，确定生态产业链条中各个要素间的上下游关系，对物质流动路线、流量和组成等进行了优化调整，对能量使用进行了有效配置，对信息进行了系统整合，建立信息数据库，使物质、能量、信息在整体网络的各个节点之间按照一定的经济和生态规则流动，以促进生态工业园区内的物质充分循环、能量多级集成的有效利用、环境与生态协调，使产品、产业结构不断完善优化，生态工业系统内各个环节中的物料、能源、信息等要素能够达到梯级持续循环利用和运行顺畅，在原有"磷铵—硫酸—水泥联产"、海水"一水多用"、"清洁发电与盐碱联产"三条绿色产业链的基础上，又开发出了生态电业、"油化工、煤化工、盐化工'三化合一'"、钛白粉清洁生产和生态铝业四条产业链，获得生态效益、经济效益、社会效益最优化，建立起全面、理性、和谐的生态管理集成创新体系。

1. 强化系统关联集成

在生态工业系统中，把产业链之间资源、能源、信息使用具有共性的企业进行了重新合理配置，对生态产业链条中的各个要素进行了集成优化。通过产业配套、产品差异化和专业化分工，形成了具有行业特点和区域特点的产业聚集，在各个产业链内部和产业链之间建立了良性的共生关系，使园区内物质流、能量流、信息流结构更加优化、协调、通畅，形成完善的立体化生态工业管理网络系统。

2. 进行生态管理指标设计

生态管理指标涉及系统科学、生态学、环境科学与工程、化学工程与工艺等，结合不同学科、不同行业特点，对园区内生态产业链条的各节点，从原材料选择、产品生态设计、清洁生产、环境影响评价、产品生命周期评价、营销服务、效益核算、生态文化建设等要素，进行系统化生态管理指标设计，在管理的对象、目标、任务等方面体现生态与经济的两重性，注重经济、生态和社会指标的融合，强化整体结构与功能协调的生态管理服务网络，实现良好循环经济模式的高效、和谐运行。

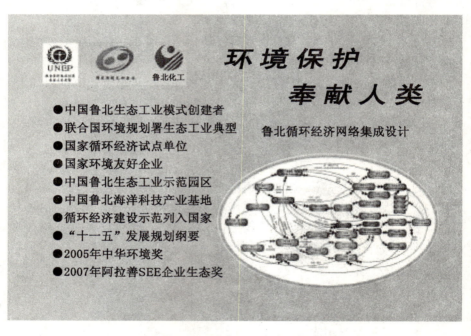

图 4-4 生态工业集成网络

在调研中，我们注意到我国循环经济发展还缺乏相应的税收、价格等政策支持。鲁北集团一些成员企业为了发展循环经济，需要向其他成员企业购买废弃物和副产品，这些废弃物和副产品由于价格较低，购买方在增值税抵扣等方面不能享受扶持政策。政府的作用在于通过向经济活动的参与者提供持续的经济激励，来改变参与者的行为方式和推动经济的不断向前发展。政府促进循环经济发展的作用，一方面是建立限制和规范经济参与者行为的政策制度，尤其是严格污染物排放和环境管制政策，促使市场参与者寻求环境友好的循环经济生产方式；另一方面是通过制定激励性的政策手段来引导市场主体主动发展循环经济。

第三节　企业清洁生产与节能

化学工业是污染较重、耗能较高的行业。鲁北集团在清洁生产和节能减排方面的探索性工作对于我国工业可持续发展具有重要意义。

一、企业清洁生产

清洁生产是指不断采取改进设计、使用清洁的能源和原料、采用先进的工艺技术与设备、改善管理、综合利用等措施，从源头消减污染，提高资源利用效率，减少或者避免生产、服务和产品使用过程中污染物的产生和排放，以减轻或者消除对人类健康和环境的危害。从生产组织角度看，清洁生产是对传统生产方式的根本变革。

鲁北集团已通过 ISO14001 环境管理体系认证和清洁生产审核，创建的"磷铵、硫酸、水泥联产"、"海水'一水多用'"、"盐、碱、热、电"联产等产业链的主装置，实现了固体废物利用率100%、固体废物处置率100%、污水处理率100%，主装置污水已实现封闭循环和"零"排放，废气排放和噪声全部达标。在规模快速扩张的情况下，集团实现了主要污染物排放总量的持续下降（见表4-4），较好地实现了清洁生产。

表4-4　2004~2006年鲁北集团主要污染物排放情况　　单位：吨

污染物	2004	2005	2006
SO_2	7642.08	3879.35	3200
烟尘	2473.25	1853.29	1513
粉尘	485	445.78	500

鲁北集团推进清洁生产的做法主要体现在以下几点：

1. 合理配置产业链体系，打造清洁生产的工艺路线

化工企业的生产流程可以选择不同的工艺路线，各工艺路线的合理配置是企业生产过程废物循环利用的基础。鲁北集团根据生态工业原则，确定生态产业链条中各个要素之间的上下游关系，把产业链之间资源、能源、信息使用具有共性的环节进行合理配置，对生态产业链条中的各个要素进行集成优化。通过重新配置各单位工业用水与排放，鲁北集团构建了自己的水资源综合循环模式，实现了所有外排水的循环综合利用。水资源综合循环模式流程是，海水经鲁北盐场扬水站经海水泵打入上水道后，经16公里明渠向生产单位送水，进入厂区海水库后，用海水泵供给磷铵厂混合冷凝器、热电厂汽机凝集器及热电厂水膜除尘等，经沉清、中和再沉淀、蒸发暴晒、吸附等工艺手段使循环水达标后，再回盐场制卤区进行制卤，制成饱和卤水后再送氯碱厂电解进行氯碱生产，氯碱生产后的淡盐水再回一次盐水提浓使用，从而形成了资源综合利用的良性循环。锅炉烟气和水泥装置的含有粉尘的废气，采用石灰石湿法烟气脱硫、布袋收尘和电收尘等国内先进的除尘设施，减少了 SO_2、烟尘和粉尘排放量，并使排放浓度达到《大气污染物综合排放标准》（GB16297—1996）一级标准。废渣主要为粉煤灰及脱硫石膏、磷石膏、盐石膏、苦卤等化工副产废物，年排放量粉煤灰、炉渣3.5万吨，副产废物脱硫石膏、磷石膏、盐石膏约78万吨，全部用来制取硫酸和水泥。鲁北生态工业园区的废水、废气、废渣的治理率达到100%。

2. 加强清洁生产组织机构和能力建设

为了确保清洁生产工程的顺利实施，鲁北集团成立了由总经理直接领导，包括总工办、技术中心、质检部、设备处、安环处、信息中心等骨干成员组成的清洁生产工作小组，负责制订清洁生产工作计划，监督清洁生产方案的实施。由于领导重视，集团清洁生产能力不断加强。集团拥有先进的监测设备，可以在线监控个产业链运行状况和污染物排放情况，能够及时发现生产系统因工艺失控产生的超标排放，并反馈给生产系统进行工艺调整，从而保证污染物的达标排放。

3. 加强各成员企业、各环节清洁生产的监控管理

为了保障清洁生产体系的有效运行，鲁北集团在合理配置产业链的基础上，建立了一套先进合理的清洁生产管理制度。在研发、试验方面，集团规定任何方案都要提出所用原料、中间产品、产品和副产物的毒性及与安全有

关的物理、化学性质，并提出有毒、有害物质的检测方法，安全防护措施和"三废"处理意见。

4. 在新上项目中，做好各产业链的动态平衡

新上项目可能打破各产业链之间原有的平衡关系，只有做好产业链之间的动态平衡才能保障循环经济体系的持续有效运行。近年来，鲁北集团的产业链延伸和扩张速度加快，尤其是新建火力发电项目等新增工业产能投入运行后，粉煤灰等废弃物产生量显著增多，鲁北集团就相应地扩大利用上述废弃物的产能规模，使各产业链达到新的平衡。

二、企业节能

1. 企业能源现状及节能概况

鲁北集团 2005 年共消耗各种能源折标准煤 670810 吨，其中原煤实物量826790 吨，折标准煤 590576 吨，焦沫实物量 73116 吨，折标准煤 71025 吨，柴油实物量 3643 吨，折标准煤 5308 吨、汽油实物量 2651 吨，折标准煤3901 吨，工业总投入能源折标准煤 794920 吨，转出合计：124110 吨标准煤、综合能源消耗量 670810 吨标准煤。具体能源消费结构详见表 4 - 5。

表 4 - 5　2005 年鲁北企业集团能源消费情况结构表

能源种类	实物量	折标准煤（吨）	占能源消耗总量的比重（%）
原煤（吨）	826790	590576	74.29
焦沫（吨）	73116	71025	8.93
柴油（吨）	3643	5308	0.67
汽油（吨）	2651	3901	0.49
工业用汽（百万 kJ）	2180189	74344	9.35
工业用电（万 kWh）	40493	49766	6.27
投入合计（吨）	—	794920	100
供汽量（百万 kJ）	2180189	74344	—
发电量（万 kWh）	40493	49766	—
转出合计（吨）	—	124110	—
综合能源消耗量（吨）	—	670810	—

鲁北集团主要单位产品能耗均居国际先进或国内先进水平，详见表 4 - 6。

表 4 - 6　鲁北集团主要产品单位能耗及水耗情况

产品名称	磷铵	硫酸	水泥	氯碱	复合肥
单位产品综合能耗（千克/吨）	173	247	15	1098	67
能耗水平	国内先进	国际先进	国际先进	国内先进	国内先进
单位产品水耗（吨/吨）	4.52	1.85	0.46	5.2	1.7
水耗水平	国际先进	国际先进	国际先进	国内先进	国内先进

集团主要能源消费流向如下：

（1）原煤主要供热电厂电力、蒸汽、化肥、水泥生产，2006 年集团公司共消费原煤 826790 吨。

（2）焦沫主要供石膏制酸联产水泥，2006 年集团公司共消费焦沫58597 吨。

（3）电力除外销外，主要供各成员企业使用。集团公司所用的电力大部分为自发电，少部分自外部电网购入，同时还外销少量电力。2006 年集团公司共自发电 59027 万千瓦时，自外部电网购入 6264 万千瓦时，外销电 15525万千瓦时。

（4）蒸汽主要供工业和非工业使用。2006 年热电厂供汽量为 2180189 百万千焦，其中工业生产用汽量合计为 1919714 百万千焦，非工业生产用汽量为 260475 百万千焦。

（5）柴油主要供热电厂锅炉启动和运输车辆使用，汽油主要供运输车辆使用。2006 年集团共消耗柴油 3643 吨，汽油 2651 吨。

2006 年集团公司万元产值综合能耗 0.97 吨标准煤，比 2005 年下降4.90%，节约标准煤 34578 吨。除合成氨装置吨产品标煤耗上升 0.56%，实际增加能耗 729 吨标准煤以外，其他生产领域单位产品能耗均有下降。其中：2006 年与 2005 年实际能耗对比，发电供电供热方面，供电标煤耗下降7.10%，发电标煤耗下降 3.66%，供热标煤耗同比下降 9.66%，实际节能量为 24476 吨标准煤。氯碱装置，吨烧碱标煤耗下降 1.07%，实际节能量为309 吨标准煤。水泥装置，吨水泥标煤耗下降 12.94%，实际节能量为 14096

吨标准煤。

2. 企业节能存在的问题

作为国家发改委的千家节能企业，鲁北集团认真贯彻执行国务院 (2007) 15号文件精神，严格按照国家发改委《节能减排综合性工作方案》要求，实施全过程清洁生产、资源和能源深层梯级利用控制程序，组建了节能减排管理机构，形成了节能减排管理网络。围绕资源节约、资源再生综合利用和环境保护为主题，加大装置改造、自主创新、技术开发力度，以节水、节能、废物减量化和资源化为重点，将节能减排、资源化目标分解到各单位，各单位再细分到车间、班组，把煤、电、汽、油等能源考核指标，纳入奖惩核算体系。为落实节能减排措施，加强了日常节能减排跟踪调度管理，彻底关停了能耗高、治理成效差的合成氨装置。在节能降耗方面取得了初步进展，但是，按照节能行动的要求还有一定差距，主要表现在以下两方面：

（1）能源管理水平和能源机构建设有待加强。集团能源管理制度不够健全，能源消耗定额标准没有进行详细的细分和量化，辅助生产区域没有纳入量化指标考核。能源购入、使用、储存等环节的管理需要改善和加强，有一定的节能潜力可挖。能源机构有待进一步健全，尤其是车间、班组节能职责需要进一步明确。

（2）能源计量和耗能装备技术水平不高。部分二、三级能源计量器具不够完善，主要耗能装备的用能、物料计量表不齐全或检验不及时；用汽仪表配备不齐全，个别后勤单位用汽、电无计量；终端耗电设备缺乏电能计量，部分用电设备无法核算用能效率；锅炉热效率、汽轮机相对内效率、机组循环热效率、发供配电效率仍有提高空间。由于煤质偶有波动，运行人员技术水平未能达到精益求精，造成机械不完全燃烧热损失较高；蒸汽管网保温不足，蒸汽损失率较高。

3. 节能规划目标

为贯彻落实科学发展观和节约资源基本国策，作为山东省103户重点企业之一，鲁北集团按照国务院要求，2006年7月份与山东省政府签订了节能目标责任证书。按照单位耗能计算，2006年完成节能量1.5万吨标准煤，"十一五"完成节能量7.51万吨标准煤，主要产品能耗指标2006年达到省内先进水平，2010年达到国内先进水平。各年度分项目和总体节能目标如图4-5和表4-7所示。

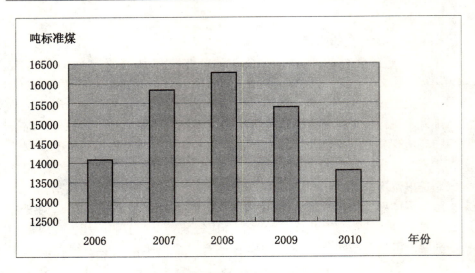

图 4-5 分年度节能目标柱形图

表 4-7 鲁北集团节能规划分年度目标   单位：吨标准煤

序号	节能项目	2006 年	2007 年	2008 年	2009 年	2010 年	备 注
1	绿色照明	160	221	150			2008 年绿色照明达标
2	能耗高设备改造淘汰更换	3100	3500	2600	2500	2300	
3	热能回收利用	370	320	350	330	300	
4	冷凝水回收利用	500	600	1000	600	500	
5	电解槽改造涂层降低槽压	150	165	220	400	450	
6	热电厂锅炉改造	1300	1600	1800	1650	1200	
7	热电厂汽机改造	1100	1500	1600	1400	1300	
8	水泥预热器改造	1600	1600	1650	1600	1500	
9	水泥生料电机改造	150	180	200	120	50	
10	设备技术改造	800	950	1100	1000	1100	
11	系统变频改造	1050	1100	900	1200	700	系统变频改造
12	能源综合利用	2800	3000	3500	3500	3400	
13	小改小革	1000	1100	1200	1300	1000	
合计		14080	15836	16270	15400	13800	

从运行结果看，2007 年鲁北集团在节水、节能和废弃物资源化方面取得了显著成效。在节水方面，热电厂汽轮机冷却采用海水冷却，每年节约工业用水 2000 万立方米；企业各生产装置间同性质废水实现级联利用，生产、生活废水经处理后循环使用，每年节约淡水和利用废水量达到 6574.2 万立方米。在节能方面，热电厂冷却后的海水送鲁北盐场晒盐，缩短了制卤时间，提高了原盐、溴素产量，低温余热利用率达 71.4%；通过应用新型节能变频技术，逐步淘汰高能耗机电产品，合理搭配煤种，调整空燃比等系列节能措施，实现万元产值能耗 0.67 吨标煤，年节能量达 16 万吨标煤。在"废弃物"资源化方面，依托生态产业链条，实现了园区内热电脱硫石膏、灰渣等"废弃物"的全部循环利用，全年吃掉各种废渣 38 万吨，回收利用五氧化二磷 1.5 万吨。

4. 节能措施

鲁北集团采取以下措施实现节能目标：

（1）加强能源管理。在已有制度基础上建立健全能源责任制、能源考核办法；建立能源监测检查办法，依法进行管理。研究有效的能源管理机制，探讨建立能源中心，对水、电、汽等能源实行集中统一管理，实现能源调度的自动化，与生产调度系统有机协调，促进生产过程的整体优化的必要性和可行性。

（2）将国家明令淘汰的设备全部更换，降低产品的综合能耗。努力提高锅炉热效率、机组循环热效率、发供配电效率，提高技术人员的操作水平，使机械不完全燃烧热损失降到最低；最大限度地利用二次能源，降低厂用电率和输水损失。调整对配电系统功率因数的控制，主要采用在配电室集中补偿的方式，对车间的大功率用电设备进行就地补偿。

（3）完善水、电、汽结算制度。鲁北集团各成员企业水、电、汽的结算采取先交费、后使用的管理方式，计量数据以供方出口仪表为准，结算价格执行集团公司年度预算价格，线损、变损、管道损失由需方承担，对于特殊情况在需方安装计量仪表的线损、管道损失，由该线路上所有用户按照使用量平均分摊，具体分摊数据以计统部核算数据为准。具体做法是，需方根据月预算需用量按照上、中、下旬分别于 5 日、15 日、25 日三次分期预付款，水、电、汽由鲁北发电公司统一管理，预付款交发电公司财务处，对于未预付款的单位，由发电公司负责以书面通知的形式向需方下达催交单，催交单下达 3 日内，对仍未交款的单位，发电公司正式通知用户予以停止使用，因此造成的一切损失由需方自行承担。集团公司计统部负责水、电、汽计量器具的管理，结合发电公司每五天巡检一次并记录使用量及时通知各用户，如计量器具损坏，由需方负责购买更换，发现弄虚作假骗取用量的，对责任单位按照五天预算用量的双倍进行罚款。

（4）加强环境建设规划管理工作。鲁北集团以建立一个经济快速发展、资源利用合理、生态良性循环、环境质量好、优美洁净的生态园区为目标，实施了区域环境综合整治。区域内有 2 个淡水水库，总面积 25.5 平方公里，蓄水 4500 万立方米，从小开河引黄灌区引水，水质良好；通过环保、气象部门检测，一年内空气质量优质天数 73 天，所占比重为 20％，良好天数 292 天，所占比重为 95％。鲁北集团针对当地土壤、水利、气候等条件，选择耐盐碱树种，进行美化、绿化，共植树 33 万余棵，园区植被覆盖率及水、气、生态环境质量明显提高。

第四节　企业标准化管理

鲁北集团重视标准化管理。成立了专职的标准化工作领导小组，具体负责企业标准化体系的建设、企业标准的制定、备案、企业执行标准的跟踪、更新、备案、产品采用国际标准的申报、管理等。集团在总结多年标准化管理经验的基础上，大力实施改革、科技创新、积极推行最新的国际管理标准，2002 年 12 月公司顺利通过 ISO14001 环境管理体系认证，2003 年 4 月又顺利通过 ISO9001 质量管理体系认证。标准化工作的开展情况如下：

一、企业标准化体系的建设

集团总公司的质量部为标准化工作的管理部门，各生产单位设有兼职标准化工作人员。现有标准化检查员 3 名，总公司 1 人，鲁北盐场 1 人、海星煤化工 1 人。具体负责贯彻传达国家和地方有关标准化的法律、法规、方针政策；实施技术法规、国家标准；制定和实施企业标准；对公司执行标准的实施进行监督检查；参与研制新产品、改进产品、技术改造、技术引进的标准化工作；管理各类标准、建立健全标准档案、收集国内外标准化信息资料等。

二、企业标准的制定和实施

1988 年，鲁北集团组织生产磷酸一铵产品，由于当时国家尚未制定统一的标准。为了规范生产、加强对产品质量的管理和考核，总公司制定了企业内部《磷酸一铵》标准，并在滨州市技术监督局备案（当时为惠民地区技术监督局）。1998 年研制生产出硫酸钾复合肥产品以后，总公司组织人员起草了企业内部标准 Q/LBH101—1999《硫酸钾复合肥》，并在省标准化管理部门备案。2006 年公司组织编写了《燃料油》、《焦化料》标准、2007 年组织了《钛白粉用颜料》标准的编写，以上标准均在无棣县标准化管理部门备案。上述企业标准的制定和实施对鲁北集团产品质量、标准化管理都起到了很大的促进作用。产品标准覆盖率达到 100%、产品质量达标率达 100%。

三、积极采用国家或国际先进标准

鲁北集团生产的工业盐、工业硫酸、普通硅酸盐水泥、液碱、二氧化钛颜料、工业溴、复合肥料、钛白粉等产品全部按照国家或国际标准组织生产，并按照相应标准规定取得了国家或国际标准证书，主要产品的标准化水平处于国内先进水平。鲁北集团于 1999 年加入了山东省标准化信息网，对集团生产的各种产品标准、检验方法标准等技术性资料进行监督管理，利用网络查询方式与国家标准化管理部门保持执行标准的统一，每年进行一次执行标准的监督跟踪验证和确认，通过加入标准化信息网购买国家最新发布的新标准。

四、商品条码的维护和使用

商品条码是按照国际物品编码协会（EAN）统一规定的规则，将表示商品信息的数字代码转换成由一组规则排列的平行线条构成的特殊符号。[①] 商品条码前 3 位数字叫前缀码，是用于标识 EAN 成员的代码，由 EAN 统一管理和分配，不同国家或地区有不同的前缀码。中国的前缀码目前有三个——

---

① 商品条码有两种形式，即标准码和缩短码。标准码由 13 位阿拉伯数字构成。690、691 打头的条码，由 3 位国别码、4 位厂商代码、5 位商品代码及 1 位校验码构成；692 打头的条码，由 3 位国别码、5 位厂商代码、4 位商品代码及 1 位校验码构成。由 8 位数字构成的条码称为缩短码，只有当标准码尺寸超过总印刷面积的 25% 时，才允许申报使用缩短码。缩短码由 8 位数字构成，前 3 位数字为国别码，国别码后面的 4 位为商品代码，最后 1 位为校验码。

690、691、692。企业使用商品条码不仅可以实现销售、仓储和订货的自动化管理，而且通过产、供、销信息系统，使销售信息及时为生产厂商所掌握。鲁北集团 1994 年申请办理了商品条码，代码编号 6910649，现已续展 6 次。2001 年起，商品条码应用于磷酸二铵、复合肥料等产品。

第五节　企业质量管理

质量是企业的生命，是企业赖以生存的基础。鲁北集团是中国质量万里行成员单位，实施名牌战略，走质量效益之路，不断完善质量保证管理体系，全面贯彻执行 ISO9001 质量管理体系和 ISO14001 环境管理体系，采取精细化管理，对生产过程中的每一个细节进行监督管理，严格控制生产过程中的每一个程序的落实，严格检测措施，层层落实到责任人，行使质量一票否决，将创造优质高效的名牌产品、拳头产品放在首位，将创造名牌与提高企业形象结合起来；对市场注意维护产品品牌，维护用户利益。

鲁北集团的主导产品磷酸二铵、复合肥料为中国名牌产品、国家免检产品，普通硅酸盐水泥为山东省名牌产品，产品质量达到国内先进水平。复合肥料、磷酸二铵、水泥、氯碱产品，销往山东、河北、黑龙江、辽宁、内蒙古、四川等 20 多个省市区。2002 年、2005 年公司的复合肥料产品两次被国家有关部门选中为中国政府援外产品，由中国政府购买赠送给赞比亚政府和多哥政府。

良好的产品质量，源于鲁北集团建立了适合自身生产经营特点的质量管理体系，以及在质量管理中开展的很多扎实、务实的基础管理工作。具体做法主要有：

（1）加强质量管理机构建设，重视质检队伍建设。为保证产品质量，鲁北集团专门成立了质量部（见图 4-6），并且不断加强和完善质检机构职能。鲁北集团先后培训了中级化验员 200 余人，全部达到五级以上水平。利用互检、对检、自检、抽检等形式，确保检验结果的准确性，有力地保证了产品的质量。企业检验机构 1996 年被山东省化学工业厅按照《化工生产企业质量监督检验机构基本条件》评定为一级质监机构资格、2001 年公司的检验机构被中国质量检验协会按照 ISO9000 和 GB/T 15481 系列标准验收为合格企业质量质检机构。

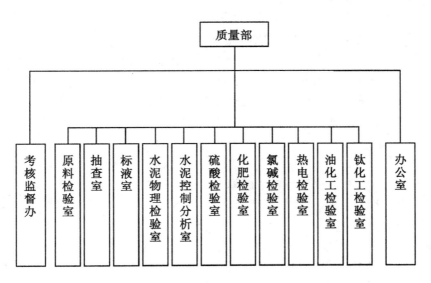

图4-6 质量部机构设置

（2）质量管理规章制度比较健全。鲁北集团先后建立了《仪器设备管理制度》、《标准溶液管理制度》、《化学试剂管理制度》、《质量奖惩制度》、《出厂产品管理制度》、《进厂原燃材料验收制度》、《产品质量考核细则》、《质量事故报告制度》等数十项质量管理制度。集团各项仪器设备管理都分解到人，由专人维护管理。①在设备管理方面，鲁北集团建立健全了设备管理责任制，加强了设备管理，使设备完好率达98%以上。②产品质量控制方面，鲁北集团建立了完善的产品质量抽查制度，集团总公司质检处每月定期多次组织产品质量抽检。水泥产品与上级对比检验按原国家经贸委发布的《水泥企业产品质量对比检验管理办法》要求，定期与山东省水泥质检站进行对比验证，复合肥料的对比按国家质检中心规定执行，其他产品及化学分析对比按相关行业文件要求执行。③在产品出厂方面也有严格的制度。鲁北集团要求出厂水泥的包装质量及内在质量的各项指标、富余强度、混合材的掺加量等都必须符合标准要求。出厂水泥包装标志必须齐全，字迹必须清楚，随时打印的包装日期、编号必须做到及时、认真，不允许标志不全的水泥出厂，袋重合格率应为100%，发现标志不全的水泥出厂及袋重不合格的，每一项罚包装车间及仓库保管员现金 20 元。

（3）开展"练内功、创名牌、增效益"和"严格控制"活动，建立健全各部门责权明确的质量责任制。集团各成员企业把质量目标定量化，责、权、利、险相结合，在基础管理过程中，做到考核到岗，核算到岗，分配到岗，严明工作纪律、劳动纪律，完善了各项质量管理制度和管理机构，形成了包括技术标准、管理标准和工作标准在内的，内容齐全的标准化体系，实现了管理的规范化、科学化。在生产工艺管理中，对人、机、料、法、环等诸多因素实施优化组合，明确了各工序、各岗位的工艺指标和职责。

（4）加强标准化工作，严格实施质量否决权制度。鲁北集团狠抓产品质量，严把产品进出厂关，严格行使质量否决权制度，坚持不合格产品不出厂，并制定了一系列高于或严于国家、行业标准的企业内控标准，积极采用国外先进标准。集团总公司于 2002 年 12 月通过了 ISO14001 环境管理体系认证，2003 年 4 月通过了 ISO9001 质量管理体系认证，2003 年 5 月通过了计量保证体系确认。上述管理体系的贯彻施行，既规范了生产管理、强化了质量指针，又达到了持续改进的效果。集团产品采标率达 95% 以上，产品实物质量均达到或超过国际先进水平。

（5）严格质量事故报告、分析和处理制度。为了不断地提高质量管理水平，更好地执行各种产品"国家标准"和"有关规程"，鲁北集团对生产过程中各工序、各环节，经常地、系统地进行管理和控制，对出现的质量异常、失控现象，能及时地进行管理和控制，吸取经验教训，杜绝或减少类似的现象发生，把质量事故降到最低限度。《质量事故报告制度》明确定义了质量事故，规定严重违犯《国家标准》以及各种质量管理，以及不按《规程》要求而造成的质量失控事件，都属于质量事故，并将质量事故区分为重大质量事故、严重质量事故和一般质量事故。

重大质量事故是指出厂产品不合格，或用户反映经仲裁后确认不合格，或化验操作人员伪造数据等情形。严重质量事故是指进厂的原燃料，连续半月不符合技术条件而影响生产；各项控制指标连续一个班不符合要求；各项质量指标超出允许波动范围 3 倍以上；不按规定私自更改库号和供货、用货地点；因化验室溶液配错、设备仪器不符合要求、操作马虎等造成试验结果不准确，连续 8 小时未发现者，使生产受到损失等情形。一般质量事故是指进厂的原料出现不符合技术条件要求；生产过程中各项控制指标连续 3 次达不到控制指标要求；岗位操作中违反质量管理制度，不按化验室通知单要求办，而造成质量失控等情形。

各类事故都有相应的处理办法。对于因出厂产品不合格而造成的重大质量事故，要写出书面检查上报主管部门，并通知用户停止使用，总经理要立即组织有关厂、车间、处室分析原因，总结经验，吸取教训，以防止类似的事故再次发生。对于操作人员弄虚作假、伪造数据者，应令其写出书面检查，扣罚奖金，并由质监处建议，调离其工作岗位。发生重大质量事故，由肇事者或部门填写质量事故报告表及时提出，由质监处签署意见后，报总经办处理，肇事者或部门应严肃对待，认真进行分析研究查明原因，提出改进办法。对质量事故的肇事者或车间处室，责令其写出书面检查，根据情节轻重酌情扣罚奖金，对严重失职，而造成重大经济损失或不良影响者，追究经济责任，并根据情节和态度，可给予适当的行政处分。一般事故，各车间和处室可根据情况，给予适当批评和处理，并采取相应措施纠正。避免重大事故发生的有功人员，予以表扬或奖励。此外，质监处还设有"质量事故登记簿"，详细记录事故的发生以及处理等情况，并定期公布各单位事故发生情况和处理结果，以引以为戒，不断改进质量管理工作，提高科学管理水平。

第六节 班组建设和管理

鲁北集团管理格局可以概括为"三线"管理，即一纵一横一环。生产经营厂长—调度—车间—班组—员工为纵，工艺—设备—电气—安全—质量—环保—考核办等专业组为横，考核办全面检查、绩效考核则为环。

在这个体系中，班组是集团的基本生产单元和基本管理单元，集团各项工作最终都要落实到班组，并靠班组来完成。班组建设和管理对于保证集团正常生产秩序，提高生产效率具有重要意义。鲁北集团各成员企业都很重视班组建设与管理，并已取得了很好的管理成效。

冯怡生董事长接受国情调研组访谈时说：企业管理要加强，特别是班组建设，"班长是老板，职工是管理者，规范匡制管理者的行为"要落到实处，落实不了，要追究分厂车间主任、厂长和厂级负责人的责任。班组要正确开展批评，对下属公平对待，对错误的工作大胆给予指示，要求改正；对违反规章制度的给予严格处罚，杜绝打骂职工。有爱心就有一切，要把员工当做一种资源来开发，正确把握员工的优点，同时也要把政府资源利用好。要讲职业团队的精神，"唐僧"取经这个团队结构比较好，互取所长，团结合作，坚定信念，不屈不挠，坚持不懈。朋友和敌人都是暂时的，企业利益才是永久的。各项工作都要有利于企业的发展，有利于企业市场开发，有利于企业品牌塑造，有利于企业稳定，这才是根本。

这里以氯碱厂为例来介绍鲁北集团的班组建设和管理。氯碱厂自2004年开始着手落实班组绩效管理，从开始抓班组、职工绩效，到现在的班组专业体系建设，已形成了一套比较完整的体系，取得了较好的效果。氯碱厂的班组建设和管理经验，主要有以下几点。

1. 强化班组长职能，赋予班组长管理考核权力，并按考核结果落实当月工资

班组长负责确定组内生产职责，并负责管理和考核。各车间内所有物品都责任到人。大到每台设备，小到每片玻璃、每个卫生点都明确责任到人，并在实物旁标明责任人姓名，做到人人指标明确，责任清楚，便于职工的日常操作管理，也有利于负责人员检查考核。每个职工都有一张绩效卡，用来记录每天的工作绩效。绩效卡以班组为单位订成册悬挂车间明显位置，由车间职工和管理人员监督检查，由班组长负责管理。班长每天对职工应该完成的工作量与实际完成的工作对比记录，并当天将考核奖罚结果，也就是当天的个人绩效得分填入职工的记录卡，对职工做到及时沟通、及时督促，达到日事日毕、日清日高。

根据班组长对职工的考核结果，调度长审核同意后报车间主任造发工资，对此考核办严格把关。绩效考核、工资造发公开、透明、公正。按班组长和调度长考核结果兑现的绩效工资单对外公示三天。凡对工资私自调整或违反纪律的车间，给予退回重造或罚款处理。

2. 健全班组体系，强化班组职能

氯碱厂班组建设和管理的独到之处是，重点抓班组专业体系建设，健全班组内部兼职专业人员，设安全、考核、设备、工艺、电仪管理人员，使班组成为由班组长全面负责的综合管理单位。现在已形成氯碱、海通两个分厂，安全、设备、工艺、电仪、销售五个专业组、一个绩效考核办的管理体系，与各车间、班组形成管理网络，每半月分别组织一次专业例会，会议必须覆盖到各班组专业人员。其作用是：职工能与分厂级负责人直接对话，加强了沟通，既可以把班组、各岗位存在的问题反馈到分厂，分厂也能把管理思想、要求及解决问题的办法直接传达到职工，避免了从分厂到职工之间的中间环节层层打折扣的弊病，职工心理压力加大了，责任心强了，工作干劲也足了。

3. 以班组为单位搞好生产事故分析

鲁北集团各班组都开展安全生产"六个一"活动，上好"安全教育一堂课"，构筑"安全监督一张网"，抓好"安全提醒一句话"，落实"我为安全献一计"，做好"安全监护一帮一"，成立"安全督查一支队"，积极营造安全生产的良好氛围，引导广大员工进一步增强安全生产意识，遵守安全生产规章制度，提高安全生产技能，开展安全监督活动。各单位安全、设备、工艺、电仪等专业组和考核办，每半月分别组织一次专业例会，会议覆盖到各班组专业人员。所起的作用是：职工能与分厂级负责人直接对话，加强沟通，既可以把班组、各岗位存在的问题反馈到分厂，分厂也能把管理思想、要求及解决问题的办法直接传达到职工，避免了从分厂到职工之间的中间环节层层打折扣的弊病。

譬如，氯碱厂近几年事故发生率连续明显降低，其原因之一是重视以班组为单位搞好生产事故分析，进而提高职工操作水平。氯碱厂不放过任何事故征兆和轻微事故，每一起事故征兆和事故都必须找出原因和防治措施。一旦出现事故征兆或事故，立即组织班长、主操作工、专业组领导和分厂负责人成立调查小组，依靠班长和具有熟练操作经验的主操工，对事故征兆或事故经过及所涉及的人员和仪器、仪表、设备反复讨论，直到找到问题拿出解决方案解决为止。对讨论的全过程作好记录、汇总，并下发各班组学习，避免以后类似事件再发生。

4. 开展"岗位创效，节约资源"的"五个一"主题实践活动

按照十个"同心圆"管理模式，围绕增收节支、降本增效，大力推进企业创效活动。围绕企业中心工作和重点工程项目，突出"保重点、保质量、保进度、保安全"等工作内容，开展技术比武、岗位能手评选活动，鼓励立足岗位创效，增强企业竞争力。广泛开展节约资源"五个一"主题实践活动，引导广大职工从"节约每一滴水、节约每一度电、节约每一张纸、节约每一升油、节约每一寸钢板"做起，争做节约资源的先锋。要围绕不同岗位的具体要求，对节能降耗做出明确、具体的承诺，制定节约资源的日常行为规范，通过优化管理、查找问题、期限整改等途径，实现节能增效。要以班组为基本单位，开展以节能降耗为主题的争先创优活动，强化创新意识，积极推广小窍门、小创造、小发明，优化工作流程，提高生产效率，形成节约型工作模式。

5. 开展"合理化建议、技术革新"活动

紧密结合单位实际，以广大职工为主体，组织开展对本单位施工管理、技术管理、安全质量管理、经营管理、设备管理、财务管理、人力资源管理等方面提出合理化建议。以采用先进技术、革新施工生产工艺、改造陈旧设备、提高科技含量为主要目标，广泛动员广大职工和工程技术人员开展技术攻关、技术改造、技术发明和技术创新等活动，鼓励创新，增强企业发展活力。

6. 建立双向考核模式

氯碱厂的双向考核模式包括从分厂到职工的逐级考核评比和从职工到分厂负责人逐级考评。

从分厂到职工的逐级考核评比是指，在满足条件的基础上落实好逐级考核，分厂每月评选一次最好、最差的大班和车间，大班和车间也每月评选最好、最差的班组和个人，并在当月工资中给予奖罚。每季度在全厂范围内评选先进工作者和操作能手，并给予奖励。

从职工到分厂负责人逐级考评是指，每月组织职工对分厂负责人的工作提出意见，既能使负责人看到自己的缺点和不足，又拉近了与职工间的距离。这一措施的实施提高了职工的主人翁责任感，提高了团队凝聚力和战斗力。

第五章　销售与采购

无论是在哪个企业里，销售与采购工作都可以用"最重要"这三个字来描述。销售与采购工作不仅是企业战略的重要组成部分，而且还是企业对外联络的窗口，是企业社会形象的重要标志。在当今的买方市场社会里，销售工作是企业工作的重中之重，是企业赖以生存的命脉，企业的销售与采购工作日益成为各个企业工作的中心。在长期的市场竞争中，鲁北集团对销售与采购工作重视有加，在销售与采购方面，在观念的更新、制度的建立、组织的建设、网络渠道的发掘以及促销方式的选择等方面都积累了较丰富的经验。

第一节　销售与采购情况

销售和采购工作最为重要的是市场的掌握和开拓。要了解鲁北集团的销售与采购情况，必须先了解鲁北集团的产品销售市场和原料采购市场。

一、确立以市场为导向的销售与采购观念

人们常说："观念转变，态度才会改变；态度转变，行动才会改变；行动转变，命运才会改变。"树立何种观念在销售与采购工作中具有重要的意义，所以我们要了解鲁北集团的销售与采购情况，有必要先了解鲁北集团的销售与采购的观念。在长期的发展过程中，鲁北集团供销公司转变思想观念、提高思想认识发挥了巨大的作用，公司上下逐步摆脱了传统的工作理念，确立了现代的销售与采购工作理念，并且全身投入市场，及时掌握市场新动态，不断学习市场营销新理念。

（1）树立了市场第一的思想。充分认识市场在社会资源配置中的重要地位和重要作用，坚持以市场为导向，以适应市场需求为经营方向，在满足市场需求的过程中占领市场，获得自身利益。销售公司认为，市场营销是企业面对市场、面对社会的重要渠道，要保证这一渠道的畅通，就必须了解我们的消费群体，了解他们对产品最关注的是什么，最渴望厂家提供怎样的服务，只有这样我们的产品才能得到消费者的认可，企业才能在消费者中树立良好的形象，从而建立长远的合作关系，并在合作中实现共赢。公司还认为，市场是不断发展变化的，要用运动的观点、发展的眼光，研究分析市场需求的发展变化趋势，抓住即期市场，把握未来市场，牢牢掌握市场主动权。

（2）树立了全球市场一体化观念。要充分认识国内市场国际化、国际市场国内化、国内外市场一体化的发展趋势，扩大市场视野，通过对全球市场的审视，研究和制定市场营销的战略和策略，市场是国际国内经济、政治、文化以及社会发展等多方面因素共同作用的结果。从国际经济、政治、文化及社会发展变化的不同视角、不同层面分析市场，研究市场，适应市场，进而把握市场。

（3）营销兴企的发展观念，由销售我生产的产品向生产我销售的产品的转变，以适应市场的变化和需求。集团公司根据市场需求，通过技术改造，加强管理，提高技术水平，降低生产成本，使磷铵生产成本达到或超过国际先进水平，开发出了一些适应市场需求的各种含量的复合肥；集团公司坚持以市场营销为主线，统领企业各方面工作，通过卓有成效的市场营销，最大限度地占领市场，实现企业的经营发展目标。

二、产品销售市场情况

目前，鲁北集团销售的产品主要是化肥和水泥。化肥市场目前以及将来鲁北集团都将面临着激烈的竞争。首先，目前国内化肥生产面临着生产能力过剩的严重问题。就磷铵市场来说，目前鲁北集团具有年产 100 万吨硫酸钾复合肥、40 万吨磷酸二铵的能力。国内磷酸二铵装置能力约 516 万吨/年，国内磷酸二铵总需求量约 600 万吨。但国内几大磷铵生产厂家年装置能力大幅扩增，而且还有不少化工企业正在上新装置或有氢钙转磷铵的动作，磷酸二铵生产企业面临较大竞争。我国二铵装置正在规划和建设中的磷铵能力有 350 万吨；预计"十一五"期间，我国二铵生产装置能力将超过 800 万吨，届时二铵生产能力将超过国内消费量。其次，随着改革的深入，我国化肥行业将以市场化改革为导向，加快推进放开价格、取消优惠、直补农民、完善监管的改革，化肥原料价格上涨和环境标准都将提高。另外，随着我国政府履行加入 WTO 的承诺，化肥零售市场和批发市场都将逐步对外商开放，这些都将对化肥企业生产经营产生影响和压力，化肥行业将面临激烈的竞争。

水泥是鲁北集团另一重要产品。水泥年销量 90 万吨左右，由于水泥是一种区域性产品，运输费用占销售价格的比重较高，合理销售半径一般在200 公里以内。所以，鲁北集团的水泥主要销往滨州、沧州、黄骅港工程建设、海兴建材、天津玉祥城等较近的区域。省内主要竞争对手是山东水泥厂，山东水泥厂具有多家水泥粉磨站年产量较高。但由于鲁北集团用生产磷铵排放的废渣磷石膏分解水泥熟料和二氧化硫窑气，水泥熟料与锅炉排出的煤渣和盐场来的盐石膏等配置水泥，在生产成本上具有优势，并且鲁北集团的水泥具有产品质量好、28 天强度高等特点，用户反映良好，所以目前鲁北集团水泥产品一直处于脱销状态。

三、原料采购市场情况

鲁北集团生产所需要的原料主要是磷矿石和原煤以及柴油、汽油等生产辅助材料，表 5－1 列出了鲁北集团采购磷矿石的品种及每年的数量，表5－2 标明了鲁北集团采购原料的合格供应方。

表 5－1 鲁北集团 2004～2006 年采购主要原料品种及数量　　　单位：万吨

序号	原料名称	采购数量		
		2004 年	2005 年	2006 年
1	磷矿石	110	106	117
2	原煤	76	95	110
3	焦炭	4.8	5.2	5.5

表 5 - 2   鲁北集团采购主要原材料的合格供应方一览表

序号	供方名称	供应的产品名称	首次列入日期	评价表序号	年度复评结果
1	马边金鹏	磷矿石	2006.1	2007 - 01	合格
2	马边国昌	磷矿石	2006.7	2007 - 02	合格
3	西昌汉都	磷矿石	2006.2	2007 - 03	合格
4	都匀宏清	磷矿石	2003.12	2007 - 04	合格
5	宣威裕盛	磷矿石	2005.12	2007 - 05	合格
6	山西大同	原煤	2001.12	2007 - 06	合格
7	神华集团	原煤	2002.6	2007 - 07	合格
8	开元	原煤	2002.12	2007 - 08	合格
9	山西	焦炭	2003.6	2007 - 09	合格
10	塘沽	焦炭	2003.6	2007 - 10	合格
11	大庆	焦炭	2003.12	2007 - 11	合格

注：本表资料截止日期为 2007 年 5 月 29 日。

我国原煤的储量丰富，鲁北集团的采购比较容易，但是鲁北集团在磷矿石的采购上面临着一些压力。我国磷矿资源虽然比较丰富，但国内磷矿以中低品位为主，高品位磷矿石储量不足，可直接用于生产磷酸二铵的高品位磷矿越来越少。目前，我国的高品位矿石一般分布在云南、贵州、湖北和四川等省份，分布相对集中，目前这些磷矿富产区省份已开始严格限制磷矿资源出省。所以，包括鲁北在内国内磷复肥企业在磷矿原料的采购方面将面临巨大考验。

第二节　产品销售情况

鲁北集团在销售的组织机构建设、销售渠道的选择、促销方式等方面积累了丰富的经验。

一、销售机构的组织建设

鲁北集团具有年产 100 万吨硫酸钾复合肥、40 万吨磷酸二铵、100 万吨硫酸、90 万吨水泥、1 万吨溴素、30 万吨氯碱、100 万吨原盐、140 千瓦发电能力的生产规模。目前,销售工作主要是硫酸钾复合肥和磷酸二铵以及水泥的销售。鲁北集团围绕着企业的销售和采购工作设立的全面负责的供销公司,供销公司是鲁北集团的一个全资子公司,供销公司由集团总公司的一位副总经理分管;供销公司配备一名专职总经理负责供销公司全面工作;一名专职副总经理分管供销全面调度工作;另一名副总经理分管全面市场的产品销售和原材料采购工作。供销公司共设六个综合部门:营业室、财务部、农化服务中心、市场总监、信息中心、销售总监,一个销售部门(包括其下辖七个分公司)和三个采购部门。销售部门下面设分公司,在 2006 年,供销公司在河南、河北、新疆、吉林、辽宁、黑龙江和内蒙古设立了七个分公司,分公司虽然隶属于供销公司的市场部,但各分公司对内却是独立核算、自主经营、自负盈亏的组织体。供销公司在宏观上对分公司进行调控与监督,各分公司在各自的业务范围内具有很大的自主性和创新性。供销公司对分公司实施独立核算,在很大程度上调动了各分公司工作中的积极性和创造性,对于促进销售与采购工作具有重大意义,这种机构设置模式既能加强内部的执行能力,又能使供销公司内部形成上行下效的良好局面。图 5-1 列出了鲁北集团总公司供销公司的机构设置情况。

供销公司每年通过计划下达各分公司的销售指标,由于公司化肥市场潜力巨大,各分公司的市场占有率逐年上升。表 5-3 显示了各分公司 2006 年的销售指标。

表 5-3 2006 年鲁北集团供销公司各分公司销售指标

市场销量	磷酸二铵(万吨)	复合肥(万吨)
河北分公司	5	20
山东分公司	8	36
河南分公司	3	20
新疆分公司	15	—
内蒙古分公司	10	—
黑龙江分公司	8	14
吉林、辽宁分公司	5	10

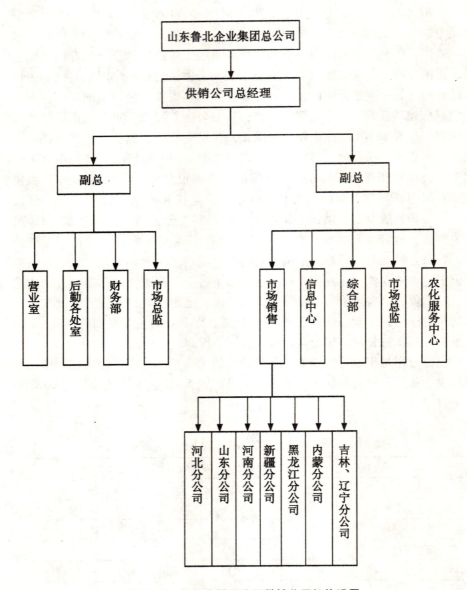

图 5 − 1　鲁北集团总公司供销公司机构设置

供销公司在设立分公司的基础上，划定了严格的销售区域，并严格规范市场管理，严查市场串货等冲击行为。供销公司清晰地界定各分公司的销售区域范围，并对不同区域的产品的客户采取不同的标识，以防止由于相互之间的串货而造成的市场紊乱。供销公司认为规范的市场管理是保证市场有序运行的基础。公司通过完善市场网络的建设，建立市场监督管理机制，加强客户的管理，建立健全客户档案，将每个客户纳入其中，起到协理监督的作用，并将市场信息及时反馈给公司。公司通过客户档案来加强公司对市场资源的控制，并与客户就市场上的问题进行及时的沟通，了解市场行情，了解产品的销售情况，了解产品的市场价格，以此增强公司对市场的监控力度。对于已经发生串货的分公司，本着"着眼于大局，着眼于长远，着眼于厂家、客户的利益"的原则，积极果断地采取措施，把负面影响控制在最小的范围之内。例如，2006 年 5 月，新疆分公司为扩大产品销量，以新疆分公司的名义向滨州公司所在的无棣县销区进行冲击，接到举报后，公司派专人进行了调查，经调查属实，新疆分公司冲击无棣县销区化肥 122 吨，严重违反了公司关于串货等的有关规定。根据制度规定，经班子成员商议立即取缔了新疆分公司的业务，收归供销公司所有，对业务员进行取消销售资格的处理决定，有效地抑制了串货行为的再次发生，使市场秩序良性运行。以制度加强分公司的管理对于协调各分公司的关系起到了关键性的作用。

销售业务人员代表了公司的形象，销售部门是公司的对外窗口，配备什么样的销售人员，销售业务人员素质的高低事关销售工作的关键。鲁北集团供销公司不仅要配备优秀的营销和采购人才，同时要配备高素质的技术人才和管理人才。目前，供销公司定编 159 人，其中业务人员、销售人员 88 人，后勤人员 3 人。一名总经理，两名副总经理，各分公司设一名经理。公司深刻地认识到业务人员是沟通企业与消费者之间的桥梁，他们的一言一行、一举一动都代表着公司的形象，提高他们的个人素质是开拓市场、占有市场的关键。所以公司采取了各种措施加强业务员的培训与管理，提高业务员的素质，并且把培训工作作为一项长期的战略任务常抓不懈。例如，公司利用各种机会对业务人员进行培训，包括仪容仪表、谈判技巧、农化服务知识、生产工艺等内容。公司还通过完善会议制度，给业务员营造一个相互交流的机会。公司根据销售人员"出差多，在市场上的时间长，彼此之间很少有交流的机会"的特点，除了规定了"每月的 28 日召开全员会议"，中间还穿插一些小规模的灵活多变的会议，以提高会议质量。会议首先要学习总公司每周的会议纪要，然后大家就当前的市场形势及出现的问题解决方案进行交流。公司这样的会议制度规定主要有以下几点考虑：第一，学习董事长的管理理念，提高业务员的思想认识。第二，平时所有的人员都盯在了市场上，彼此之间很少或几乎没有交流的机会。召开这样一个会议，能为大家提高一个相互交流的平台。第三，提高了会议质量。一个月的时间，大家有充足的时间准备自己的发言内容，使会议能够围绕市场上实际存在的问题展开，真正做到"提出问题，分析问题，解决问题"，使会议具有明确的目的性，从而提高会议质量。第四，穿插小会议能使市场上出现的一些问题得到及时妥善的解决。总之，公司充分利用各种机会，加强营销队伍的业务及素质培训，力争将销售网络做强做大，树立公司良好形象，提高产品市场占有率。

二、销售渠道的选择

销售渠道是企业最重要的资产之一，同时也是变数最大的资产。它是企业把产品向消费者转移的过程中所经过的路径。销售渠道是销售体系的命脉，在整个销售体系中的位置显得至关重要。它的成功运作必将为产品的整个销售工作奠定坚实的基础；反之，则会为销售工作制造出一道又一道的障碍。如何整合销售渠道就变成了销售体系的一项重要的工作。鲁北集团供销公司根据自身的特点采取了灵活多变的销售策略，根据不同的地区、不同的市场状况，利用不同的销售渠道，如邮政系统、土肥站、村级直销、个体经销商等，采取不同的销售策略，发挥它们各自不同的优势，提高市场覆盖率。下面对供销公司采取的两种主要的销售渠道——中邮物流合作渠道和村级终端直销渠道作一介绍。

1. 中邮物流合作渠道

邮政是国家重要的社会公用事业，长期以来邮政业在促进我国国民经济和社会发展、保障公民的基本通信权利等方面发挥了重要作用。中国邮政已建成了覆盖城乡、深入千家万户、连接全国、通达世界的现代通信网络，成为集信息传递、物品配送、资金流通为一体的现代服务企业。中邮物流有限责任公司（简称中邮物流公司）成立于2003年1月18日，隶属于国家邮政局，是专业经营和管理邮政物流业务的大型国有企业，注册资本3.7亿元人民币。公司下设31个省级子公司，是一家集仓储、封装、配送、加工、理货、运输和信息服务于一体的现代化综合性物流企业。中邮物流公司以一体化精益物流、区域配送、货运代理、分销与邮购四大板块为主要业务发展方向，依托和发挥中国邮政"两网三流"的资源优势和"百年邮政"的良好信誉，坚持"至诚至信，精益求精"的经营理念，采用先进物流运作模式和技术手段，努力为客户提供个性化、量体裁衣的各类完善的物流解决方案。中邮物流的企业目标是运用第三方物流的经营理念、管理模式和技术方法，发挥中国邮政品牌与资源优势，整合邮政物流资源及必要的社会物流资源，以市场为导向，以科技为支撑，建立与国际物流网络对接、覆盖全国的物流网络和先进、高效的物流信息平台，形成一体化物流服务体系，实现物流、信息流与资金流的融合，为客户提供供应链解决方案和综合物流服务，并将邮政物流发展成为中国规模最大、具有国际竞争力的第三方物流企业。

　　分销与邮购是邮政物流独具特色的业务。主要按照"渠道经营、要数分销、项目管理、质量监控"的思路，采用"配送＋分销"的运作模式，通过建立和完善面向城市社区和广大农村的渠道网络，积极开拓上下游两个方面的客户，为上游客户提供种子、化肥等农资及农村快速消费品的分销代理和配送服务。同时，根据市场需求利用电子商务开办网上购物和经营部分商品的进出口业务。中邮物流依托的中国邮政实物网络，拥有中国覆盖最广、最全的物流运营网点。在中国，中邮物流走得最远，实至名归。中国邮政推行先进的邮政网络运行体制，在全国大中城市建有 201 个较大规模的邮件处理中心，覆盖全国 2800 多个县级以上城市。邮件处理场地 4300 万平方米，经整合后，约有 300 万平方米的场地可以做物流仓储库或物流集散中心。依托这些资源，中邮物流承担物流的处理、存储、配送等服务。中邮物流拥有遍布全国城乡、规模强大、品牌统一的营销和投递网，形成一个由飞机、火车、汽车等不同运输工具组成的庞大的干线运输网。拥有邮路 2.1 万余条、330 多万公里。目前，中邮物流实现：北京、上海、武汉、广州、成都、西安、沈阳 7 个一级分拨中心间门对门配送时限 36 小时，7 个一级分拨中心区内地市配送时限 48 小时，全国范围时限 72 小时门到门配送服务。

　　鲁北集团供销公司对于经销商的选择方面，本着看信誉、看实力、看市场开拓能力、看对鲁北产品品牌的认识的原则，择优录取。邮政物流在全国有着健全的网络，网多面广、战线长。现在正积极筹办千村万乡网络工程，邮政系统有着半军事化的工作作风，上行下效，一呼百应，奖罚分明，有着强有力的执行力；邮政系统已被国务院授予服务三农的试点，有着良好的"三农"服务政策和雄厚的资金保证，可以获得国家贷款扶植；另外，邮政这一金字招牌在广大农民心目中有较高的威信，可以为公司提供优质的服务和保证。根据东北省地域的特殊性，公司率先选择东北与邮政系统合作，通过中邮物流公司进行产品销售。公司先在东北地区进行试点，后逐步在全国推广，进而提高鲁北产品的销售数量。在内地，公司也开始尝试与邮政系统进行合作，在其他销售渠道正常运行的情况下，不断寻求新的销售网络。

公司将充分利用邮政网络，利用邮政完善的售后服务体系，利用邮政在农民心目中的地位，搞品牌授权，增加鲁北品牌在市场上的影响力。2006年，公司在总结内蒙古与中邮物流成功合作经验的基础上，进一步认识到邮政系统的优势条件：第一，中邮物流被国家列入了2005年、2006年一号文件，被赋予了"服务三农，经营农资"的重要历史使命。第二，中邮物流是一块金字招牌。第三，中邮物流的网络健全。第四，邮政物流的服务体系完善。第五，执行力强，奖惩措施到位。公司在2006年决定把与中邮物流的合作进行了拓展，分别与黑龙江、吉林、辽宁、济南、德州、新疆等地的邮政物流公司进行合作，利用它们先进的管理理念和技术设备，遍布城乡、通达全国的网络体系，在仓储、运输、配送、分销等方面有着丰富的经验和优质的服务，进行化肥产品的销售，取得了较好的成绩，使销售形势得到了扭转，仅2006年通过物流配送方式销售的化肥就达25000余吨。在今后的工作中公司仍然把加强与邮政物流的合作，将与中邮物流的成功合作经验向全国推广展开。

2. 村级终端直销渠道

鲁北集团供销公司销售渠道的建立并不采取"一刀切"的模式，而是根据不同的地区，不同的市场形势，利用不同的销售渠道，采取不同的营销策略，对市场形成全方位、立体化的覆盖。公司虽然在和中邮物流合作上取得了喜人的成果，但是公司始终没有放弃其他销售渠道的建立。近年来，供销公司在加强终端用户的建设和完善，建立健全鲁北村级直销渠道方面也取得了较大的成绩。鲁北集团认为，营销的最终目的是为了获取终端用户，谁得到终端用户的购买群体，市场就属于谁，那么谁是肥料产品营销的终端用户呢？是农民，只有争取到广大的农民朋友，才能实现产品的最终销售。一个厂家要想在竞争激烈的市场中立于不败之地，打造终端市场是大势所趋，对于一个化肥厂家更是如此，因此，搞终端网络的建设势在必行。

终端销售管理的作业方式是通过对目标市场中所有的销售终端做到定人、定点、定线、定期的精细化管理，达到对市场和产品销售状况、竞品状况的全面掌控，建立具有针对性的有效策略，获得竞争优势。终端销售是实现产品交换价值的场所，只有终端的销售才是真正的销售，渠道构建只是实现这一目标的手段。终端的销售信息是真正有效的信息，要保证终端信息及时、准确的反馈。公司上下就打造终端市场进行了深入探讨，并就打造终端市场，占有终端用户群体，制订了一系列的措施。公司提出的口号是"走遍千山万水，深入千家万户，说尽千言万语"，充分调动每一个人，把触角深入到市场的每一个角落，搞农化服务，为农民朋友免费测土，指导农民朋友科学合理施肥，拉近与用户之间的距离，从而更加坚定他们使用鲁北牌化肥的决心。

终端销售管理的工作重点是"终端客户网络"的建设，并根据市场上的实际情况推出了不同的促销措施。为扩大鲁北化肥产品的市场覆盖率，供销公司专门召开会议，部署安排村级直销渠道的建立和健全，要求各销区至少拿出一个县的区域进行村级直销网络的设立，并要求拿出书面的、切实可行的实施方案，以最终端的客户为基础，直接将化肥产品送到农民手中。

鲁北集团的这种化肥"村级终端直销"模式具有两大优势：其一是公司利用自己的终端直销渠道将鲁北化工优质的化肥产品直接配送到田间地头、农民手中，公司的销售触角直接深入到广大农村农民，这样就尽量减少了化肥流通的中间环节，减少销售中层层加价，极大地降低了农民在农业生产上的投入成本，并且杜绝了假冒伪劣农资产品，确保了直接服务于"三农"的目的，深受广大农民朋友的欢迎。终端直销方式的目的是让农民真正得到实惠，增进了农民的购买意识，从而更好地促进了产品的销售工作。其二是化肥的终端销售更有利于提高鲁北牌化肥在农民朋友中的知名度和影响力，终端销售不仅是产品使用价值交换的场所，更是买卖双方信息交流的平台。通过打造终端直销渠道，销售人员与广大农户近距离地接触，加强了沟通，方便了交流。公司业务人员在市场上直接深入到农民朋友中，他们就鲁北企业集团概况、鲁北牌化肥作了深入细致的宣传，并制作了广告衫、脸盆、笔、毛巾等纪念物品，分发给购买和使用鲁北化肥的用户，起到了很好的效果。同时，在一些地区组织当地的农民朋友进行了农化知识培训，就当前农民朋友关心的问题进行交流，有效地拉近同用户之间的距离，融洽了彼此之间的关系，也使鲁北牌化肥受到更广泛的关注。

为了进一步为村级直销做好铺垫工作，集中全力推进终端市场。供销公司还采取了以下措施，并取得了积极的效果：①加大宣传投入，强化市场的开拓与维护力度。利用面包农化服务车深入到田间地头，与老百姓进行面对面的交流，真心实意地为他们服务。②定做了大量的广告衫、毛巾等纪念品，返利于民，让广大农民们在购买使用公司化肥的同时还能得到实惠。③做好服务三农的工作。"服务三农"是国家惠农政策之一，公司认准了这一形势，积极转变销售思路，把销售化肥的工作转变为销售一种服务。④利用平衡施肥原理，搞好测土配方工作。公司要求每个分公司配备两台土壤养分测试仪，配备专业人员，帮助农民朋友以最小的投入获得最大的经济效益。

三、促销方式

在当今激烈而复杂的市场竞争中，促销以其独特的魅力，在促进企业销售、获得消费信赖、建树知名品牌的过程中扮演着重要的角色。促销就像企业的一把利刃，它可以直击市场的要害，刺激消费需求，形成企业产品的消费拉力，迅速实现销售额的增长。同时，成功的促销活动也能快速而有效地推动品牌成长。鲁北集团供销公司主要采取了以下促销手段：

1. 技术促销

技术促销的对象是一种知识、一种技术，而不是某一具体产品，它通过技术服务和专业知识的传授使客户对产品得以认识、了解和接受。技术促销的首要目的在于帮助客户掌握与此项技术相关的各种知识和技术，以引导客户接受此技术，是一种事先促销方式。技术促销概念向人们揭示了销售工作不仅存在于产品生产之后，而且还伴随着技术的研究、开发、推广的全过程。在技术促销主导的销售活动中，有关产品的性能和使用技术的传授与传播至关重要。鲁北集团供销公司在化肥的销售工作中十分重视技术促销手段的运用。公司针对目前农民文化水平不高、科学种田和科学施肥知识匮乏的特点，加大了技术促销的力度，通过产品推介和科技服务调动农民的购买热情，从而拉动经销商的销售，加快产品在各级经销渠道的周转，达到扩大销售的目的。为了更好地服务于"三农"，供销公司实行"售前、售中、售后"全过程跟踪式服务，并采取了一系列"惠农"活动。

在农闲时间、销售淡季，公司农化服务人员走街串巷，直接走进农户家中，讲解有关化肥施用技术、作物高产栽培技术等方面的知识，同时讲解"鲁北"化肥的特点，使农民逐渐了解、接受鲁北的产品。公司还免费赠送给农民"农业科技知识"等方面的书籍和年历。农化服务人员走到田间取土样化验，真正达到作物缺什么元素补什么元素，指导农民平衡施肥，实现

"高产、高效、优质"的最终目的；公司还专门制作了有关化肥施用及作物高产等方面的光碟，免费送给农民，深受农民朋友的欢迎。通过技术促销，广大农户都会惊奇地发现鲁北化肥效果独特，具有以下几个不同的优点：同期施用的化肥，施用"鲁北"化肥的作物植株高度，明显高于未施用"鲁北"化肥的作物5公分。同时作物根系明显发达，为以后作物的高产打下了基础；在干旱季节，凡施用"鲁北"化肥的作物，其抗旱效果明显，植株旺盛；由于"鲁北"化肥采用了特殊的生产工艺，化肥里面都含有作物生长必需的中微量元素，提高了作物的抗逆性，降低了作物的病害率。公司还积极配合技术监督部门、农技推广部门、土肥站、植保站等部门，为用户提供测土施肥、质量检测等指导。

2. 品牌促销

当今的世界已进入品牌竞争的时代。随着社会生产和生活水平的提高，市场对品牌的认知程度越来越高，选择性越来越强，品牌的市场影响力、亲和力、号召力对于产品的市场开拓、销售发挥着越来越重要的作用。品牌已成为企业进入市场的"敲门砖"，只有大家认可的名牌产品才可以成功。从20世纪末起，我国商品市场的竞争将主要表现为名牌之间的竞争。山东鲁北企业集团总公司依法在山东省注册登记了"鲁北"牌系列产品。"鲁北"既是企业名称也是产品商标，商标和商号的统一使用，确保了品牌在广大消费者心目中的良好形象，提高了品牌的市场竞争力。鲁北集团供销公司在工作中牢固树立了品牌意识，升华了品牌理念，既利用集团的品牌很好地进行了促销工作，同时又为集团品牌的建立建设作出了重要贡献。

质量是企业的生命，是企业赖以生存的基础；加强质量管理是提升产品品牌的关键。为了确保产品质量，公司全面贯彻执行ISO9001质量管理体系和ISO14001环境管理体系，采取精细化管理，对生产过程中的每一个细节进行监督管理，严格控制生产过程中的每一个程序的落实。公司对产品质量采取时时监控管理的办法，采取在生产线上现场取样，及时检测，及时报告，及时调整；严格入库管理，采取更为严格的检测措施，制定严格的管理制度，层层落实到责任人，把好产品质量的最后一道关，不合格的产品坚决不入库。建立健全市场信息反馈机制，将市场上用户的需要和要求，及时准确地传达、反馈给生产部门，依据市场需求进行迅速调整，以适应市场需求，做到用户需要什么我们生产什么，真正把市场作为企业发展的准绳。这些工作对于供销公司的销售人员品牌促销起到了很大的作用。

鲁北集团供销公司按照商务部"品牌万里行"的统一部署，制定和完善"鲁北"自主品牌发展规划，明确发展目标，落实发展措施，加强舆论宣传，建立和完善品牌促进、品牌评价、品牌推广、品牌保护体系，并为自主品牌发展提供有力的生产要素配置保障。"鲁北"牌的打造加强了宣传攻势，搞好了促销工作，极力打造了市场，构建了村级直销渠道，扩大了鲁北产品的影响，促进了化肥销售。鲁北集团利用一切可以利用的宣传方式，如墙体广告、宣传车、电台广告等，来宣传造势营造气氛，提高用户对鲁北肥料的认识。公司还派出宣传车，深入到田间地头，宣传鲁北品牌，让农民朋友了解鲁北产品。特别是在村级终端直销过程中，品牌促销更是具有意义。终端促销的主要内容有：营造氛围（包括在零售点及乡镇、村庄、公路上张贴宣传海报、传单），产品宣讲，乡村农技讲座，田间试验示范，柜台促销等。经过公司全体的努力，鲁北集团的产品在品牌建设上取得了很大的成绩，目前鲁北集团成为中国质量万里行成员单位，主导产品均获国际采标证书，成为山东省质量免检名牌产品；磷酸二铵、复合肥被农业部认定为国家农业技术推广产品。荣获2001年山东省产品质量奖。2005年度鲁北三元素复合肥被评为中国名牌产品；鲁北牌磷酸二铵、中流牌高浓度复合肥料被国家质量监督检验检疫总局评为免检产品，"鲁北"得到了社会各界的认可。表5-4列出了鲁北产品的部分质量证书。

表5-4　鲁北产品的部分质量证书

证书名称	颁发单位	颁发时间
无害农产品施肥证书	山东省土壤肥料总站	2002.5
质量管理体系认证	方圆标志认证中心	2003.4
山东名牌	山东名牌战略推进委员会	2003.6
产品质量免检证书	国家质量监督检验检疫总局	2005.12
中华环境奖	中华环境奖组委会	2006.12
中国质量万里行成员单位	中国质量万里行委员会	2001.3
中国名牌产品证书	国家质量监督检验检疫总局	2006.9

3. 会议促销

会议促销是把客户集中起来宣传自己产品的过程，会议促销的销售对象是集体，因此可以使促销工作真正做到"投入小、见效快、收益大、厂商双赢"的效果。如经销商座谈会，即将全国各地的经销商召集过来，总结过去，展望未来；将公司新年度的营销政策介绍给各经销商，取得大家的支持和拥护；通过共同探讨，发现以前销售过程中存在的问题，预测市场发展趋势，提出应对的方案和举措，促进厂商"双赢"。多年来，供销公司采取"请进来、走出去"的办法，将经销商和用肥大户请到公司，利用会议的形式，进行现场参观，听取鲁北集团经营状况和发展前景介绍，让他们充分感受鲁北集团的规模和实力；公司还积极走出去，通过举办乡村级培训班、用户座谈会等形式，介绍鲁北公司及其产品，进行心连心的交流，加深双方感情，增强双方合作的决心和信心，通过给基层经销商及用肥大户授课，讲解鲁北肥料的特点以及施肥方法，树立农民朋友购买鲁北产品的信心，通过打造企业形象、打造自己的品牌，换取农民朋友的满意度，引起广大用户的购买欲，从而提高产品的销售量。

在氧化铝市场的开拓中，会议促销就发挥了巨大的作用。氧化铝是鲁北集团近年新上项目，氧化铝的市场对公司来说还是一个盲点。公司在利用一切手段收集下游厂家的信息，学习氧化铝的相关知识，了解市场行情，在对市场情况进行多次调研的基础上，公司给组织氧化铝的下游厂家领导发去邀请函，邀请他们来鲁北现场参观考察，使他们了解鲁北的发展前景，坚定下游厂家与公司合作的信心。

四、售后服务

鲁北集团把"一切为了用户，建立一支反应迅速的售后服务队伍"，确立为售后服务工作宗旨，在多年的售后服务工作中，不断总结工作经验，不断加强售后服务工作的质量与力度，形成了一整套行之有效，并受广大用户认同的售后服务体系。2005年9月，复合肥料产品取得中国名牌产品以后，供销公司加大了产品售后服务的工作力度，极力维护好中国名牌产品的良好形象。供销公司在集团总公司服务总部的领导下，认真完成各项任务，提高服务质量，以达到顾客更高的满意率。

1. 加强售后服务制度建设

根据鲁北集团增进经营效能，加强售后服务工作的要求，供销公司严格制定售后服务管理制度，售后服务管理制度要求：

（1）详查客户投诉产品的订单编号、产品名称、规格、数量、交运日期。

（2）了解客户投诉要求及客户投诉理由的确认。

（3）协助客户解决疑难或提供必要的参考资料。

（4）迅速传达处理结果。

（5）综理客户投诉案件的调查、提报与责任人员的拟定。

（6）发生原因及处理、改善对策的检查、执行、督促、提报。

（7）客户投诉质量的检验确认。

2. 细化售后服务职能

售后服务职能包括：

（1）协助顾客进行测土施肥。

（2）指导顾客进行科学施肥。

（3）对顾客的反馈意见进行妥善处理。

（4）对产品质量问题及时进行处理，达到顾客满意。

（5）进行现场对比实验，引导顾客施肥。

3. 及时反馈信息

为了解市场对鲁北产品的信任度和满意度，最大限度地满足顾客需求，达到顾客满意，公司不定期地对顾客对鲁北产品的满意度进行调查。根据多年来的营销经验，售后服务部门实施分销区负责制，各自销区范围内的顾客由各自销区负责人相挂钩，由他们及时与顾客进行沟通，了解顾客的需求，定期向售后服务部门上交顾客情况调查表；同时根据日常所掌握的信息、资料进行汇总，并按一定的时间（一季度一次）上报总公司相关部门，将顾客的意见和建议进行分类，经总公司分管部门及时做出反馈意见，以及采取的相应措施，由售后服务部及时反馈于顾客，最终实现顾客的更大满意率。

经过公司与各单位、部门严格执行本公司的售后服务制度，并不断地改善和创新，在多年的经营中，公司发展的大小顾客近5000家，其中关键顾客比例占所有顾客的50%以上，极大地促进了公司产品的销售。在整个销售体系中，公司注重顾客关系的处理和市场信息的反馈，妥善处理顾客向公司提出的任何问题和要求，最大限度地满足了顾客的需求，得到了广大顾客的一致好评。在近期公司开展的顾客满意度调查中，供销公司随机发放调查表700余份，回收率83%以上，经过对这些调查表的分类汇总，按照MS/LBZ－JY－001《顾客满意度评价办法》的计算方法，顾客对公司产品质量、交货期、售后服务的满意率达到98%以上。

4. 强化售后服务队伍建设

为更好地服务于顾客，加大公司产品在市场中的影响度，鲁北集团供销公司加大了售后服务组织建设。供销公司在鲁北产品所达的地区都配备了专门的售后服务队伍，鲁北集团供销公司目前定编的159人中，其中就有59人专门从事售后服务工作。在产品销售过程中，鲁北公司始终坚持产品的售后服务，订立了产品售后服务制度，完善了产品售后服务网络，加大了售后服务队伍的建设，在全国各地设立了上下协调、相互沟通、网点分布合理的化肥产品销售服务网络，确立了服务电话和联系人员，根据市场信息反馈情况，及时处理产品在市场上出现的各种问题，解答用户关于产品质量、施用方法、适宜的作物等。利用产品销售淡季，走访用户，了解用户施用鲁北产品后作物的长势、对鲁北产品的意见以及需要改进的地方，并形成调查记录，反馈给公司决策部门进行研究，做出产品结构调整的意见，使顾客真正体会到购买鲁北产品放心、无后顾之忧，极大地刺激了顾客购买欲，产品销售数量逐年递增。

5. 处理好顾客投诉工作

正如同企业与其他公众的关系一样，顾客关系的处理总会有不尽如人意之处，出现差错或纠纷是在所难免的。及时处理好顾客的投诉、质询、批评和纠纷，做好善后工作同样也是组织经营管理中的重要环节；自始至终向顾客提供完善的服务。这是形成良好顾客关系的重要保证。为此，公司要求每一名员工在与顾客打交道时必须彬彬有礼、热情周到。因为顾客往往从企业员工的言谈举止来评价该企业的社会形象。

五、客户管理

做好客户管理工作不仅有利于销售市场的整体管理工作，对有的放矢的产品促销工作也具有重要意义。所谓客户关系管理，即一个过程，通过这个过程，企业最大化地掌握和利用顾客信息，以构建与特定顾客之间长期的、有利可图的关系。客户关系管理是一种企业新的经营理念，这种理念认为企业真正经营的是"顾客"而不是过去认为的"产品"。以市场为经营导向的企业，必须树立起经营中心为"顾客"，才真正意义上成为市场导向型企业。客户关系管理的内涵是在"经营顾客"理念指导下，确立顾客贡献差异化营销的思想：不同的顾客具有不同的关系价值，通过对关系的有效识别，发展与特定顾客之间良性的、长期的、有利可图的关系，坚决剔除不具有培养前

景的恶性客户关系。现代客户管理的理念要求企业的行为方式要由“大众化营销”到“一对一营销”，通过高效、双向的顾客信息系统，更好地理解顾客的需求和偏好，企业甚至要依据每个个体顾客需求来提供定制化的产品和服务。加强客户管理工作的一个重要环节是建立完善的客户档案。

所谓客户档案就是对顾客基本情况及客户与本公司业务往来的情况记载与分析的文本，通过客户档案的建立与管理，分析客户的需求价值，建立与客户不同级别的长期关系能够很好地实现公司销售与采购的目的。鲁北集团供销公司一直以来都十分重视客户管理工作，并且建立了详细的客户档案。

第三节　原料采购情况

质量是企业的生命，是企业赖以生存的基础。加强质量管理是保证产品质量的必要手段，鲁北集团严格控制产品质量，从源头抓起，严格控制原材料——磷矿石的采购关。鲁北集团供销公司多年来在原料采购方面也做了大量的工作，积累了丰富的经验。

一、采购组织的设立情况

鲁北集团负责原料采购工作的也是供销公司，鲁北集团围绕着企业的销售和采购工作设立了全面负责的供销公司。供销公司是鲁北集团的一个全资子公司，它由集团总公司的一位副总经理分管；供销公司配备一名专职总经理负责供销公司的全面工作；一名专职副总经理分管供销公司后勤工作；另一名副总经理分管全面市场的产品销售和原材料采购工作。供销公司共设六个综合部门：营业室、财务部、农化服务中心、市场总监、信息中心、销售总监，一个销售部门（包括其下辖七个分公司）和三个采购部门。供销公司担负着集团生产所需原材料的采购工作，在鲁北集团供销公司目前定编的159人中，其中就有12人专门从事原材料的采购工作，供销公司在内部设立了三个专门的采购部，配备了专门的原料采购人员。三个采购部门分别是磷矿石采购部、煤炭采购部和辅助材料采购部。磷矿石采购部由经理1人、业务员3人组成，主要负责肥料生产所需磷矿石原料的采购、磷矿石供方档案的建立、评价和调查，对合格供方所提供的磷矿石材料进行验收。煤炭采购

部由经理 1 人、业务员 5 人组成,主要负责肥料、水泥生产所需原煤的采购,煤炭供方档案的建立、评价和调查,对合格供方所提供的磷矿石材料进行验收。辅助材料采购部由经理 1 人、业务员 2 人组成,主要负责鲁北集团日常经营所需的其他生产生活物品,如柴油和汽油等的采购、供方档案的建立、评价和调查及本地原料、内部供方的评价等。图 5-2 标明的是鲁北集团供销公司采购机构组织图。

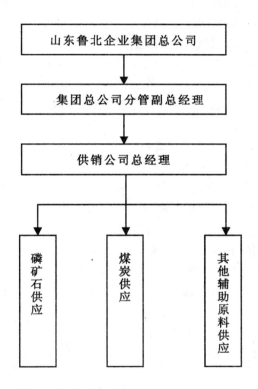

图 5-2 鲁北集团供销公司采购机构组织

二、合格供方的拟定

采购工作中合格供应方的拟定类似于销售工作中客户管理以及客户档案的建立工作。拟定合格的供应方,建立《合格供方一览表》,对于加强与原料供应方的联络具有重要意义;同时,做好合格供应方的拟定工作也为以后公司在具体某笔采购工作中选择具体的供应方提供了一个数据库。鲁北集团供销公司在合格供应方的拟定方面积累了较为丰富的经验。

1. 合格供应方的拟定标准

供销公司认为凡符合以下条件之一者可列入合格供方：市场评价：一般友厂、同行或市场反映评价优良者；通过 ISO 9001 体系认证者；已有长期往来的供方，且无重大品质不良者；有能力承制供销公司外购产品且通过样品检验者；经供销公司评价合格者；经供销公司评价、考核不合格但存在如下特殊情况时：①由集团公司指定的供方。②卖方独占市场时。③评鉴分数差异不大，而又一时无法找到合适供货商时。

合格供应方拟定首先由相应的采购部门负责收集供方的鉴证性材料，并填写《供方调查表》。采购部门对各类供方的鉴证性进行整理，形成供方档案，并依据《供方调查表》的情况，形成《合格供方一览表》，由供销公司主管副总经理批准审核，主管副总经理批准下发至负责采购的部门，各采购部门以后可以依据《合格供方一览表》进行采购。

2. 合格供应方的评价管理

供销公司在拟定合格供应方时采取如下定期评价管理制度：

（1）定期评价对象：凡提供原辅材料、外购产品的厂商以及向公司提供服务的单位均适用。

（2）不评价对象：本厂生产的其他原材料，如硫酸、液氨、编织袋和本地区黏土；采购杂项用品、耗材的厂商：如文具、纸张、组织办公用具等。

（3）采购部门须考虑供方价格及服务品质，如不能满足公司的需求时应予以更换。

（4）定期评价时机：对主要原材料的合格供方每年评价不少于两次，一般为每年的 6 月和 12 月份；其他合格供方评价每年进行一次评价，一般为每年的 12 月份。

（5）定期评价项目及评价执行单位：质量成绩考核：磷矿：磷铵化验室。原煤、焦炭：质量部。其他：使用部门分管检验职能部门。交货期成绩考核及其他考核总成绩评核：供应部门。

3. 合格供应方的评价方法

供销公司在合格供应方的拟定过程中，还规定了详细的评价方法：

（1）以交货期及质量为评价项目，其比重为质量 60%，交货期准确 20%，其他 20%。

（2）质量成绩评价，由检验部门将每次检验结果汇总于《供方质量成绩统计表》，并每半年结算一次，并及时报供应部门，计算公式为：

质量得分 =（总合格批数/总交货批数）×60 分

（3）交货期成绩评核，由供应部门将每次交货期结果汇算后，登录于《供方交货成绩统计表》，并每半年结算一次，计算公式为：

交货期得分 =（准期批数/总交货批数）×20 分

其他情况评核（占 20 分），如包装质量、售后服务、配合度等。

（4）总成绩评价与提报。由供应部门将每六个月的质量与交货期成绩汇总于《供方定期评价表》。若成绩低于 60 分以下者，通知供方整改，下次供货验证不符合者应报主管副总经理批准后自《合格供方一览表》中剔除。

三、原料的采购程序

鲁北集团建立了完善的原料进厂制度，所有原料采购都要进行严格检测，不合格的原料坚决不进厂。原料采购一般由集团各生产单位提报原材料的采购申请，采购部门按采购申请编制采购计划报集团公司主管副总经理批复后在合格供方名单中进行采购。具体经过如下程序：

1. 采购需求的提出

采购工作开始于集团各生产经营单位提出的采购需求。每月集团各生产经营单位都可以根据本单位的《月生产计划》和现有的库存情况，拟定本单位本月拟采购原料的申请单。该申请单附上生产经营单位负责人的审查意见后报供销公司对应的采购部门，由供销公司汇总后形成采购计划，报集团公司副总经理批准后，交供销公司采购部门实施。

2. 具体供货商的选择

第二步就是选择具体的供货商。由销售公司采购部门的采购人员按照前面拟定本月的采购计划，从相应原料的《合格供方一览表》中选择具体的供货方，采购人员视公司的实际需求，经询价、比价、议价后，根据各供货商提供原材料的规格、交货期、数量及过去采购记录等事实，形成本次采购具体供货商的决定，该决定经供销公司主管副总经理核准后即可组织实施。

3. 签订采购合同

采购工作的第三步就是采购合同的签订。采购合同中最主要是要把握如下条款：首先是交货期限条款。交货期采购人员依据需求单位指定的交货日期与供方协调交货日期，采购订单或采购合同确认后，供方遭遇不可抗拒之力或其他因素无法如期交货时，采购与物料需求单位及供方重新协调交货期，并在采购订单或采购合同上注明。其次是货物价格条款。采购人员要货比三家，经询价、比价、议价后，和供货方共同确定货物的价格。再次是原料的质量条款。采购人员要视生产经营活动的需求，确定采购原料的质量规格标准。最后是违约责任条款。为了严肃合同的履行，应在合同中注明具体的违约责任条款。

4. 货物验收

供方交货后，应由供销公司化验室按《原料采购标准》进行检验，合格者予以接收。对于主要原料，经化验室检验不合格的则要判退货；对于其他非主要原料经化验室检验不合格的则可视具体情况判退货、扣款或更换。

四、原料采购情况简评

综观鲁北集团的采购与销售情况可以发现，鲁北集团在销售工作中建立了比较完善的制度，做了大量的工作，采取了一系列较好的做法。和销售情况相比，鲁北集团的采购情况则相对比较薄弱，现有的规范制度比较少，例如就规范制度来说，采购方面只有《进厂原材料的验收管理制度》、《采购控制程序》、《原料采购标准》和前述的《合格供方一览表》，尚缺少《采购人员管理制度》、《原料库存管理制度》等重要的规范管理制度；就采购流程来说，鲁北集团的原料采购流程目前还是过于单一，缺乏开创性采购做法，没有根据不同的原料实施不同的采购流程。我们建议供销公司应根据不同的原料采购制定不同的采购流程，例如在原煤的采购过程中，由于原煤市场是买方市场，供销公司完全可以采取招标等竞争性采购流程；而磷矿是卖方市场，其采购流程当然不应同于原煤的采购流程。鲁北集团原料采购方面的不足可能是和我国目前绝大部分商品已进入买方市场阶段，大部分企业往往存在着"重销售，轻采购"的理念有关。但是，原料采购工作事关产品的质量，没有高质量的原料是生产不出高质量的产品的，采购工作和销售工作实际上是息息相关的，销售工作与采购工作同等重要。

第六章　人力资源

　　鲁北集团的人力资源管理是与其发展历程和所处的环境分不开的。鲁北集团的人力资源可以从两个层面来说明：第一个层面是中高级管理人才科技骨干力量基本都是创业团队成员，这些管理干部偏重于技术，但随着企业规模和经营范围的扩大，中高层管理人员也不断通过学习提高管理技能，这部分人员对企业忠诚度高，凝聚力强，管理上弹性空间大，带有很强的本土特色；第二个层面是初级管理人员和普通员工，这部分人员基本实现了市场化聘任，由于鲁北集团处于鲁北经济不发达地区，相对而言，鲁北集团的员工工资待遇、福利在当地是中上水平，因此员工流动性也不是很大。鲁北集团在企业的发展壮大过程中也积累了很多自己独特的人力资源管理经验。

第一节　企业人力资源状况

　　鲁北集团目前共有员工7500人，其中男职工4917人，女职工2583人；人员年龄18～30周岁4031人，31～40周岁2789人，50岁以上680人；硕士研究生2人，大学本科270人，大专1890人，中专2726人，高中1651人，其他961人。

　　鲁北集团位于无棣县埕口镇，全镇人口2万余人，其中鲁北集团就有员工7500余人。仅仅依靠当地劳力无法满足鲁北集团的用工需要。鲁北集团就主动走出去，在一些相关的大中专院校提前招聘学生进入鲁北集团实习工作。另外，鲁北集团利用现代的教育手段加强提升现有员工的技能和管理素质。2007年3月12日，鲁北企业网络大学正式运行，网络主教室1处，拥有电脑50台；分教室6处，共拥有电脑120台。通过鲁北企业网络大学应用平台，企业的培训管理者丰富了教学手段，提高了管理水平，大幅减轻了培训管理者的工作负担；并且通过该平台中课程分配、学习跟踪，统计分析等功能实现因人、因岗设置课程、动态调整课程安排，以及量化评估企业培训效果和对于整个培训过程跟踪监控的管理机制等，从而保证高质量的企业培训和企业学习。

企业通过网络大学学习平台，使集团员工实现任何时间、任何地点、任何人学习任何课程的个性化培训，使集团员工自主地调剂时间，在工作中安排学习，并通过企业大学系统特有的互动交流模块加强教师与学员、学员与学员之间的交流与协作，从而实现员工全面发展、价值提升和自我超越的目标。截至目前，已有1600多名学员参加培训、学习。

鲁北集团员工中，为了适应盐场的工作特点，有一部分是季节性用工，这部分员工流动性比较大。鲁北集团的基层员工流动率并不高，这几年由于受到当地政府鼓励当地农民出省务工政策的影响，临时工招聘工作面临着一些问题。

目前，鲁北集团中高层管理人员大多是集团自身培养的管理人员，对集团感情深厚，流动性并不大。

第二节　企业人力资源管理

一、人力资源战略规划

鲁北集团管理层认为，技能型人才是社会发展中的中坚力量，是企业技术队伍的核心骨干。加快培养一大批数量充足、结构合理、素质优良的技术技能型、复合技能型和知识技能型的高技能人才，是适应企业快速发展的需要，是增强企业自主创新能力的需要，是提高核心竞争力打造百年企业的需要。对于企业内部人才的培养，鲁北集团制定了符合自身发展特点的人力资源战略规划。

1. 发挥每个人的潜能，提高成才率

鲁北集团着眼于本地实际，提出人人都有成为专家型人才的巨大潜能，现行人才教育定位的偏差给了人们错误的导向，使大多数人放弃了成才的努

力，重学历轻技能，造成高技能工人严重缺乏。因而，要打破现行的企业管理机制，确定新的人才观，恢复成才信心，激发成才之志。专家型人才不是以文凭为依据，只要在某个领域达到岗位所规定的要求，在这一专业中有所创新，在某个方面发挥不可替代的作用的人都是专家型人才。成才最有把握的是岗位成才，鲁北集团的干部员工要在岗位上勤于学习、勤于实践，在岗位上成才，成为专家型人才。

人才的成长遵循特定的规律，知识的广博是无限的，而人生有限，只有把有限的时间和精力投放到某一领域中，做到专注，才有成才的机会。即便是天才，如果不专注也将一事无成。人才的成长有四个阶段：一是入门阶段，主要路径是竞争心、意志、持续努力、入门；二是爱好与诚心阶段，形成爱好，投入的精力和时间相对增加，效率提高，前进的阻力就减少了；三是偏好、创建阶段，专注程度明显提高，关心、关注科学行业动态，观察能力提高；四是能量释放攻克难关阶段，人才成长的过程就是能量积累与释放的过程，人的技能、潜能释放厚积薄发如火山爆发一样，释放是人的需要，如何释放，就要选定所要突破和达到的目标，就要具有使命感，具有执著的努力，知识的积累和研究达到前沿，就能够形成相对优势，攻克难关，取得成功。提高专注程度相当重要，坚定信心，敢于挑战极限、权威，敢于攻克难关。能量积累过程是量变到质变的过程，人才的成长是加速努力的过程。爱好在竞争中升华，竞争是成功、成才的原动力，只要持续努力下去，人人都可以成才，85%的成才率是完全可以做到的。要克服执行型员工＋违令惩罚＝驯服型员工等管理弊端，改变以罚为主的做法，实施全员参与、自主管理、全员创新管理的体制，激发全员岗位成才的热情和活力。

2. 优化高技能人才成长和发展的良好环境

有利于高技术人才成长和发展的环境是加快人才培养、促进人才成长的关键所在。培养技能型、复合型、知识型人才，要靠培养来实现，靠实践来锻炼。要把技能人才的培养和使用作为推进企业发展的重中之重，通过加大培训力度、拓宽培训渠道、充实培训内容等措施，促进人才快速成长，使拔尖人才脱颖而出，优秀人才层出不穷，为企业的发展提供强有力的人才支撑。一是观念上要引导人，积极营造气氛，让职工牢固树立"培训就是最大的福利"的意识，思想决定行动，激发和调动职工们学业务、强技能的积极性，积极营造全员学业务、提技能的气氛；二是方式上要创新，积极搭建平台让职工积极参与业务技能培训，以培训内容定单式、培训方式多元式、培训效果检验式为主要手段，坚持办好班长、车间以上的培训班，不断创新培训方式、方法，采取"请进来、走出去"与高校联办学校的办法，进行全员拉动式的学习，通过岗位练兵、岗位培训、技能比赛等形式，促进职工在岗位实践中成才；三是待遇上要激励，待遇是激发人才不断创新的原动力，为高技能人才提供必要的物质待遇，是保证他们全力以赴为企业发展贡献毕生精力的必要手段。因此，要促进人才成长、激发人才创新的热情，必须努力营造"付出就有回报、贡献就有报酬"的氛围。实现报酬与贡献统一，使高技能人才有创业的机会、有干事的舞台、有发展的空间、有个人的实惠，促进企业高技能人才尽快成长。

3. 建立和完善科学的高技能人才评价、使用和管理机制

（1）健全完善科学的高技能人才评价机制，克服人才评价中重学历、资历，轻能力、业绩的倾向，建立以业绩为依据，以品德、知识、能力等要素构成各类人才评价指标体系，进一步改革高技能人才评价方式、方法。

（2）健全完善的高技能人才使用制度，建立以能力和业绩为导向的用人机制，进一步推行技师、高级技师聘用制度的要求，完善聘用制、推行聘任制，规范、考核、落实对职业技能竞赛中涌现出来的优秀技术人才，给予精神和物质上的奖励。同时，可以按规定直接晋升职称或优先参加技师、高级技师的考核、考评，坚决破除在人才选拔中以性别、年龄、学历为划分标准的传统做法。

（3）积极吸收先进人力资源管理方法，改进公开选聘、竞争上岗的办法，实行优胜劣汰，真正做到公开、平等、竞争、择优的原则，不拘一格选拔和使用人才，为高技能人才的成长提供快车道。提高认识是基础，加强培训是关键，提高技能是根本，实践应用是核心，促进发展是目的。就企业而言，鼓励高技能人才干事业，支持高技能人才干成事业，帮助高技能人才干好事业，是确保高技能人才大量涌现、健康成长的关键所在。所以，各单位要加快培养技术技能型、复合技能型和知识技能型人才的步伐，进一步营造尊重劳动、尊重知识、尊重人才、尊重创造的环境，创新高技能人才培养使用管理机制，为高技能人才的成长搭建平台、提供舞台，为社会、企业的发展做出贡献。

二、招聘与员工配置

鲁北集团的人员聘用主要在三个层次进行：第一个层次，基层员工和基层技术人员以公开招聘为主；第二个层次，中高层管理人员的聘用主要途径是内部培养，竞争上岗；第三个层次，根据科研课题研发及其生产管理经营实际需要，面向社会招聘专工，为企业提供技术指导、管理咨询、营销服务等。仅以2006年为例，说明鲁北集团人事部门根据生产单位所需如何招聘员工。

1. 人员招收

随着鲁北集团生产经营规模的扩张，各生产项目人员的需求不断增加。为满足生产单位所需，鲁北集团人事部门采用了多渠道招收的方法：一是通过县市劳动就业处招收；二是高校毕业生招聘；三是与高校、职业学院签订定向培养协议；四是招收社会高中毕业生。

2. 人员调配

鲁北集团人事部门根据总公司及上级领导安排，考虑生产单位所需，对总公司单位人员进行合理内部调动，办理相关调配手续，实施公司内部职工合理流动。

3. 人事管理

鲁北集团的人事部门按照公司规定对来公司的就业人员严格审核有关证件，及时办理职工招用手续、调配手续；及时建立职工档案登记表，详细记录职工基本情况；每月参加月度大检查，去各单位检查其原始考勤、工资单及人员情况报表，核查其用工情况，并把员工档案基本情况逐个输入人事管理软件，以便于人事管理，有效地提高人事管理工作效率。

关心职工并加强了职工身体健康监护，以增强员工凝聚力，依托鲁北职工医院，利用8月、9月两个月对公司所有在职职工进行了免费体检，并录入职工健康档案，及时跟踪监测。

4. 员工统计、报表

鲁北集团人事部门对公司各单位实行人员月度统计报表制度，各单位设立了人事管理联络员，对本单位人员增减变化情况及时统计，随时与人事核对，以报表的形式报送人力资源中心，并由其单位负责人签字确认其有效性。

5. 人员培训

鲁北集团人事部门作好各生产单位培训工作的监督检查工作，收集培训教材、培训资料，并参加培训工作；编制高技能人才培训标准，并对高技能人才的培训及岗位练兵进展情况进行经常性监督检查。

6. 职工保险

鲁北集团人事部门核对在职及退休人员名单，缴纳 2006 年度养老、医疗、失业、工伤、生育等各项保险金；对因病住院和有重大疾病人员医疗费去县医保处进行报解。

7. 对外事宜

鲁北集团人事部门根据上级劳动主管部门的要求，对退休职工的社会化管理费进行代收，报送县劳动部门，完成退休职工社会化管理手续；统计、填制、报送县统计局、劳动局、季度报表及经贸局报表及企业职工转入社区管理登记表，报送企业培训工作先进资料；协调县人事局在新成立的人才交流大厦、人才交流中心为单位设立橱窗，把公司具有代表性的宣传资料和图片作动态宣传，有效地提高了公司的知名度，便于更多的人了解鲁北集团，选择来鲁北集团就业。

8. 劳动合同

鲁北集团人事部门对已签订的劳动合同进行整理、编目，逐个输入电脑，便于管理；对外出培训人员随时与其签订外出培训合同；作好劳动合同的日常管理与借阅手续。

三、绩效考核

绩效考核是企业人力资源的重要一环，涉及对员工的评价、公司的价值导向、奖励、处罚、职务升降等方面，既是非常必要又是非常难开展的一项活动。作为国有企业，鲁北集团的基本考核内容与指标是常围绕着"德、能、勤、绩"主要方面展开。对"德、绩"有描述性的标准，如德：事业心和政策水平、道德品质、团结协作性和原则性；绩：工作成绩、工作质量、工作效果。

鲁北集团由于自身发展的特点是白手起家、艰苦创业而来，因此目前鲁北集团的绩效考核是公司的人际关系文化和一些现代企业管理来决定评价的标准。这样做有一定的好处，即通过公司的文化筛选，获得的是公司文化认同的人，有助于加强公司的文化，尤其是在一个历史比较长的公司里，这种文化的积淀对公司的稳定有好处，但对改革可能造成较大阻碍，不过这也要看公司文化中对改革的价值判断和习惯。如果企业文化本身包含了嬗变的特点，选拔的是创新求变的人，则会保持公司的创新发展。

鲁北集团通常的考核内容在于态度、能力与绩效三方面。在具体的考核内容权重上，区别于不同的岗位，打分的比重不同。譬如，以绩效为主要考核部门，绩效权重较大，行政部门因为绩效目标不是特别明确和明显，所以权重会较小一些。因此，考核的表格和针对性是不同的，这也就是为什么考核一定要分类别、分层次进行。因为不同的岗位所侧重的考核指标不同，不同人的考评作用也是不相同的。

福特曾经说过，优秀的领导通常都有优秀的绩效。因此，领导行为是领导者与下属之间的互动结果，正如优秀的员工造就优秀的公司一样，优秀的员工同样也造就优秀的领导。像鲁北集团这样的大型国有企业的考核常常具有比较大的刚性和统一标准的特点。因为在国有企业里面，管理基本上是按身份制进行的，这并不仅仅说是职称，职务还是指用工的形式。所谓正式调入和分配来的在编员工是企业所保护的既得利益者，是一个统一的、完整的整体，在有损害到这个集体利益的时候，群体的反应异常一致，其主要的危险就怕来自区别对待。但是，国有企业在选人时，"民意"比重大的情况下，企业可以选拔到彼此认同的人，从这个角度上讲有助于保持企业文化的统一性和延续性，保持企业的稳定。从这个角度看，国有企业也可以看做是一个具有生命的有机组织，其自适应的发展无论是好是坏，常常取决于其内在机制。鲁北集团在这方面具有典型意义。

1. **鲁北集团绩效管理的目标**

鲁北集团管理层认为，当前鲁北集团面临四个方面的挑战：一是面临改造老设备，提高工艺装备水平，加快产品结构调整的挑战；二是面临站在排头兵不放松，始终保持国内同行业领先地位的挑战；三是面临深挖潜能，增加品种，提高质量，降低成本，大幅度增产增效的挑战；四是面临提高综合管理水平，提高员工队伍的整体素质，适应鲁北集团发展要求的挑战。在这样的背景下，鲁北集团需要建立以实施卓越绩效管理为核心，以企业文化建设为起点，以创建学习型企业为载体，以实施精益生产为手段，提高企业管理水平的工作思路。

2. **鲁北集团绩效管理的特点**

鲁北集团提出，要做到在始终保持国内同行业第一的基础上，启动社会存量资产，实施设备工程的精益再造，实现由优秀到卓越的跨越，形成成熟的卓越绩效管理模式和持续改进、追求卓越的机制和文化，创建可尊可信、共创共赢的格局，使鲁北核心集团价值观成为统一思想、统一行动、"超越自我，追求卓越"的坚实基础。可尊就是站在排头兵不放松，勇争行业第一；可信就是眼睛向内，深入挖潜，永不自满；共创就是在鲁北集团发展的基础上，实现员工与企业的共同发展，实现企业与顾客发展的共赢。潜力无限，事在人为，永不满足，敢于超越。潜力来自智慧，超越来自创新，价值来自奉献，效益在职工手中，价值在岗位上体现。

具体工作要求统一职工上岗行为，实施半军事化管理，要做到"三不带"、"三清楚"、"四化"。"三不带"，即不带不良情绪上岗，不带不文明行为上岗，不带与工作无关的物品上岗；"三清楚"，即核心价值观、企业使命要讲清楚，当班工作任务要讲清楚，安全要领、警句要讲清楚；"四化"，即每日工作制度化，基础管理规范化，现场作业标准化，执行指令军事化。具体而言，鲁北集团有以下几个方面的做法：

（1）建立科学高效的员工绩效管理系统。鲁北集团提出没有科学严格的考核体系支撑就没有一切。要提高组织纪律、团队精神，培养雷厉风行的工作作风。要设立科学的系数，形成分厂、车间、班组三级责任制，工作量化，明确绩效考核的目标，进行奖罚兑现。实施干部员工绩效考核办法，建立自评、逐级考核、绩效评议卡。对员工从行为规范、协作精神、工作态度、服从领导、技能水平、工作绩效、遵纪守法等方面量化评价；对后勤机关从出勤率、工作创新、协调合作、责任感、工作绩效等方面量化评价。工作考核实行量化管理绩效表决，对实现的成果加分奖励。

（2）建立学习型企业，深挖员工绩效潜能。鲁北集团认为，学习力促进创新力，创新力促进生产力。组织员工学业务、强素质、提技能，形成持续学习、创新的氛围，激发员工学业务的主动性、积极性，着力提高员工整体素质。帮助员工形成个人学习计划，为员工提供广阔的学习平台，通过进行每周一课、一专多能读书会、专业互动交叉式的导师带头活动，编制员工文化活动手册、技能手册，作为员工培训教材，提高培训的针对性和时效性。

（3）组织具有鲁北集团特色的文化活动。开展"五个一"、"五自"、"四合一思考"活动，"五个一"，即每日一清，每周一题，每星期一课，每季一赛，每年一评；"五自"，即自己发现存在的问题，自己调查研究分析问题，自己制定解决方案，自己组织实施解决问题，自己组织评价考核实施效果;"四合一思考",即整体思考,动态思考,本质思考,换位思考。开展深度会谈活动,针对突出问题、关键问题和薄弱环节,组织员工讨论。设金点子奖、绝活奖,评出好的合理化建议给予奖励。

(4)深入开展凝聚力工程建设。关注后备人才培养,加强100名专家队伍的建设,把德、能、勤、绩作为衡量人才的根本标准,不拘一格选拔人才。在多方面实行主任、技师、现场工程师评聘制度,提高待遇,赋予责任和权力。群众利益无小事,提高员工的满意度,理解人、帮助人、教育人,尊重员工,照顾满足员工的个性化需求。

(5)优化生产组织结构,提高整体管理效率。为实现当今社会生产组织的快速发展,提高组织的科学化、高效化、快速化整体效益,要强化横向协调,减少管理协调环节,自检自修,操检合一,提高效率。

(6)实施对标学习、挖潜,保持持续领先优势。鲁北集团提出必须时刻关注竞争对手在企业管理、装备水平、工艺技术、市场决策、产品结构等方面的变化,不断给自己以准确的定位;必须保持清醒的头脑,对标学习,持续改进,追求卓越;必须保持谨慎,建立快速反应典型借鉴管理的机制,对竞争对手开展对口学习,对标挖潜活力,发扬"超越自我,追求卓越"的精神,使公司主要经济指标始终保持全国同行业第一。

(7)大力推动技术创新,以工艺拉动设备创新。在过程中持续推进,向管理要效益,实施技术创新,推进管理创新,提高设备作业率。

(8)全力为顾客提供价值,实现共赢。重视顾客的需求,保持快速反应和高度灵敏度,及时进行研究分析客户需求,充分利用顾客信息,实行过程改造。

各单位实现卓越绩效管理,应取得以下效果:培育了企业的使命感和文化理念,提高了全员的凝聚力、向心力;建立了特色的学习机制,形成了学习工作化、工作学习化的良好氛围;全体员工形成了勤于学习、勤于思考的习惯,提高了学习力、创造力;在行业内提高质量、降低成本、节能降耗等方面,引导同行业技术发展的新潮流。

3. 鲁北集团绩效管理的四大系统

鲁北集团绩效管理建设的目标是建立一套科学的管理体系,实现企业的正规化管理。鲁北集团提出企业要健康地再活十年,就必须不断建立健全完善经营预算系统、岗位职责系统、业绩跟踪系统、绩效考核系统四个体系,建立起一整套规范的、科学的业务管理制度和流程系统管理制度。

（1）经营预算系统——将战略规划变成可执行的行动计划。具体由以下三个模版构成：公司年度计划模板，包括年度目标、生产/销售平衡表、财务预算等；生产/销售部门的详细季度、月度计划分解模板，如销售部门分为销售量、新客户开发、应收账款余额、库存量四个部分；完成这些计划的主要行动措施责任人与时间安排模板。

（2）岗位职责系统——为业务岗位进行角色定位并设计绩效目标。主要岗位工作职务权限模板；关键岗位标准模板；部门岗位设置表；岗位职责说明书（包括每个职位责任、汇报关系、可升迁的位置等）；岗位业绩考核指标模板；经营责任书模板。

（3）业绩跟踪系统——加快改进速度，进行有效的控制。业绩跟踪报表体系（计划完成情况，月报、季报、半年报、年报重大措施的实施情况表，财务分析表）；周期性质询会（会议议程模板、总经理监督表模板）；行动改进系统（包括部门行动措施改进表、个人行动措施改进表、改进监督工作单）。

（4）绩效考核系统——将个人利益与业绩完全挂钩。主要业务指标制定方法模板；工作责任书指标模板；人力资源业绩矩阵模板；短期激励体系；长期激励体系。

4. 鲁北集团的绩效考核做法

鲁北集团根据各单位的职能，做出每年度、每个月的工作目标，有效有序地开展工作。根据工作（含指令性工作）实施的效果和工作到位的程度进行业绩评价。为使考核公正、客观，对工作业绩量化为四个大项：业绩效果、素质、能力、违规违纪。其中，每个大项细化为若干小项，每个小项视工作情况分为五个档次，每个档次确定不同的分值，档次高分值高，档次低分值低，依次递减。违规违纪为否决项，无违规违纪此项不扣分。工资兑现与评议分值同比挂钩，以核定工资额划分为100%，评议分值数则为工资兑现百分数。

第七章 企业资产与财务

　　企业是以为社会创造财富为使命的，一个企业的成长壮大必然体现在企业资产规模的扩大、企业资产质量的提高。鲁北集团在 30 年的发展历程中，从一个县硫酸厂发展成为总资产和年销售收入过百亿的国有特大企业。从财务上看，这种跨越式发展以 1996 年改制上市为分水岭，经历了两个发展阶段：第一阶段是 1978～1996 年，这个阶段鲁北集团财务结构比较单一，资产规模也不大，企业发展主要依靠产品经营和资本积累；第二阶段是 1996 年改制以后尤其是鲁北化工上市以后，鲁北集团利用上市带来的机遇，在内建立现代企业财务制度架构，在外加强资本运作，企业资产规模迅速扩大并持续至今，财务结构出现显著变化。但无论哪个阶段，和其他迅速扩张的国有企业相比，鲁北集团管理层在财务运作方面的显著特点是以稳健见长，一直有效控制企业资产负债率，从而减少国有企业常见的由于过度负债经营导致的财务风险；同时鲁北集团自身又注重研发，通过发展循环经济节约企业生产成本，提高企业产品竞争力。由于鲁北集团这种稳健的财务策略，企业集团整体财务风险不大，为企业进一步发展打下坚实的基础。限于资料，本章着重从财务角度分析鲁北化工的资产与财务情况。

第一节　鲁北化工资产状况

　　概括来说，鲁北化工的资产状况表现为财务状况比较稳定。这种稳定的财务状况有以下几个特点：①作为制造业为主的上市公司，鲁北化工的资产结构以固定资产为主。②企业的资产负债率不高。③企业的流动资产中，现金流量不高。④企业净资产总量变化不大。这些财务特点说明企业目前进入资产成熟期，随着未来业务的扩张，可能进入固定资产更新期，企业的资金紧张状况将成为企业扩张的"瓶颈"。

一、总资产和净资产

三年以来，鲁北化工的资产结构并未发生太大变化，甚至有所降低（见表7-1）。其原因是由于经过一段时间发展，鲁北化工的固定资产进入更新改造高发时期，而相应集团公司的固定资产更新改造并未在上市公司部分予以反映。实际上，从整体上看，鲁北集团资产规模处于高速增长的时期，只是上市部分还没有反映出来。从公布的财务数据可以看出，鲁北化工的资产负债率一直保持在较低水平。鲁北化工的资产总规模在行业平均之上，在行业名列第九。

表7-1　鲁北化工资产与负债

财务指标 ＼ 时间	2007 - 06 - 30	2006 - 12 - 31	2005 - 12 - 31	2004 - 12 - 31
资产总额（万元）	301960.93	300363.11	325224.46	333488.39
负债总额（万元）	83672.24	82138.62	92692.94	102226.19
货币资金（万元）	42175.39	47853.24	42008.19	37553.79
净资产（万元）	218288.69	215271.60	232531.52	231262.20
资产负债率（％）	27.7096	27.6179	28.5012	30.6535
股东权益比率（％）	72.2903	72.3820	71.4987	69.3464

注：表中2007年数据为中报数据，其他为年报数据，下同。

二、资产结构

鲁北化工作为从事农药化肥行业的龙头企业之一，其资产结构基本状况如表7-2所示。从资产结构可以看出以下一些情况：①鲁北化工总资产和资产各组成部分变化不大。鲁北化工的资产总额中主要资产是固定资产，无形资产不多，流动资产主要由货币资金、应收账款和其他应收款构成，变化不大。②从财务比率分析来看，流动比率仍旧不高，各年均小于2，这显示企业的资金紧张，考虑到速动比率这几年都是大于1，而且从2005年以来，速动比率有所提高，说明企业到期债务偿付能力没有问题。③财务风险不大，主要有两点值得注意：其一，鲁北化工资产总额几年变化不大；其二，近三年资产结构的变化主要是来自流动资产的变化，而流动资产的变化尤其是企业应收账款的增加是由于几年以来企业外部经营环境变化引起的。这也是目前鲁北化工经营风险的主要来源。

表7-2　鲁北化工的资产结构

时间 财务指标	2007-06-30	2006-12-31	2005-12-31	2004-12-31
资产总额（万元）	301960.93	300363.11	325224.46	333488.39
货币资金（万元）	42175.39	47853.24	42008.19	37553.79
应收账款（万元）	24971.59	19305.75	6862.70	11536.23
其他应收款（万元）	1546.36	1834.64	28536.39	33663.64
流动比率（%）	1.7231	1.6079	1.6620	1.9261
速动比率（%）	1.4553	1.2999	1.3877	1.7553

三、经营效率主要指标

企业的经营效率主要看三个指标：存货周转率、应收账款周转率和企业总资产周转率。另外还要参照其他指标，包括主营收入增长率和营业利润增长率，以及由于经营效率的提高或者降低而带来的总资产增长率和净资产增长率。具体而言，鲁北化工的存货周转率和应收账款周转率这几年均有所下降，结合企业外部经营环境分析来看，应该主要是外部竞争环境变化引起的，应收账款周转率和存货周转率的下降导致总资产周转率也大幅度下降，这种状况不利于企业的长远发展。

鲁北化工主要的经营效率指标见表7-3。从表7-3可以看出，鲁北化工的经营效率总体呈下降趋势，这可以从存货周转率、应收账款周转率逐年下降的趋势看出来。但比较可喜的是，今年其上半年主营业务收入出现了大幅度增长的势头，这有可能显示企业整体的经营状况正在好转。

表7-3　鲁北化工的经营效率　　　　　　　单位:%

时间 财务指标	2007-06-30	2006-12-31	2005-12-31	2004-12-31
存货周转率	2.05	3.08	4.14	9.94
应收账款周转率	1.77	4.83	6.63	6.93
总资产周转率	0.13	0.20	0.19	0.26
主营业务收入增长率	15.72	3.63	-27.22	64.09
营业利润增长率	117.36	24.65	-235.60	46.89
净资产增长率	-5.94	-7.42	0.55	0.95
总资产增长率	-7.33	-8.55	-2.48	4.13

四、固定资产折旧及固定资产减值准备计提方法

固定资产折旧是指固定资产在使用过程中，逐渐损耗而消失的那部分价值。固定资产损耗的这部分价值，应当在固定资产的有效使用年限内进行分摊，形成折旧费用，计入各期成本。一般有四种折旧方法：平均年限法、工作量法、年数总和法和双倍余额递减法。

平均年限法又称直线法，是将固定资产的折旧均衡地分摊到各期的一种方法。采用这种方法计算的每期折旧额均是等额的。工作量法是根据实际的工作量计提折旧额的一种方法。双倍余额递减法是在不考虑固定资产净残值的情况下，根据每期期初固定资产账面净值和双倍的直线法折旧率计算固定资产折旧的一种方法。实行双倍余额递减法计提折旧的固定资产，应当在其固定资产折旧年限到期以前两年内，将固定资产净值（扣除净残值）平均摊销。系统将根据该固定资产预计使用月份和已计提折旧月份两项的内容，自动判断剩余使用期间，如剩余使用期间为24个月时，计提折旧的金额会按照规定方法重新计算。年数总和法又称合计年限法，是将固定资产的原值减去净残值后的净额乘以一个逐年的减低的分数计算每年的折旧额，这个分数的分子代表固定资产尚可使用的年数，分母代表使用年数的逐年数字总和。

鲁北化工主要采用的是平均年限法。鲁北化工固定资产的标准为：使用年限在一年以上的房屋、建筑物、机器、机械、运输工具以及其他与生产经营有关的设备、器具、工具等，以及不属于生产经营主要设备，但单位价值在2000元以上，且使用年限超过两年以上的物品。鲁北化工的固定资产计价

和减值准备的确认标准、计提方法如下：

（1）固定资产按实际成本或公司设立时评估确定的价值入账。期末对固定资产逐项进行检查，将可收回金额低于其账面价值的差额作为固定资产减值准备，计入当期损益，固定资产减值准备按单项资产计提。

（2）鲁北化工的固定资产折旧方法：固定资产折旧采用直线法，折旧率根据固定资产类别，估计经济使用年限计算并考虑了5%的残值。已计提减值准备的固定资产在计提折旧时，按照该项固定资产的账面价值，以及尚可使用年限重新计算确定折旧率和折旧额；如果已计提减值准备的固定资产价值又得以恢复，该项固定资产的折旧率和折旧额的确定方法按照固定资产价值恢复后的账面价值以及尚可使用年限重新计算折旧率和折旧额。

鲁北化工采用的折旧方法符合我国会计制度规定，基本可以反映企业固定资产的现有状况。

表7-4 各类固定资产的折旧年限和年折旧率

类 别	预计使用年限	年折旧率
房屋建筑物	35～40	2.38～2.71
机器设备	10～14	6.79～9.50
运输工具	8	11.88
电子设备	5	19.00
其 他	5	19.00

第二节 鲁北化工股权结构变动、债权和债务

企业的股权结构是指企业股东所持股份的构成。从企业股权结构的变化可以观察企业控制权的变化情况。鲁北化工的股权结构三年以来发生的变动不大。企业的债权是指应收款项，从财务报表来看，鲁北化工三年以来债权因为企业销售策略的改变和关联交易而有所变化。企业的债务是指企业对内部和外部的负债状况，包括长期负债和短期负债。结合企业的资产状况可以

判断出企业财务风险，从三年以来的财务报表可以看出，鲁北化工的债务状况总体属于低负债状态。

一、股权结构及其变化

2003～2006 年，鲁北化工的国有法人股一直处于下降的状态，主要原因是因为大股东（鲁北集团）债务，包括对外债务纠纷依法拍卖和对内债务清偿造成的。在 2004 年鲁北化工第一大股东鲁北集团因涉及诉讼，其所持股份 5184100 股被依法拍卖，从而导致持股比例发生变化。2005 年，鲁北化工第一大股东鲁北集团因涉及诉讼，其所持股份 4355000 股被依法拍卖，从而导致公司股权结构发生变化。2006 年，鲁北化工以每股 6.14 元的价格向鲁北集团定向回购 28313393 股国有法人股，回购款用以充抵鲁北集团对公司的资金占用以及相应资金占用费共计 173844233.08 元。

表 7－5　2003～2006 年鲁北化工股权结构表　　　单位：股

类　型 ＼ 时　间	2003－12－31	2004－12－31	2005－12－31	2006－12－31
国有法人股	193215200	188031100	183676100	155362707
社会法人股	33984800	39168900	43523900	43523900
社会流通股	152100000	152100000	152100000	152100000
合　计	379300000	379300000	379300000	350986607

二、负债结构

从表 7－6 所示的数据可以看出，总体而言，近三年鲁北化工的资产负债率不高，而且呈现下降状态，资产负债率不高企业的债务风险就不大，负债率下降说明企业整体资产稳健性加强。另外，鲁北化工的流动比率三年以来一直处于 2 以下，说明企业短期偿债能力有所下降，再考虑到企业长债资产比三年下降了一半。现在企业的资金来源除自筹外还主要以短期借贷为主，在市场竞争日趋激烈的环境下，这样的债务结构对企业的长期发展不是非常有利。具体可以从表 7－6 中的财务数据看出。

表7－6 鲁北化工负债结构 单位:%

指标 \ 时间	2006 年	2005 年	2004 年
资产负债率	27.62	28.43	30.65
长债资产比	6.30	7.73	13.57
流动比率	1.61	1.65	1.93
速动比率	1.30	1.38	1.76

三、债务基本情况

鲁北化工的债务主要包括短期负债和长期负债两部分。其中，短期负债主要包括短期借款、应付票据、应付账款、应缴税金和预收账款五个部分。长期负债主要由长期借款构成。

1. 短期借款应付票据

从企业的短期借款数量的变动可以看出企业财务状况的稳定性。从三年的财务数据来看，鲁北化工的短期借款的趋势是大幅度上升，三年以来上升了近50%，说明企业短期支付能力有所下降。比照其他相关财务数据可以发现，鲁北化工的短期借款大幅度上升，主要是因为企业销售的扩张导致企业资金被客户占用。

表7－7 短期借款 单位：元

贷款类别 \ 时间	2006－12－31	2005－12－31	2004－12－31
保证	236000000	176845000	162905000

2006 年 12 月 31 日应付票据余额比 2005 年 12 月 31 日余额减少60.02%，主要是公司票据结算减少所致。2005 年 12 月 31 日应付票据余额比 2004 年末余额增加30.21%，主要是公司票据结算增加所致。

表7-8　应付票据　　　　　　　　　　　　单位：元

时　间 票据种类	2006-12-31	2005-12-31	2004-12-31
银行承兑汇票	6700000	91800000	70500000

2. 应付账款

从财务数据看，鲁北化工三年以来应付账款数量有所下降，结合上文鲁北化工短期借款的增长，可以看出鲁北化工短期资金流动三年以来有所下降。

2005年12月31日预收账款余额较2004年末余额增长38.39%，主要是公司本年度预收货款增加所致。2005年12月31日账龄超过1年的预收账款余额为4032293.89，主要是结算尾款。2006年12月31日预收账款余额较2005年末余额减少55.86%，主要是公司本年度预收货款减少所致。2006年12月31日账龄超过1年的预收账款余额为136957.38，主要是结算尾款。

表7-9　应付及预收账款　　　　　　　　　单位：元

时　间 项　目	2006-12-31	2005-12-31	2004-12-31
应付账款	149035887.81	140166012.18	170509998.13
预收账款	7432405.10	16839801.47	12168333.01

3. 应缴税金

鲁北化工的应缴税金主要由三部分构成：增值税、企业所得税和城乡维护建设税。就增值税而言，根据财政部、国家税务总局财税字［1998］78号文和财税明电［2000］6号《关于延续若干增值税免税政策的通知》规定，磷铵、复合肥（三元素）免征增值税；根据山东省经济贸易委员会、山东省国家税务局、山东省地方税务局鲁经贸资字［2002］589号文认定和财政部、国家税务总局财税［2001］198号通知的规定，对公司生产的电力，实行按增值税应纳税额减半征收。根据财政部、国家税务总局财税［2001］198号通知的规定，自2001年1月1日起，对在生产原料中掺有不少于30%的煤矸石、石煤、粉煤灰、烧煤锅炉的炉底渣（不包括高炉水渣）及其他废渣生产的水泥实行增值税即征即退。鲁北化工企业所得税根据山东省经济贸易委员会、山东省国家税务局、山东省地方税务局鲁经贸资字〔2002〕178号文、鲁经贸资字〔2002〕589号文的认定和财政部、国家税务总局财税字〔1994〕001号通知的规定，对公司生产的电、硫酸、水泥、烧碱、氯气、工业溴等综合利用产品，自2002年起免征所得税五年。企业所得税期末余额为负数，主要原因系公司预缴的税款。鲁北化工的城市维护建设税自1995年起，公司所在地马山子镇成为建制镇，根据国发〔1985〕19号文的规定，税率为5%。

表7-10　应缴税金　　　　　　　　　　　　　　　单位：元

税　种 ＼ 时　间	2006-12-31	2005-12-31	2004-12-31
增值税	32750249.18	39004828.68	37938942.40
企业所得税	-6820328.43	-6820328.43	-14024929.91
城建税	3205892.23	3865495.85	3105273.60
其　他	1781020.72	2391034.49	-801619.68
合　计	30916833.70	38441030.59	26217666.41

4. 长期借款

鲁北化工的主要长期负债是国家开发银行的长期借款。国家开发银行借款合同约定的尚未归还借款还款期限为：2005年5月之前还款3000万元，2005年11月之前还款3250万元，2006年5月之前还款3000万元，2006年11月之前还款3250万元，2007年5月之前还款3000万元，2007年11月之前还款3250万元，2008年5月之前还款3000万元，2008年11月之前还款3250万元，2009年5月之前还款3000万元，2009年11月之前还款3250万元，2010年5月之前还款3000万元，2010年11月之前还款3250万元。总体而言，相较于鲁北化工的现金流和利润来说，偿债压力不大。

山东鲁北企业集团考察

表7-11 2006年长期借款基本情况　　　　　单位：元

借款单位	币 种	金 额	利率（％）
国家开发银行	人民币	312500000.00	5.76
工行无棣县支行	人民币	30000000.00	5.58
工行无棣县支行	人民币	30000000.00	5.58
工行无棣县支行	人民币	80000000.00	5.58
合 计	人民币	52500000.00	

表7-12 长期借款条件

借款单位	期 限	借款条件
国家开发银行	2003.8.20~2010.11.20	保证
工行无棣县支行	2003.8.30~2005.11.21	保证
工行无棣县支行	2003.8.30~2005.12.21	保证
工行无棣县支行	2003.8.30~2006.2.28	保证

四、债权基本情况

鲁北化工的主要债权由两部分组成——应收账款和其他应收款。从下面的财务数据可以看出三年以来鲁北化工的应收账款呈现两个趋势：第一个趋势是总量趋势，应收账款总量三年来经历了一个从降到升的过程。其中在2006年达到历年最大值，这与公司2006年营销策略是一致的。第二个趋势是应收账款结构变化趋势，一年内应收账款比率大幅度上升，由2004年的32.16％上升到2006年的63.91％，相应的坏账准备总额反而略有所下降，从2004年的30851990.46元下降到2006年的29723880.20元。说明公司应收账款管理工作有了明显改进，但这种提高，结合其他财务数据来看，应该是2006年扩大销售的结果。在任何公司里，通过信用扩张销售是正常的做法，但同时也会给公司带来信用风险。鲁北化工三年的应收账款明细状况如表7-13~表7-15所示。

表 7 – 13　2006 年鲁北化工应收账款情况表　　　　单位：元

账　龄	金　额	比例（%）	坏账准备
1 年以内	142386168.38	63.91	1423861.68
1~2 年	16656691.25	7.48	1665669.13
2~3 年	17449646.24	7.83	3489929.25
3 年以上	46288840.29	20.78	23144420.14
合　计	222781346.16	100.00	29723880.20
净　额	193057465.96		

表 7 – 14　2005 年鲁北化工应收账款情况表　　　　单位：元

账　龄	金　额	比例（%）	坏账准备
1 年以内	19300393.59	20.69	193003.94
1~2 年	16164342.08	17.32	1616434.21
2~3 年	20162618.31	21.61	4032523.66
3 年以上	37683172.33	40.38	18841586.16
合　计	93310526.31	100.00	24683547.97
净　额	68626978.34		

表 7 – 15　2004 年鲁北化工应收账款情况表　　　　单位：元

账　龄	金　额	比例（%）	坏账准备
1 年以内	47019736.38	32.16	470197.36
1~2 年	22492160.62	15.38	2249216.06
2~3 年	34062123.70	23.30	6812424.74
3 年以上	42640304.59	29.16	21320152.30
合　计	146214325.29	100.00	30851990.46
净　额	115362334.83		

从表 7 – 16 ~ 表 7 – 18 可以看出，鲁北化工的其他应收款有以下三个特点：①从总量上看，其他应收账款总额有所下降，从 2004 年的 336636396.92 元下降到 2006 年的 18346390.23 元，下降的原因是因为外部法律法规的要求

所致，并且是以大股东偿债的支付方式。②从其他应收款从结构上看，大股东也就是鲁北集团占款数量居多，这和我国资本市场重上市公司往往是子公司先上市的特点有关。③鲁北化工的其他应收款结构的另一特点是应收款账龄不长，一年以内居多，这些账款形成多和关联交易有关，基本正常。

表 7-16　2006 年鲁北化工其他应收款情况表　　　单位：元

账 龄	金 额	比例（%）	坏账准备
1 年以内	13201461.83	58.04	132014.62
1~2 年	801274.26	3.52	80127.43
2~3 年	616060.02	2.71	123212.00
3 年以上	8125896.33	35.73	4062948.16
合 计	22744692.44	100.00	4398302.21
净 额	18346390.23		

表 7-17　2005 年鲁北化工其他应收款情况表　　　单位：元

账 龄	金 额	比例（%）	坏账准备
1 年以内	281424807.03	95.97	2814248.06
1~2 年	1317412.90	0.48	131741.29
2~3 年	2577816.14	0.96	515563.23
3 年以上	7010876.75	2.59	3505438.38
合 计	292330912.82	100.00	6966990.96
净 额	285363921.86		

表 7-18　2004 年鲁北化工其他应收款情况表　　　单位：元

账 龄	金 额	比例（%）	坏账准备
1 年以内	323726995.88	93.71	3237269.96
1~2 年	6388100.69	1.85	638810.07
2~3 年	9085995.65	2.63	1817199.13
3 年以上	6257167.72	1.81	3128583.86
合 计	345458259.94	100.00	8821863.02
净 额	336636396.92		

第三节 鲁北化工经营业绩

企业以创造财富为己任，企业财富的增加依靠企业经营业绩的改善。企业的经营业绩可以分为质和量两类指标：经营业绩质方面的指标主要有销售毛利率、主营业务利润率和净资产利润率；经营业绩量方面的指标包括主营业务利润、净利润、利润的结构和经营管理费用等。总体而言，鲁北化工三年以来经营业绩质和量两方面的指标都出现下降趋势，而且和行业同类企业相比不是很理想。究其原因，主要有内外两方面：对内而言，由于鲁北化工是部分上市，母公司鲁北集团这几年经营业绩的大幅度提升并没有反映到鲁北化工的报表上；对外而言，由于鲁北化工的主营业务是化肥，目前市场竞争激烈，鲁北化工循环经济的优势受限于国家财税政策，还没有体现出来优势，所以目前看来，业绩不是很理想，但随着未来市场的发展以及国家对循环经济财税政策的到位，鲁北化工的经营业绩会出现质和量的飞跃。

一、主要经营业绩指标

从经营业绩上看，鲁北化工的业绩不是很理想，体现在净资产收益率一直在1%以下徘徊。究其原因主要有两个：一个是企业和市场原因。鲁北化工属化工行业，主营业务范围是磷复肥、硫酸、水泥、烧碱、溴素、电等产品的生产和销售。近几年，原材料价格上涨，导致产品的制造成本居高不下，再加上市场竞争激烈，产品销售价格难以提高，造成了主导产品盈利空间缩小。鲁北化工虽然采取了严格经济责任制考核和节能降耗工作，进一步加强销售队伍和销售网络的建设，但如何盘活销售市场、降低成本是公司管理层必须要正确面对和解决的首要问题。另一个原因是考察鲁北化工的经营业绩，受国家政策变动的影响巨大，包括相应配套的、扶持循环经济的国家财税政策。

从长远看，国家会把"三农"问题作为安邦治国、构建和谐社会的首要大事来抓，不断加大支农投入，对农村采取取消农业税、实行财政补贴等各项优惠政策，农民购买化肥的积极性得到大幅提高。同时，对主要农产品实行保护价收购，刺激了农民种粮的积极性。由于国家宏观政策上对农业的大力扶持，今后必将带动化肥制造等相关产业长期、稳定的发展。根据目前的良好发展机会，鲁北化工公司制定了充分利用当地资源及本身的技术优势，加速公司可持续发展的发展思路，预计2007年实现主营业务收入6.80亿元，主营业务成本6.12亿元（上述数据未经审计，仅作为公司内部经营目标，不作为公司盈利预测）。鲁北化工主要从以下几个方面着手提高经营业绩：充分利用国家扶持农业发展的时机，加强营销队伍的业务及素质培训，力争将销售网络做强做大，提高产品市场占有率；通过技术改造，加强管理，提高技术水平，降低生产成本，使磷铵生产成本达到或超过国际先进水平。根据市场需求，开发一些适应市场需求的各种含量的复合肥；学习国内外先进的营销经验，注重与农化服务相结合，树立企业形象，扩大品牌的知名度；公司将大力发展氯碱行业，保持和扩大其目前的市场占有率状况及成本优势。同时，发挥"盐、碱、电"联产的产业链优势，努力将其培育成公司重要的利润来源和支柱产业。继续打造具有核心竞争力的产业链、产业群，使规模效应得以充分发挥。

表7-19　鲁北化工经营业绩主要指标

财务指标 \ 时间	2007-06-30	2006-12-31	2005-12-31	2004-12-31
主营业务收入（万元）	39290.53	63186.74	60974.71	83783.21
主营业务利润（万元）	—	4161.25	2071.71	9809.04
营业利润（万元）	134.83	-2160.64	-2867.56	2114.78
补贴收入（万元）	—	2292.14	4145.73	3667.00
利润总额（万元）	162.51	124.51	1286.17	2982.58
净利润（万元）	64.20	124.51	962.80	2165.53
销售毛利率（%）	3.94	7.30	3.95	11.94
主营业务利润率（%）	—	6.59	3.40	11.71
净资产收益率（%）	0.03	0.06	0.41	0.94

二、期间费用

期间费用是指不能直接归属于某个特定成品的成本费用。与由直接材料、直接人工和制造费用构成的生产成本不同，期间费用容易确定其发生的期间而难以判别其所应归属的产品，因而在发生的当期便从当期的损益扣除。在制造成本法下，期间费用被认为是为生产、销售和管理企业等一切经营活动准备条件所必需的成本。企业的期间费用主要包括营业费用、管理费用和财务费用三项，其中，营业费用主要与企业销售业务有关；财务费用主要反映企业对外筹资的成本；管理费用反映的是企业在经营中的管理水平。

从三年的财务数据来看，鲁北化工的经营费用出现小幅度下降，考虑到三年以来鲁北化工的销售业绩成长，这样的变化是积极的。但是，鲁北化工2006年度管理费用比2005年度增加101.65%，主要原因是公司在2005年期末应收账款及其他应收款减少，冲回坏账准备使2005年管理费用减少较大所致。这说明企业在销售扩张的时候对信用风险管理有待加强。企业的财务费用2006年的增长幅度远远小于2005年的增长幅度，说明2006年企业在资金管理方面有大幅度改进。

表7-20　2006年度与2005年度相比期间费用变动情况　　　单位：元

项　　目	2006年度	2005年度	增减变动幅度（%）
营业费用	3543072.89	3702564.46	-5.00
管理费用	25554473.39	12673173.91	101.65
财务费用	34995172.26	34590317.36	2.00

鲁北化工营业费用比上年同期均有所降低，主要原因是控制费用支出；管理费用比去年同期有所增加，主要原因是2005年期末应收账款及其他应收款减少，冲回坏账准备使2005年管理费用减少较大；财务费用比去年同期有所升高，主要原因是短期贷款利息增加。

表7-21　2005年度与2004年度相比期间费用变动情况　　　单位：元

项　　目	2005年度	2004年度	增减变动幅度（%）
营业费用	370.26	418.15	-11.45
管理费用	1257.52	3665.79	-65.70
财务费用	4438.95	3808.37	16.56

三、现金流量

现金流量反映的是企业在经营活动、投资活动和筹资活动中的资金运用状况。一般而言，现金流量越大，企业的经营活动越稳健。在经营活动中，现金流量反映的是资金是否会出现短缺，投资活动现金流量反映的是企业在投资活动中实际支出资金多少，筹资活动现金流量反映的是企业筹资活动实际筹集的资金。

目前，就现金流量来看，鲁北化工的现金流量状况很不理想，主要是经营活动产生的现金流量太少，而且有逐年下降的趋势，这主要是由两方面因素造成的：一方面，应收账款的增加导致企业现金流量减少；另一方面，存货的增加导致资金占用。值得关注的还有，鲁北化工投资活动和筹资活动产生的现金流量都在增加，尤其是投资活动的现金净流量由三年前的 −17285.57 万元上升到 2006 年的 −16.11 万元，这说明企业前期的技术改造和设备更新已经进入完成阶段，设备技术改造和固定资产投资的完成，会增加鲁北化工的技术实力和产品竞争力，从而降低成本扩大市场，现金流量状况会有所改进。最后，结合鲁北化工的偿债能力来综合分析，鲁北化工目前的现金流量还足以维持企业的正常生产运作。

表 7 − 22　　鲁北化工现金流量概况

财务指标　　　　　　时　间	2007 − 06 − 30	2006 − 12 − 31	2005 − 12 − 31	2004 − 12 − 31
销售商品收到的现金（万元）	41574.56	63737.67	81009.89	61395.64
经营活动现金净流量（万元）	−2874.77	6169.71	25103.12	8331.35
现金净流量（万元）	−5677.85	5845.04	4454.41	−11772.23
经营活动现金净流量增长率（%）	−110.36	−75.42	201.30	−59.17
销售商品收到现金与主营收入比（%）	105.8132	100.8719	132.8582	73.2792
经营活动现金流量与净利润比（%）	−4477.9125	4955.1619	7942.5821	384.7249
现金净流量与净利润比（%）	−8844.1580	4694.4105	1409.3665	−543.6176
投资活动的现金净流量（万元）	−5.75	−16.11	−5205.64	−17285.57

四、各分支机构对整体业绩的贡献水平分析

从表7-23可以看出，鲁北化工的特色是循环经济，三个行业拥有的循环经济的技术可以并联在一起。2006年，其主营业务利润主要来自化工行业，化工行业可以发挥鲁北化工的技术优势和市场优势，但化工行业竞争日趋激烈，进一步增长空间受到限制。建材行业随着我国经济大环境的变化，增长速度非常快。电力行业有很高的主营业务利润率，但是受制于国家政策影响，出现了高投资低收益的状况，电力行业收入在鲁北化工目前的业务构成里还处于负增长的阶段。相信随着国家相关管制措施的解除，鲁北化工就可以充分发挥循环经济带来的技术成本优势，进一步拓展业绩增长空间。

鲁北化工的销售在另外章节有详细叙述，在这里仅就2006年的状况做一个简要分析。

表7-23 鲁北化工2006年分行业收入列表

行 业	主营业务收入（元）	主营业务成本（元）	主营业务利润率（%）	主营业务利润增长率（%）
化工行业	418985969.15	353855134.90		+6.56
建材行业	67873079.41	63260691.75	6.80	+38.4
电力行业	88642567.91	54494971.28	38.53	-6.63
其 他	56365772.64	114151383.43		
合 计	631867389.11	585762181.36		

从产品层次来看，在鲁北化工的收入构成中，化肥有关的收入仍旧居于显著位置，但由于激烈的市场竞争，利润率和增长率都出现了负数。受益于我国此轮经济增长的势头，工业原料（包括水泥、溴及溴化物和氯碱）的利润率和主营业务利润增长率增长强劲，但目前此类产品在销售中所占的比率还不高，有待进一步扩张产能，发挥循环经济带来的产品优势。

表7-24 鲁北化工 2006 年产品收入列表

行　业	主营业务 收入（元）	主营业务 成本（元）	主营业务 利润率（%）	主营业务利润 增长率（%）
硫酸钾	119312804.40	119664920.66	-0.30	-7.84
磷　铵	132021642.60	138166670.78	-4.66	-7.81
氯　碱	151647844.41	83599828.71	44.88	+25.38
水　泥	67873079.41	63260691.75	6.80	+34.21
溴及溴化物	16003677.74	12423714.75	22.37	-12.24
电	88642567.91	54494971.28	38.53	-6.63
其　他	56365772.64	114151383.43		
合　计	631867389.11	585762181.36		

第四节　鲁北化工会计准则与政策

对于我国上市公司而言，企业所遵守的会计制度是由三个层次构成的：第一个层次是《会计法》，规定了企业财务会计制度的基本法律依据；第二个层次是《企业财务会计报告条例》，规定了企业财务会计报告的基本框架；第三个层次是《企业会计制度》和《企业会计准则》，规定了企业财务会计的基本行为规范。上市公司要遵守的《企业会计准则》在 2006 年发生了重大变化，财政部推行一套新的由一个基本准则和 38 个具体准则构成的会计准则。这些准则的推行会对企业财务会计报告信息披露有重大影响。

一、企业会计准则对鲁北化工的影响

鲁北化工执行新企业会计准则后，公司可能发生的会计政策、会计估计变更及其对公司的财务状况和经营成果的影响情况。

根据新《企业会计准则第 6 号——无形资产》的规定，公司发生的研究开发费用将由现行制度的全部费用化计入当期损益，变更为将符合规定条件的开发支出予以资本化，因此将减少公司期间费用，增加公司的当期利润和股东权益。

根据新《企业会计准则第 16 号——政府补助》的规定，公司取得的政府补助，将由现行制度的计入资本公积和专项应付款或计入补贴收入，变更为区分与资产相关的政府补助和与收益相关的政府补助后，将与收益相关的政府补助直接计入当期损益，将与资产相关的政府补助计入递延收益并分期计入损益，因此将影响公司的利润和股东权益。

根据新《企业会计准则第 17 号——借款费用》的规定，公司可以资本化的资产范围由现行制度下的固定资产、房地产开发企业的开发产品，变更为全部需要经过相当长时间的构建或者生产活动才能达到预定可使用状态或可销售状态的固定资产、投资性房地产和存货等；同时，公司可以资本化的借款范围，不仅包括现行制度下的专门借款，还包括一般借款，此政策变化将会增加公司资本化的范围，增加公司的当期利润和股东权益。

根据新《企业会计准则第 18 号——所得税》的规定，公司将现行采用的应付税款法变更为资产负债表债务法，将会影响公司的当期所得税费用，从而影响公司的当期利润和股东权益。

根据新《企业会计准则第 22 号——金融工具的确认和计量》的规定，对交易性金融资产按公允价值计量且变动计入当期损益，对可出售的金融资产按公允价值计量且其变动计入权益，将会影响公司的当期利润和股东权益；同时，根据该准则的规定，应收款项应当采用实际利率法按摊余成本计量，发生减值时，应当将其账面价值减至预计未来现金流量现值，减记的金额确认为资产减值损失，计入当期损益，因此将影响公司的坏账准备政策，从而影响公司的利润和股东权益。

二、主要会计政策与会计估计

会计政策和会计估计主要是指企业对资产确认计量的方法，主要包括存货核算方法、坏账核算方法、固定资产计价和折旧方法、无形资产计价与推销方法等。这些方法会影响企业资产的入账价值以及账面价值的调整，从而影响企业的资产状况和当期损益状况。

1. 坏账核算方法

（1）坏账的确认标准：因债务人破产或死亡，以其破产财产或遗产清偿后仍然不能收回的款项；因债务人逾期未履行偿债义务超过三年不能收回的款项。

（2）坏账的计提标准：公司对坏账的核算采用备抵法，按账龄分析法计提坏账准备，根据债务单位的财务状况、现金流量等情况，规定的提取比例为：账龄1年（含1年，以下类推）以内的，按其余额的1%计提；账龄1~2年的，按其余额的10%计提；账龄2~3年的，按其余额的20%计提；账龄3年以上的，按其余额的50%计提。提取的坏账准备计入当期损益。

2. 存货核算方法

原材料、包装物等存货购进时按实际成本计价，领用或销售时按加权平均法计价；产成品按实际成本计价，出库采用加权平均法；低值易耗品采用五五摊销法核算。包装物在领用时一次计入产品成本。对由于存货遭受毁损、全部或部分陈旧过时或销售价格低于成本等原因，使存货成本不可收回的部分，提取存货跌价准备。存货跌价准备按单个存货项目的成本高于可变现净值之差额提取。

3. 固定资产计价和折旧方法

固定资产的标准为：使用年限在一年以上的房屋、建筑物、机器、机械、运输工具以及其他与生产经营有关的设备、器具、工具等，以及不属于生产经营主要设备，但单位价值在2000元以上，且使用年限超过两年以上的物品。

固定资产计价和减值准备的确认标准、计提方法：固定资产按实际成本或公司设立时评估确定的价值入账。期末对固定资产逐项进行检查，将可收回金额低于其账面价值的差额作为固定资产减值准备，计入当期损益，固定资产减值准备按单项资产计提。

固定资产折旧方法：固定资产折旧采用直线法，折旧率根据固定资产类别，估计经济使用年限计算并考虑了5%的残值。已计提减值准备的固定资产在计提折旧时，按照该项固定资产的账面价值，以及尚可使用年限重新计算确定折旧率和折旧额；如果已计提减值准备的固定资产价值又得以恢复，该项固定资产的折旧率和折旧额的确定方法按照固定资产价值恢复后的账面价值以及尚可使用年限重新计算折旧率和折旧额。各类固定资产的折旧年限和年折旧率如表7-25所示。

在建工程根据实际发生的支出数入账，按工程项目分类核算，并在工程达到预定可使用状态时，按工程的账面成本预转固定资产。用借款进行的工程发生的借款利息，在固定资产达到预定可使用状态前予以资本化，之后的计入当期财务费用。期末，对在建工程进行全面检查，如果有证据表明在建工程已经发生了减值，则计提减值准备，计入当期损益，在建工程减值准备按单项资产计提。

表 7 – 25　鲁北化工主要资产适用折旧年限和年折旧率

类　别	预计使用年限	年折旧率（%）
房屋建筑物	35 ~ 40	2. 38 ~ 2. 71
机器设备	10 ~ 14	6. 79 ~ 9. 50
运输工具	8	11. 88
电子设备	5	19. 00
其　他	5	19. 00

4. 无形资产计价与摊销方法

无形资产取得时按取得的实际成本计价，自取得当月起在预计使用年限内分期平均摊销。如预计使用年限超过了相关合同规定的受益年限或法律规定的有效年限，该无形资产摊销年限按如下原则确定：合同规定受益年限但法律没有规定有效年限的，摊销年限为合同规定的受益年限；合同没有规定受益年限而法律规定了有效年限的，摊销年限为法律规定的有效年限；合同规定了受益年限，法律也规定了有效年限的，摊销年限取二者之中较短者；合同没有规定受益年限，法律也没有规定有效年限的，摊销年限为 10 年。期末检查各项无形资产预计给企业带来未来经济利益的能力，对预计可收回金额低于其账面价值的，计提减值准备，计入当期损益，无形资产减值准备按单项项目计提。

5. 长期待摊费用摊销方法

长期待摊费用按实际支出数入账，并按受益期限平均摊销，开办费在开始生产经营的当月起一次计入开始生产经营当月的损益，其他递延资产按受益期限平均摊销。

6. 借款费用的核算方法

为购建固定资产而专门借入的款项所发生的利息、折价或溢价的摊销费用、辅助费用和汇兑差额，在同时符合以下条件时予以资本化，计入该项资产的成本：①资产支出已经发生；②借款费用已经发生；③为使资产达到预定可使用状态所必要的购建活动已经开始。其他的借款利息、折价或溢价的摊销和汇兑差额计入发生当期的损益。

每一会计期间的利息资本化金额根据至当期期末止购建固定资产累计支出加权平均数和资本化率计算确定。但是，利息、折价或溢价的摊销的资本化金额不超过当期专门借款发生的利息、折价或溢价的摊销金额。

7. 所得税的会计处理方法

所得税会计处理方法必须依据会计准则，遵循会计核算的一般原则，编制会计报表，重点是满足企业管理部门及其他信息使用者对会计信息的需求。

所得税会计是以国家税法为准绳，运用会计的基本理论、准则和方法，对企业税务活动进行反映和监督的一种专门会计，使会计所得与应税所得适当分离，以满足税务部门的要求。

会计准则和财务通则允许企业自主选择不同的会计处理方法，但是某些会计方法是税务部门不能接受的，因此，对同一企业同一会计期间的经营成果，按照财务会计方法核算的会计所得，与按照所得税法规定计算的应税所得额之间会产生一些差异。这种差异主要有永久性差异和时间性差异。永久性差异是由于税法和会计准则计算净所得时，所确认的收支口径不同造成。如罚款支出，在计算应税所得时，不能从应税所得额中扣除。从会计核算的角度看，罚款支出是企业的一项费用，应体现在经营损益中，允许其从会计所得中扣除。这种差异发生在每个会计期间，而且这种差异发生后不能在以后的会计期间转回。时间性差异是由于有些收入和支出项目，计算会计所得与计算应税所得额的时间不一致造成，随着时间的推移，会计所得和应税所得额的差异，在以后的会计期间内，将发生相反的变化而得到冲减，使各个时期的总量之和相等。如会计准则第二十八条各种存货发出时，企业可以根据实际情况，选择使用先进先出法、加权平均法、移动平均法、个别计价法、后进先出法等方法确定其实际成本。但是，税务机关依据税法规定，不能接受后进先出法，这就需要企业对会计所得进行调整。《企业财务通则》第三十二条规定："企业的利润按照国家规定做相应的调整后，依法缴纳所得税。"在西方发达国家，税收来源的主要税种是所得税，所以税务会计往往又称为所得税会计。

由于存在永久性和时间性的差异，因此，会计所得与应税所得额应采用不同的会计处理方法。

应付税款法是企业发生的一个时期纳税所得额和会计所得之间的差异，如在本期发生，而在以后期间不能转回的，在计算所得税时，按税法规定计算的应缴所得税额，列作当期的利润分配。

纳税影响法是企业发生的一个时期纳税所得额和会计所得之间的差异，如果在本期发生，而在以后期间可以转回的，这种时间性差异对所得税产生的影响，应按照企业本期会计所得计算的应缴所得税列作利润分配，同时将时间性差异额，作为递延税款，设置"递延税款"科目，会计处理方法分为递延法和债务法。递延法是把本期由于时间性差异而发生的递延税款，保留到这一差异发生相反变化的以后期间予以转销。债务法是把本期由于时间性差异而发生的预计递延税款，保留到这一差异发生相反变化的以后期间予以转销。

从长期看，这两种方法没有实质不同，只是在本期确认数量上有所差异。由于我国目前税法整体还处于调整变动之中，因此鲁北化工目前采用应付税款法比较符合企业的利益。

三、历年审计意见

按照我国有关法律的规定，上市公司财务报表必须接受注册会计师审计，出具审计报告。审计报告是注册会计师根据独立审计准则的要求，在实施了必要的审计程序后出具的，用于对被审计单位年度会计报表发表审计意见的书面文件。审计报告一般包括标题、收件人、范围段、意见段、签章、会计师事务所地址和报告日期等基本内容。

注册会计师根据审计结果和被审计单位对有关问题的处理情况，形成不同的审计意见，出具四种基本类型审计意见的审计报告：

1. 无保留意见的审计报告

无保留意见是指注册会计师对被审计单位的会计报表，依照中国注册会计师独立审计准则的要求进行审查后确认：被审计单位采用的会计处理方法遵循了会计准则及有关规定；会计报表反映的内容符合被审计单位的实际情况；会计报表内容完整，表述清楚，无重要遗漏；报表项目的分类和编制方法符合规定要求，因而对被审计单位的会计报表无保留地表示满意。无保留意见意味着注册会计师认为会计报表的反映是合法、公允和一贯的，能满足非特定多数利害关系人的共同需要。

2. 保留意见的审计报告

保留意见是指注册会计师对会计报表的反映有所保留的审计意见。注册会计师经过审计后，认为被审计单位会计报表的反映就其整体而言是恰当的，但还存在着下述情况之一时，应出具保留意见的审计报告：个别重要财务会计事项的处理或个别重要会计报表项目的编制不符合《企业会计准则》和国家其他有关财务会计法规的规定，而且被审计单位拒绝进行调整；因审计范围受到局部限制，无法按照独立审计准则的要求取得应有的审计证据；个别会计处理方法的选用不符合一贯性原则。

3. 否定意见的审计报告

否定意见是指与无保留意见相反。认为会计报表不能合法、公允、一贯地反映被审计单位财务状况、经营成果和现金流动情况。注册会计师经过审计后，认为被审计单位的会计报表存在下述情况时，应当出具否定意见的审计报告：会计处理方法的选用严重违反《企业会计准则》和国家其他有关财务会计法规的规定，被审计单位拒绝进行调整；会计报表严重歪曲了被审计单位的财务状况、经营成果和现金流动情况，而且被审计单位拒绝进行调整。

4. 无法（拒绝）表示意见的审计报告

无法表示意见是指注册会计师说明其对被审计单位会计报表的合法性、公允性和一贯性无法发表意见。注册会计师在审计过程中，由于审计范围受到委托人、被审计单位或客观环境的严重限制，不能获取必要的审计证据，以致无法对会计报表整体反映发表审计意见时，应当出具无法表示意见的审计报告。

2004～2006 年，山东正源和信有限责任会计师事务所为鲁北化工出具了标准无保留意见的审计报告。三年来，鲁北化工未更换会计师事务所。

第五节　财务管理

财务管理作为价值管理，是一项综合性极强的经济管理活动，涉及企业生产经营活动的各个方面。鲁北集团是以集团总公司为核心企业，以资本为纽带，以共享资源、产品、技术及管理为依托，由一批具有共同利益，并在某种程度上受核心企业影响的多个企业法人组织形成的一个稳定的多层次母子公司组织。这客观上要求集团建立利益一致、政策统一、监控有效的财务管理制度，以便更好地实现集团整体战略。从机制角度分析，财务管理的目标是在遵守有关法律和规定的基础上，实现集团财务价值最大化。集团总公司及其子公司都是具有法人资格的企业，它们之间的财务关系必须遵循有关法律和规定。同时，集团总公司是鲁北集团的核心企业，是主要成员企业的最大出资人，可以通过法定程序来影响和规范成员企业的财务行为。

一、财务管理演进历程

财务管理包括筹资管理、投资管理、利润分派管理及营运资金管理等内容，鲁北集团财务管理经历了一个从简单到复杂、从不完善到比较完善的发展过程。1977 年组建无棣硫酸，到 1988 年组建山东鲁北化工总厂后，鲁北集团主要采取总厂—分厂的财务管理体制。建厂初期财务人员只有 4 人，采取手工记账。化工总厂成立后，总部负责设备、原材料采购和产品销售，各分厂负责组织产品生产，总厂逐步成为投资和利润中心，各分厂成为成本中心。这个体制表现在财务管理上，是总厂负责财务核算，控制投资、销售、利润和成本，分厂负责控制成本和消耗定额。这期间，鲁北化工总厂先后制定了《财务人员岗位责任制》、《原材料验收制度》、《出纳人员岗位责任制》等财务会计管理制度。

1992 年集团总公司成立之后，鲁北集团规模快速扩张，长期延续的总厂—分厂体制开始向以母子公司为特征的企业集团架构转变。随着鲁北集团成员企业的增加，财务主体逐步多元化。集团总公司与控股公司之间是母子公司关系，它们都是独立的法人主体，同时在生产经营上存在着比较紧密的联系。集团各子公司作为独立法人，都是利润中心或投资中心，具有独立的经营管理机构并独自承担财务上的法律责任。但是，集团总公司作为核心企业，与其控股子公司和分公司处于不同的管理层次，各自的财务决策权力不同，集团内部财务决策具有多层次的特点。因此，鲁北集团面临合理处理集权与分权关系，最大限度地减少内部矛盾，调动集团各层次成员企业积极性和创造性，保证企业集团发展规划和经营战略顺利实施等新的问题。这迫切需要建立与母子公司体制相适应的财务管理体制，堵住各种财务失控的漏洞，发挥出集团财务管理的合力。但是，由于集团处于创建初期，集团总公司是各成员企业的绝对控股股东，再加上集团总公司与主要成员企业之间在原料、技术、工艺等方面存在共同之处，集团仍然在相当程度上延续了总厂—分厂财务体制。20 世纪 90 年代中后期起，随着鲁北化工的上市，鲁北集团在改革总厂—分厂制财务管理体制，规范母子公司关系，建立与新体制相适应的财务管理体制方面进行了积极探索。

为保证财务管理的有效进行，鲁北集团按财务管理制度和会计准则要求，制定了比较规范的财务制度，包括《原材料及备品备件采购管理办法》、《固定资产采购制度》、《进厂原材料比质、比价制度》、《投资预决算制度》、《项目可研报告审批制度》、《专用基金管理办法》、《成本报警制度》等管理和控制制度。依靠上述制度，集团总公司根据有关法规、制度和各种标准，以查看、检查、分析、控制子公司有关重大财务活动与行为的方式，促使子公司按照行为规范去活动，对子公司产、供、销的各个环节进行控制，以保障集团和成员企业健康发展。鲁北企业集团总公司设财务部对全公司的财务进行认真的管理和控制，其管理的主要内容是筹资、投资和收益分配。

目前，鲁北集团共有财务管理人员 46 人，所有成员企业都建立了自己的财务部门，全部实现微机做账，财务日事日毕、日清月结，管理制度化、规范化。项目投资有调研、有计划，生产有预算，任务有指标，绩效有考核。

二、核算层次与财务控制

企业集团的财务核算层次和财务控制，是指存在于企业集团整体治理框架内，为实现企业集团总体财务目标而设计的财务管理权限划分、机构设置及组织实施等要素的有机结合。鲁北集团财务管理核算层次和权限划分主要体现在集团总公司与鲁北化工等控股子公司、集团总公司与各参股总公司，以及集团总公司与所属各分厂等层次上。

鲁北集团在财务管理上建立了投资中心、利润中心和成本中心三级核算体制。投资中心是其责任人能控制成本、收入、利润和投资的责任中心，是最高层次的责任中心。利润中心是其责任人既能控制成本，又能控制收入，从而控制利润的责任中心。成本中心是其责任人只能控制成本，不能控制收入，从而不能控制利润的责任中心。

第一层是集团总公司。集团总公司作为投资中心，负责确定筹资和投资，全面核算收入、成本、利润，合并报表。集团总公司作为集团总体战略制定与实施的组织者、指挥者，其职能除了自身经营以外，还要通过控股等多种方式，以股权关系为基础从事资本经营和管理，把其控股企业和各成员企业的经营管理纳入集团战略，使集团作为一个整体有效地协调运营并迅速扩张。

第二层是集团总公司所属各分厂及控股子公司。集团总公司所属各分厂及控股子公司作为利润中心，具有经营自主权和独立的经济地位（虽然不一定是独立的法人企业），既要对成本负责又要对收入负责，尽管没有权力决定投资水平，仍然可以根据其利润的多少来评价业绩情况。鲁北集团各成员企业，包括全资子公司、控股子公司和参股公司均为独立法人，实行独立核算、自负盈亏。各成员企业之间相互提供产品、劳务、协作等，其价格制定遵从市场原则，由相关各方平等协商定价，并签订经济合同或协议。从财务角度看，集团总公司与各成员企业是投资与被投资关系，根据各个利润中心的性质、持股比例和控股程度确定具体财务关系。对于分公司，集团总公司直接制定和下达利润、成本指标，并负责考核各分厂的预算执行情况，发现问题及时纠正，并按执行情况及完成任务的多少调配资金。对于上市公司鲁北化工，则按照五分开的原则，即产、供、销、人、办公地点分开，独立经营，集团总公司不直接干预其生产经营，只通过股东会和董事会表达意见，集团总公司对股份公司的财务控制主要通过董事会实现。对于非上市控股子公司，也主要通过法定治理机构和契约来贯彻集团财务战略。

　　第三层是生产车间及班组。生产车间及班组作为成本中心，其职责是用一定的成本去完成规定的生产作业任务，不形成或者不考核其收入，无须对收入、利润或投资负责，但可以通过节约原料、能源、人力消耗以及提高产品质量来降低生产成本，因而着重考核其所发生的成本和费用。

三、应收账款管理

　　应收账款是企业资产的重要组成部分，逾期或收不回来都将导致资产流失。只有取得产品或服务的销售收入之后，一个销售过程才算真正完成，因为没有收账的销售无异于送礼。账款在未收回之前，处于一种不稳定的状态，如果没有完善和系统的管理措施，账款就有可能出现无法按时收回的风险，从而影响企业生产经营活动的持续性。应收账款管理的目标就是及时收款，逾期账款每天都在消耗着企业的利润。

　　应收账款管理既是财务管理的一项内容，也是销售管理的内容。财务管理是按标准的程序进行一般性管理，销售部门主要是针对每笔业务的应收账款实行差别管理。鲁北集团建立了比较完善的财务部门、销售部门和法律顾问部门各司其职、协同配合的应收账款管理体制。财务部门负责监控应收账款，销售部门负责催款，谁主销谁负责，有效地减少了因为追求销售业绩而造成的坏账损失。对一些账龄较长，有问题的应收账款，销售公司写出报告转交公司法律顾问处，依法办理。集团总公司逐步执行现款现货制度，应收账款逐年减少。

第八章 技术与研究开发

自主创新能力是决定企业生存发展的重要因素，也是我国工业始终面临的紧迫课题。美国哈佛大学教授熊彼特在 1912 年，第一次把创新引入了经济领域。他认为，创新就是要建立一种生产函数，实现生产要素从未有过的组合。就企业而言，创新包括产品创新、技术创新、工艺创新等。鲁北集团主要生产传统重化工业产品，它们以工艺流程创新为切入点，坚持市场导向和问题导向，对重化工业产品生产流程进行了革命性变革，创建了一个"资源—产品—再生资源"的反馈式流程和"低开采、高利用、低排放"的循环利用模式，使经济系统和谐地纳入自然生态系统的物质循环过程中，探索出一条以自主创新为支撑的循环经济和生态工业发展道路。

第一节 企业技术水平

鲁北集团依靠自主创新，在创立和完善"磷铵、硫酸、水泥联产"、海水"一水多用"、"盐、碱、电"联产三条循环经济和生态产业链的过程中，形成了达到国内领先和国际先进水平的核心技术。其标志是，鲁北集团独创的原子经济技术、零排放技术、环境友好技术、可持续发展技术，通过实施过程耦合、工艺联产、产品共生和减量化、再循环、再利用等系列措施，把资源、原材料使用具有共性的企业集中布置，使有限的资源构成一个多次生成过程，实现了系统内物质充分循环、能量多级集成利用和信息交换共享，创建了结构紧密、共享共生的鲁北生态工业模式。与国际上推广的卡伦堡模式和杜邦模式相比较，该模式的企业间联系更加紧密、产业链关联度更大。由于资源的循环利用，鲁北生态工业系统主要产品成本降低了 30%～50%，每年可新增效益 22570 万元，企业经济增长贡献率达 40%，资源利用率达 95.6%，清洁能源利用率达 85.9%。

一、企业核心技术来源

鲁北集团依靠自主创新，通过产学研相结合的方式解决技术难题，获得技术来源。1982 年，他们自主研发的石膏制硫酸联产水泥装置投入试验性生产，开始进行盐石膏制硫酸联产水泥试验。"六五"期间，通过自主创新，先后取得盐石膏、磷石膏、天然石膏制硫酸联产水泥工业试验的成功，填补国家空白。之后，以此为依托，通过采取关键生产技术创新、过程耦合、工艺联产、产品共生和副产物、废弃物的减量化、再循环、再利用等一系列措施，形成了磷铵—硫酸—水泥联产、海水"一水多用"、盐碱热电联产三大生态产业链，实现了资源和能源的充分循环利用、经济和环境的"双赢"。

改制前，他们采取的是"边试验边生产，以科技试验推生产，以生产养科技试验"的滚动经营方式。在公司发展中，科技是主要推动力。在不到 30 年的时间里，鲁北集团成功地取得了 50 多项重大科技成果，获得了 14 项发明专利，其中 2 项发明专利国内独一无二。可以说，鲁北集团的所有车间生产线都是建立在自己的发明专利基础上，低成本、高科技含量是其产品生产的显著特点。

自 20 世纪 90 年代以来，他们着重在重大装备、技术创新集成等重大科技课题实施了研发，并实现了产业化。其中，旋风预热器分解磷石膏制硫酸联产水泥、磷铵无外返料喷浆造粒新技术等多项技术达到了国际领先水平，磷石膏制硫酸联产水泥新技术获国家科技进步二等奖、省委省政府两次科技重奖、"九五"国家重点科技攻关成果奖，被国家列为资源综合利用重大科技成果重点推广项目。

二、鲁北企业集团各个时期技术研发历程

鲁北集团的技术研发伴随整个发展历程，跨越了从"六五"到"十一五"的 30 年时间。"六五"到"七五"期间，鲁北集团的技术研发着眼于产品开发，废物利用，以自身技术力量进行自主创新。"八五"至今，随着鲁北集团的发展壮大，鲁北集团着眼于以产品开发，资源循环利用、技术集成创新为主轴，充分利用社会力量，产学研一体实现技术进步跨越式发展。

"六五"期间，取得了盐石膏、磷石膏、天然石膏制硫酸联产水泥三项

重大科研成果，荣获国家"六五"科技攻关奖。

"七五"期间，建成了全国第一条年产1万吨料浆法磷铵配套硫酸、水泥生产线，解决了废渣磷石膏占用土地、污染环境的世界难题，之后又加速放大联产技术规模，建成了"年产3万吨磷铵、配套磷石膏制4万吨硫酸联产6万吨水泥"国家示范装置。1994年，一种由石膏制硫酸联产水泥技术获国家发明专利。

"八五"期间，承担了国家重大科研课题——循环流化床分解磷石膏新技术研究，获得成功。

"九五"期间，建成了列入我国《国民经济和社会发展"九五"计划及2010年远景目标纲要》的"年产15万吨磷铵、配套磷石膏制20万吨硫酸联产30万吨水泥"放大示范工程。"十五"期间和"十一五"以来，实施重大装备、技术创新集成课题研发，重点发展生态产业，全力建设石油化工、煤化工、盐化工"三化合一"工程、国家循环经济示范2×30万千瓦燃煤热电工程、风电清洁能源工程等一批对区域经济和生态工业有重大推进力和影响力的项目，完成了生态工业园区的创建。

三、技术研发的路径：创新传统产品生产工艺和技术

鲁北集团是从进行石膏制硫酸项目试验而开始起步发展的。在试验取得成功后，为了降低生产成本，鲁北集团研制了把磷铵、硫酸、水泥三套生产装置结合在一起的联产技术。在这项技术中，鲁北集团还创造了半水流程工艺和高饱和比、高硅酸料率值，攻克了"大窑结圈"等十二项国际上深感棘手的技术难关。如果简单地看鲁北集团的主导产品磷铵、硫酸、水泥，似乎看不出它的技术优势。

在化工、建材行业，磷铵、硫酸、水泥，俗称"老三样"，可以说这老三样皆属"夕阳产业"的传统产品，皆属高资源消耗、高污染、高成本的"三高"产品。但是，鲁北集团集成创新，将磷铵、硫酸、水泥三套生产装置巧妙地结合在一起，利用磷铵生产的废渣磷石膏制硫酸联产水泥，硫酸返回用于磷铵生产，硫酸尾气回收制取液化 SO_2，用于提取溴素，废水在联产装置中循环使用。SO_2 在提溴过程中，又形成了海水养殖物、原盐和碘盐、氯气、硫酸钾、氯化镁等系列产品。联产装置的设计与应用，使磷铵、硫酸、水泥这种高资源消耗、高污染的"夕阳产业"转变为资源综合开发与环保的"朝阳产业"。可以说，这种对"夕阳产业"的改造技术，不仅大幅降

研究与开发中的个体行为，在企业中表现的角色主要有：创新采纳的决策者——企业家，创新采纳决策辅助者——各部门的中高层管理者，创新采纳的基层使用者和操作者——企业基层员工，当然企业规模较大时还涉及创新采纳的建议者——企业的咨询专家和管理顾问等。在影响个体创新采纳的因素中，组织内部环境的作用是最突出的，组织本身的特性与个体采纳和应用创新成果有着密切的关系。个体创新采纳行为是人的创新能力的外在表现。一个具有较高创新意识的人，由于所处的环境不利于其创新潜能的发挥，尽管自身很努力，也不可能发挥创新性行为。鲁北集团内部良好的组织内部环境对激发个体勇于创新、乐于创新行为起到了积极作用。

研究与开发中的群体行为，主要指企业由于职能和业务的不同所表现的创新内容和侧重点不同的各个部门的创新选择活动。例如，决策层关注战略管理创新，研发部门关注技术创新，生产部门更多地关注管理和技术设备的创新，营销部门则对营销创新更感兴趣。显然关注的内容不同，各自的目标就不同，于是很多部门都在分别创新，但是大家使力的方向不同，按照矢量加法的法则，这种创新的和实际上是零。这是企业在创新中必须引起重视的问题。鲁北集团特别强调，在各部门选择和设定创新目标和行为时，加强与其他部门进行资源、信息、人才的整合和交流。

竞争环境下研究与开发的企业行为。一般来说，制约研究开发的因素有竞争程度、企业规模和垄断力量。把这三个因素综合于市场结构中来考察可以发现，最有利于创新活动开展的乃是垄断竞争的市场结构。而在最适宜和最佳理想的垄断竞争环境下的企业技术创新采纳行为，应该是自主性创新行为。这个过程中的主要表现行为是企业技术创新的决策行为。企业技术创新的决策活动是一个复杂、连续的动态系统。一项成功的技术创新活动首先取决于创新采纳行为的有效性，即创新决策的科学性。企业技术创新采纳行为既然主要表现为技术创新的决策行为，那么研究企业技术创新的决策过程就成为把握创新行为的重要路径。企业技术创新的决策，是从动机产生、设想形成到项目确立和规划方案提出的一系列分析、评价和选择的过程。

在竞争和不确定性加剧的市场环境下，不断地创新是企业生存和发展的必要条件。在以不确定性为主要特征的企业竞争环境下，鲁北集团利用组织柔性来确保创新采纳行为的有效性，进行组织创新决策以及创新战略选择。鲁北集团在依法管理活动中，更多地强调创新采纳是专业分工和群体协作的结果。创新采纳需要集成来自不同专业人士的智慧和建议，需要各个部门的配合和参与。研发与创新更多地体现在组织通过制定可调整的动态的激励机制、管理制度来适应创新环境的剧烈变化。

鲁北集团研发机构除了传统意义上的企业研发部门外，还有创新负责人、创新决策委员会和创新中心等。研发机构是企业创新采纳行为的一个核心阵地，它对创新采纳决策的制定和判断起着至关重要的作用。随着企业规模的扩张和竞争的全球化，它的工作重心更加倾向于获取和整理分析相关信息，实现知识、信息以及企业现有资源的优化配置。为了及时、准确地把握企业创新机会和信息，研发机构的设置不能固定不变，甚至过于僵化。相反，根据柔性化理论，应该随着环境的变化和企业自身需要不断调整研发机构，力争研发知识的获取、转移、培植和创新实现最高的效率。鲁北集团重新调整了先前的研发机构，希望为发展更具扩张性的技术平台提供更加明确的责任界限。于是技术中心取代了实验室，并吸收了中心实验室的一些功能。每个技术中心负责开发一个或多个技术平台，同时为产品寻找新的用途。为了防止各业务部门只负责客户联系、实验室只专门进行研究的思维定式，就必须促进业务部门与研发部门的知识共享和协作创新。

鲁北集团围绕市场服务、产品开发、技术研发等组建临时性的项目团队，建立矩阵式的团队组织结构，这些团队可以来自现有的企业内部的不同部门，也可以跨越时间、空间和组织边界建立一种虚拟团队。这样既能增强组织对创新要求的适应能力，也大大减低了人、财、物的开发成本；另外，各种为完成某项创新任务而组成的项目创新中心或小组也是一种典型的团队结构。团队结构弹性大、适应性强，可以对企业的创新需求做出快速的反应。

鲁北集团研发管理决策制度的柔性化设计。尽管研发决策存在于创新活动的各个环节，但研发采纳过程中的决策行为因其影响到整个研发的有效性，加之又处于研发起点，因而决策制度的设计就显得尤为重要。研发决策流程的实质是为创新提议的传递开辟一条信息通路，使创新者能够明确自己的创意的审批过程，使创新负责人知道如何推进创新的过程，使创新决策者们能够高效集约地做出决策的过程。从这个意义上看，创新决策过程本身就具有复杂性和动态性的特征，即柔性化的特征。一方面，创新过程就是一个信息传递和收集、过滤的过程，在信息收集、传递沟通的过程中，由于沟通层级和沟通主客体及信息复杂程度存在多样化的原因，必然要求信息接受者和发出者采用客观、灵活的态度和方法来分析相关信息；另一方面，决策的过程既然是沟通的过程，那就是一个双向回路的过程。创新采纳决策一经做出就会建立一种回路，传递到相关部门获取支持和实施。因此，设计动态合理的创新决策流程，让所有员工都可以根据需要进入创新建议平台，并得到相应的重视和确切的答复。同时，创新提议者也知道哪些人或机构将对他的建议做出重大决策。创新决策负责人也要明确指导应遵循怎样的程序推进创新决策，让创新决策团体成员都获取相关信息，以便及时做出创新决策。

鲁北集团在研发管理中采纳激励机制的权变设计。根据权变理论，任何一项创新决策行为的产生都要考虑复杂的环境以及决策主体、客体三方面相互影响、相互制约的关系。同样，为激发和调动创新采纳者、创新采纳企业组织的积极性，设计动态、灵活、弹性权变的激励机制也是必需的。一套完整的激励机制包括为创新采纳者提供奖惩的薪酬资源、评价和考核采纳行为和效果的创新目标体系以及创新采纳过程涉及各个人员、岗位、部门的任职资格和岗位部门职责的描述信息系统。在这三大系统中要依靠动态弹性的沟通渠道联系起来，一方面，参与创新采纳的人员和部门要通过沟通和信息交流知道他所提出和采用的创新建议和行为将会在企业内部得到什么样的奖酬，同时在企业外部获得什么样的创新优势和利润空间；另一方面，依据组织创新目标和分配制度的制定及实施，可以对创新采纳效果进行评估，并给予相应的奖励；最后，企业还要依靠规范的制度来约束和引导创新采纳行为的有效性和协调性，使创新采纳行为有利于组织总体目标的实现。

鲁北集团企业具有业务种类多、业务跨度大的特点。一般而言，对于多业务或多产品线的企业集团，技术研发体系可以概括为三种类别。

第一类，前沿技术研究、技术发展趋势分析和跟踪、探索新技术新领域等，这部分工作与企业具体的业务单位和现有产品开发不直接相关，关注于企业如何预测未来的技术发展趋势，如何寻找未来高成长的技术、产品、服务、市场等，以制定长期的策略目标来保持竞争优势。

第二类，与多产品线相关的公共技术研究和开发工作，关注于分析哪些技术是产品线之间共享的技术，如何在产品线之间共享技术等。

第三类，具体的产品开发工作及与产品开发直接相关的技术研究工作，关注于企业如何有效地组织跨部门的产品开发团队、制订产品开发计划、监控产品开发项目进展；如何进行产品定位，如何提高产品的竞争力；如何规划产品开发的技术预研工作，如何组织好与产品开发直接相关的技术攻关工作；如何加速产品开发周期，如何确保产品质量，如何降低产品成本等。

集团化企业研发体系的构建，就是要确保这三类工作都得到很好的开展，要做好这些工作，我们要在很多方面做出努力，其中，处理好以下几个方面的问题至关重要：研发组织结构的问题、技术研究和产品开发间关系的问题、技术研究预算与费用管理等问题。

一、研发机构设置和研发费用

研发机构是企业开展研发活动的载体和组织者。随着鲁北集团由创立初期的单一企业发展为大型企业集团，研发机构经历了从无到有、从不完善到比较完善的发展过程。1992 年 12 月，鲁北集团组建了山东鲁北化工建材设计院。1994 年 10 月，成立了省级企业技术开发中心。1995 年 8 月，成立国家级企业技术中心。1997 年 8 月，成立山东鲁北绿色化学研究院。2001 年12 月，设立博士后科研工作站。经过几十年的发展，鲁北集团建立了具有良好组织架构的研发体系，集团总公司与各成员企业、集团各技术管理机构和研发单位之间职责明确。从类别上看，企业集团研发组织架构通常采取两层架构或三层架构模式。两层架构模式由集团层面的研究机构和子公司层面的各业务单位研发部门组成，集团研究机构负责第一、二类研发工作，业务单位研发部门负责第三类研发工作。三层架构模式由集团层面的研究机构，加上跨业务单位的独立研发机构，再加上子公司层面的各业务单位研发部门组成。集团研究机构负责第一类研发工作，跨业务单位的研发机构负责第二类研发工作，业务单位研发部门负责第三类研发工作。

鲁北集团研发机构采取两层架构模式，集团总公司设立总工办和技术中心，分别负责集团技术管理和研发组织工作。总工办目前有三人。技术中心下设山东鲁北绿色化学研究院、山东鲁北化工建材设计研究院、绿色化学研究院、高技术攻关部以及电子、水产、食品研究所等二级研发机构。有的二级研发机构还设有三级研究单位，譬如，建材设计研究院下设技术规划部门和基础研究部门。技术规划部门负责收集技术情报，跟踪分析技术发展趋势，并与集团战略规划部门协作制订技术发展规划等工作。基础研究部门负责前沿技术研究、探索新技术新领域；负责与高校、国家科研院所合作进行基础技术产业化等工作。跨业务单位的共享技术研究部门，可按应用领域，根据业务单位技术研究的相似性进行划分。业务单位（子公司、分公司或事业部）层面的研发机构。负责具体的产品开发工作及与产品开发直接相关的技术研究工作，确保各自所在业务单位的产品具有足够的竞争力。另外，鲁北集团还设立了技术管理部门，承担研发体系组织建设任务，包括为集团提供组织结构优化建议，配合集团人力资源部门负责干部管理，推进各子公司的研发流程优化，制定研发管理政策和制度等工作。

不管采取何种架构模式，技术研究与产品开发之间的衔接始终是集团研发体系构建的关键问题。技术研究是为企业业务发展服务的，为企业产品开发服务的，不管是新技术研究项目，还是跨业务单位的技术攻关项目，或者是与某产品相关的技术预研和技改项目，都应该服从于业务发展的需要。鲁北集团从两个方面考虑二者的衔接问题：

（1）建立产品与技术规划体系，做好技术规划，集团研究院参与制订集团业务战略和各子公司业务战略，并据此制订技术规划，确定新技术研究方向，确定新技术研究课题，确定跨业务单位的技术研究课题等。各子公司研发部门参与制订各子公司产品规划，根据产品规划制订技术规划，确定技术预研项目和技改项目。同时，定期回顾技术规划，在集团或子公司业务规划调整时及时调整技术规划，从而使技术研究更好地与集团的业务发展结合起来。

（2）建立技术项目立项评估机制，除新技术研究课题外，其他技术研究项目立项时必须分析其对产品开发的价值，必要时还可以将技术研究项目的预算和经费与技术研究成果对产品开发的价值适当挂钩。跨业务单位的技术研究课题由集团研究院和各相关子公司组成评估小组，对技术研究课题对产品开发的价值进行评估，各子公司技术预研项目和技改项目对产品开发的价值由各子公司自己评估，根据评估的结果决定是否立项。新技术研究对现有产品开发关系不大，单独预算。

鲁北集团从深化科技体制改革入手，建立起了强有力的循环经济技术支撑体系，把单纯的科技开发转变为全方位的科技经营管理，在企业技术化进程中，建立技术经营机制，培育和发展技术市场，技术开发创新与工业生产同步，贯穿于生产经营活动中，最大限度地开发对路的新产品、新技术，加速技术创新步伐，从而促进了企业技术结构、产品结构不断优化和资源的有效配置。1994年，山东省经委、省国家税务局、省地方税务局、青岛海关，以鲁经科技字〔1994〕第745号确认鲁北集团总公司为省级企业技术开发中心。1995年，鲁北集团总公司技术中心被国家经委、国家税务局、海关总署确认为国家级企业技术中心。

与此同时，鲁北集团建立了企业技术创新的管理和奖励机制，有效地推动了企业的技术创新工作。2007年底，集团拥有各类技术人员1300余人，其中研究开发人员467人。2006年，鲁北集团研发费用为7亿元，占2006年集团销售收入比例7.39%。1995年鲁北集团技术中心被国家经贸委认定为国家企业技术中心，2001年经人事部批准建立了滨州市首家博士后科研工作站。集团总公司针对产品技术开发领域广的特点，在管理上实行项目经理负责制，并把发现、培养、提拔科技拔尖人才放在推进企业技术创新的重要位置。每年投入一定的资金用于技术开发工作，以增强企业的创新能力。

二、鲁北集团研发模式

鲁北集团发展初期，通过自主创新解决了生产工艺等技术难题，取得了一批原创性研究成果。随着集团规模的扩大，面临的技术问题越来越多、越来越复杂，企业自身技术能力无法完全满足需要，鲁北集团逐步形成了以企业为主体、市场为导向、产学研结合的技术创新模式。集团高层领导始终秉持一个理念，即产学研结合模式必须以企业为主，技术难题是企业首先遇到和提出的，技术问题解决得如何企业最有发言权。产学研是"产"字在前，没有产，学和研就失去了动力和方向。

企业信息化改造是鲁北集团产学研结合的一个例证。鲁北集团缺乏信息技术人员，无法独立完成企业信息化改造。企业外部虽然有大量专业化的信息技术研究和服务机构，但没有一家了解鲁北集团的生产经营特点。为解决企业信息化建设问题，构筑一个企业内外快捷的信息交流渠道，鲁北企业集团总公司技术中心与武汉理工大学合作，进行了"鲁北网络信息化技术研究"，对鲁北集团网络信息化建设提出了合理的解决方案。

1. 软件开发

鲁北企业集团总公司技术中心根据市场的不同需求，来全面调节企业的发展方向。我们通过互联网获得市场的需求信息后，对该产品进行市场分析和可行性论证，再由鲁北化工建材设计院对该产品进行工艺、土建设计。与武汉理工大学合作，在科研和技术开发过程中，建立了较完善的国内外信息收集处理体系，引进辅助CAD/CAE设计系统，普及计算机辅助绘图工作，实现无图板化设计，同时建立了产品软件生产系统计算机辅助接成系统，用计算机为数控设备编程，实现传统设计方法向现代设计方法的工作转变。

2. 网络硬件建设及应用情况

面对高速发展的经济环境，技术中心领导充分认识到企业信息化建设的重要性，在生产建设过程中，与武汉理工大学合作，建立了局部工艺控制计算机网，以"15、20、30"放大工程及配套的合成氨、热电、氯碱等装置的信息化建设为切入点，建立了一整套信息化组织系统，生产过程采用 DCS、PLC 自动控制系统、质量自动控制系统（QCS）和设备运行程序控制系统（MMC），改变了传统的生产模式，提高了工艺技术装备水平，实现了生产装置的自动化操作，降低了生产过程能耗、物耗和生产成本，管理水平大大提高，走出了工业现代化和信息化相结合的道路，实现了经济的社会化和现代化。

另外，还建立了监控计算机网，在总调度室确定了各生产线设备运行工艺参数，并建立了集中在线监测计算机网络，使各分厂主要设备的运行参数都反映在总调度室的微机上。同时设立了工业电视系统，使管理人员在室内对所有生产流水线上的重要运行参数随机监控、掌握并及时调整生产状况，使生产实现了最佳平衡。

3. 企业实施 ERP 系统

企业在竞争中取胜的法宝在于向客户提供的种类和质量，ERP 的应用既能使企业提供高效的服务，又能对企业物流、信息流、资金流进行一体化管理。作为国有特大型企业，实施 ERP 是鲁北的实际要求。为此，鲁北集团与武汉理工大学合作，将先进的 ERP 企业管理软件引入公司管理系统。在实施 ERP 之前，鲁北企业集团各部门已建设了多个局域网，建立邮件服务器，在总公司后勤及生产、销售、财务等职能部门之间建立了信息交流和共享机制，将企业差旅费管理、工作汇报、工作计划、考勤管理、档案管理、知识管理、人事管理等通过 OA 系统进行，创造了协同工作环境，提高了办公自动化程度和效率。ERP 选择 SAP 的 R3，引进 IBM RS6000 的 S80 服务器作为主机，采用了 IBM 的 TIVOLI 作为网络管理软件，同时也选用 IBM 的 DB2 作为鲁北信息化的数据库平台。ERP 系统的应用涉及企业的财务管理部门、物流管理部、销售部门、生产部门以及人力资源管理部门等，实现了系统运动的整体集成性、数据共享与数据一致性，提高了公司的管理水平。目前，PLC 系统在生产中广泛应用，ERP 的上线与 PLC 系统，整合数据共享集成一体化，整个公司的生产、销售、财务等部门提高到一个新的高度，构建成鲁北的 CIMS 系统，建立了一个从头到尾的系统通道，实现了信息化。ERP 系统的成功实施，在提高企业客户服务水平、加强财务管理控制、降低原料和成本库存、简化生产环节等方面已取得明显的效益，提高了企业的市场竞争力。

　　鲁北企业集团总公司在与武汉理工大学合作中，由于两者相隔较远，遇到了信息沟通交流不便问题，科研院校不能及时了解企业需求，科研开发进展到什么程度，企业不能够及时获得，路途的不便，给工作方面带来诸多影响。为更好地与院校及科研机构的交流与合作，鲁北企业集团已在北京设立办事处，并筹备把研发机构一部分迁移到北京。

三、鲁北集团科技发展战略

　　经过 30 年的发展，鲁北集团已经由渤海边上的一个县硫酸厂发展为国内以发展循环经济闻名的大企业集团，并且以集团为依托，建立了鲁北国家级生态工业园。为充分发挥中国鲁北生态工业模式的示范效应，提高鲁北国家级生态工业园区的核心竞争力、影响力，创立环境友好型实践示范，鲁北集团管理层按照建设一个龙头生态工业园区、形成一个生态产业集群、创建一个生态生产力示范基地的思路，以初步形成生态科技体系、生态经济体系、生态文化体系、可持续利用的资源保障体系、与自然和谐的人居环境体系，全面增强可持续发展能力，推动区域循环经济和社会大循环经济的发展为目标，加强对生态产业发展的规划引导，瞄准重大项目、战略投资和关键技术，实行差异化发展，整合产业资源，提升产业结构，优化资源的空间和产业配置，着力建设具有产业带动能力的大企业集团，做大做强现有生态产业集群，增强园区相关企业之间的关联度和依存度，改善产业生态环境，延伸产业链条，形成集聚优势，促进企业发展壮大模式的根本转变。

　　鲁北集团提出了以下科技发展战略：

　　（1）建设以新能源、新水源、新模式为主体的生态生产力示范基地。新能源重点是开发利用风能和太阳能。鲁北濒海，临港，距天津滨海新区 60 公里，并拥有自己的巨量土地，区位优势、地理优势、土地优势、风能资源、太阳能资源、海洋资源优势极其明显。建设大型风电厂，在鲁北盐场以北，黄骅港以东、大口河至滨州港区域近 20 公里海岸线以内，规划 230 平方公里，建设 1000 万千瓦大型风力发电工程，其中海上 750 万千瓦，陆地250 万千瓦，1300 台风力发电机组，计划投资 800 亿元。并开发居国际领先的太阳能光伏发电技术，进行硅片和太阳能屋顶发电技术的开发、建设。

　　新水源重点是海水淡化和"一水多用"。进行海水淡化关键技术的研发与产业化示范，建成国内最大的海水淡化基地。一期建设 4 万吨/日反渗透海水淡化示范工程，该项目已列入国家发改委 2007 年度第一批节水专项国债项目，按照海水"一水多用"技术设计，蕴涵了生态化、集成化、产业化设计思想，集成利用来自生态电厂的冷却海水，经海水淡化后，进入海水"一水多用"产业链，将提高盐场 30% 以上的产能，相应减少 9.5 万亩的盐田用地。同时，积极创造条件，与中国工程院合作，利用核乏废料进行海水淡化的研究开发，以海水产业化推动海洋资源梯级开发利用。

新材料是引进国内外智力，吸收先进技术，大力发展硅材料、镍材料，延伸发展硅晶体、非硅晶体和镍材料产业链。

新模式是在现有生态产业循环网络的基础上，以能量梯级高效利用为核心，深层循环利用资源，进行非并网风电发展高耗能产业技术研发，大力开发利用风能，建立生态循环经济新系统。鲁北集团准备把大规模风电直接用于电解铝产业，可以打破风电非并网使用的"瓶颈"，解决发达地区高耗能产业转移两大难题，在网电适度补充下直接应用于电解铝的正常生产，风电用量至少可占 81%。1000 万千瓦的大规模风电，年发风电 250 亿度，配套 100 万吨的电解铝工程，减排二氧化碳 1400 万吨，这不仅可以促进沿海地区形成风机设计、制造、风电等新兴产业链，促进氯碱、盐化工、冶金、非金属原料加工、海水淡化等产业的发展，还可获得"联合国清洁发展机制"资金 1.12 亿美元（按 8 美元/吨计）。

（2）建立大型再生能源基地。以风能、太阳能、热电三大主导产业为龙头，以渤海南岸具有发展核电的良好地理条件，积极探索发展核能，通过发展光伏技术、光热技术、风电技术、调速节能技术、海水冷却技术、海水淡化技术等路径，形成风电、太阳能、核电等再生能源与热电、火电相配套的规模化能源产业基础，优化山东北部能源结构，在环渤海经济圈形成再生能源高端产业凸起带。

（3）建设渤海大桥、滨港供水工程。建设位于山东鲁北盐场与河北黄骅港之间的渤海大桥，贯通山东与河北两省的陆海信道，向河北黄骅进而向天津滨海新区供水，实现与天津滨海新区的对接，促进山东、河北、天津两省一市的经济发展。大桥总长 3730 米，宽 24.5 米，桥型为连续钢构桥，一期投资 3.7 亿元，二期投资 3.2 亿元，总投资 6.9 亿元；供水工程（山东段）长 15 公里，投资 1.1 亿元。

（4）建设大型工程产业网络（MDI）。依托"盐、碱、电"生态产业链条，与原兵器工业部合作，建设大型 MDI 工程，充分深层利用资源，优化油化工、煤化工、盐化工"三化合一"工程产业网络。

（5）加强循环经济产业、再生能源产业领域的创新团队和研发基地建设，广泛开展国内外科技合作，积极引进国内外先进智力和先进技术，建立产、学、研相结合的技术创新与成果转化体系，加大技术改造和技术创新投入，增强自主创新能力。在北京设立企业战略发展规划院、再生能源技术应用研究院，重金招聘环保、科技、经济、金融、信息、管理等专业的 500 名国内外高端人才，克服当地偏远地区引进人才特别是高端人才的困难，形成"人才洼地"效应，为企业在循环经济产业、再生能源产业领域的进一步发展，提供科技、金融、经济、管理、信息、决策咨询等各项服务。

四、对鲁北集团科技研发的评价

鲁北化工集团的绿色化学 PSC 工程，从资源的综合开发利用着眼，通过技术创新，很好地解决了经济发展与环境保护之间的矛盾，达到了经济效益、环境效益、社会效益的高度有机统一，为在市场经济条件如何搞好国有大中型企业，国民经济走可持续发展道路提供了一个典范。

高科技的引入改变了传统的产业划分，从而使新的产业格局建立在技术进步基础上。绿色化学 PSC 工程的实质，是依托高科技，用高新技术改造传统产业，进行资源的综合开发，提高老工业产品的科技含量。鲁北集团的经验表明，朝阳产业与夕阳产业的区别不在于产品，而在于用什么样的方法和工艺流程来生产产品；没有高科技的方法和工艺，"朝阳近黄昏"；有了高科技的方法和工艺，"夕阳无限好"。目前，我国面临着产业结构的根本性调整，对夕阳产业进行改造是产业结构调整的重要内容。从统计调查结果看，许多夕阳产业不仅是很大的就业载体，而且其产品也有很大的市场需求。但是，这些产业由于资源消耗大、成本高，其产品大都被进口产品所取代。因此，对这些产业不是简单地放弃，而是要通过技术创新，进行资源综合开发，从而形成新的产业格局和相应的市场供给需求关系。

进行资源综合开发，提高资源利用效率，消除环境污染，是未来工业发展的必由之路。环境与发展是当今全球普遍关注的重大问题。发展经济、改善环境、实现可持续发展已成为世界各国尤其是发展中国家紧迫而艰巨的任务。我国作为发展中国家，面对着发展经济与改善环境的双重挑战，环境与发展的协调统一已成为实施工业可持续发展战略所必须解决的关键问题。鲁北集团在发展中，正确处理环境与发展的关系，将环境问题作为经济活动的重要组成部分，谋求在经济活动过程中解决环境问题。鲁北集团地处经济欠发达的传统农业地区，这里的工业基础薄弱，缺少资金技术和人才，尤其缺少该行业发展所必需的原料资源。但鲁北集团在发展中，注重"就地取材"，进行资源综合利用技术的开发，其研制开发的诸项重大科技成果及专利技术，无一不与资源综合开发及利用相联系。这些技术不仅化有害废弃物为资源，而且还注重提高资源的利用效率，从而大大提高了自己在同行业中的竞争力。

第九章　竞争与发展战略

　　鲁北集团十分重视战略管理和战略研究。在集团发展的历程中，集团领导注重把握行业发展动态和趋势，通过自主创新打造他人难以模仿的竞争优势，并根据企业内部条件和外部环境变化制定和调整企业战略。集团较早地认识到只有走资源循环利用和环境友好型发展道路，才能解决资源和环境对化工企业的制约。本着这个认识，他们把环境友好、资源循环利用作为战略决策的首要原则，以创建时的 40 万元试验经费，承担了国家"六五"重大科技攻关项目——盐石膏制硫酸联产水泥技术试验，历经磨难取得了成功。此后，他们取得了一个又一个技术突破，并将其产业化。他们在全国率先提出循环经济理念，创建了磷铵、硫酸、水泥联产，海水"一水多用"，清洁发电与盐、碱联产三条绿色产业链组成的生态工业体系，形成了自己的核心竞争力。1996 年，鲁北集团控股的鲁北化工股份有限公司在上海证券交易所挂牌交易。进入 21 世纪以来，他们按照产业发展规律，延长产业链条，实现了油化工、氯碱化工、盐化工"三化合一"，企业跻身全国化工 500 强，被国家环保总局命名为全国第一家"国家生态工业示范园区"，首批获得国家环境保护的最高荣誉"国家环境友好企业"称号。正确的竞争与发展战略为集团可持续发展奠定了基础。

　　冯怡生董事长认为，搞企业，"搭班子，定战略，带队伍"九字真经非常重要。在接受国情调研组访谈时他说：战略和规划很重要，缺乏企业长远规划和独到的市场眼光是中国企业面临的最大问题，比如盲目跟风、同质化严重、贴牌生产和拼装，一律以铺货来达到抢夺市场的目的。资金运营缺乏有效的规划和统筹，投入和产出不成比例，一旦出现风险就面临崩盘。过分短视，最终导致企业的价值链过短，生产利润低下，成为企业一切管理疾病和发展缓慢的最根本原因。鲁北集团未来的十年，目标已经很明确，我们要建成具有国际竞争力的世界级企业。

第一节　企业竞争环境

　　竞争环境是指企业当前和今后一个时期所面临的外部条件及其变动趋势，包括政治法律环境、社会文化环境、经济环境、技术环境等。企业总是处于不断变化的环境中，企业所处环境对于竞争优势的获得、发展具有重要影响。正确把握企业所处环境及其变化趋势，准确预见外部环境给企业带来的机会和威胁，是企业战略管理的首要环节。

一、企业所处行业的总体环境和发展趋势

　　鲁北集团产品横跨化工、建材、电力三大产业，产品包括化肥、氯碱、液溴、水泥和电等，但生产方法主要归属于化工产业。上市公司鲁北化工的化肥包括磷铵和硫酸钾两大类产品。从 2006 年的公司的财务报表数据来看，这两大类产品为公司创造了近 40% 的主营业务收入，其中磷铵收入占 20.9%，硫酸钾收入占 18.9%。鲁北集团的主营业务收入在一定程度上受化肥行业状况的影响。

1. 化肥行业

　　化肥是重要的农业生产资料和单位面积农产品产量的主要手段之一，关系农民切身利益。农业生产中常用的化肥包括氮肥、磷肥、钾肥、复合肥、复混肥和微肥等。其中，磷肥包括高浓度磷肥（重过磷酸钙、磷酸一铵、磷肥二铵）和低浓度磷肥（钙镁磷肥、过磷酸钙）两类。

　　我国是世界最大的化肥生产和消费国，年化肥消费量 4300 万吨（折纯），占全球化肥施用量的 1/3 左右。虽然，我国化肥需求的总量很大，但其需求增长速度缓慢。1999～2005 年间，全国化肥施用量平均年增长率约为 2.23%，远低于同期产量增长率。从化肥供给的角度上看，20 世纪 90 年代中期以来，我国一些大型化肥厂陆续投入生产，化肥生产能力迅速扩张，实际产量逐年提高，2006 年化肥产量 5304.8 万吨（折纯），比 2005 年的折纯产量 4956.06 万吨，增长 14.2%。

　　从行业发展前景来看，未来我国化肥市场需求仍将继续持续上升。根据有关部门的预测数字显示，到 2030 年，我国人口将达到 16 亿，人均粮食按

400 公斤计算，粮食的产量应该稳定在 6.4 亿吨左右，化肥行业将在较长时间拥有较大的增长空间，市场需求前景较好。另外，我国化肥企业规模普遍偏小，缺乏能带领国内中小化肥企业的大型龙头企业，产业集中程度较低，各企业间的竞争能力差距较大。这种状况使得一些优势化肥企业未来拥有巨大的扩张空间。

随着改革的深入，我国化肥行业将以市场化改革为导向，加快推进放开价格、取消优惠、直补农民、完善监管的改革，这对化肥企业生产经营将产生影响和压力。由于原料价格上涨和环境标准的提高，化肥行业将面临激烈的竞争。规模较小、成本高的企业将面临较大冲击，靠近资源、技术先进、消耗低、规模大的企业具有明显优势，大中型化肥企业面临良好的发展机遇。

鲁北集团的化肥产品主要是磷酸二铵。磷酸二铵的主要原料是磷矿石、浓硫酸和液氨，三者占其制造成本的 80% 左右，生产 1 吨磷酸二铵分别需要 1.7 吨磷矿石、1.17 吨浓硫酸和 0.22 吨液氨。我国磷矿资源比较丰富，主要分布在云南、贵州、湖北和四川等省份，具有分布相对集中、外运困难、贫矿多、富矿少、采选难度大的特点。浓酸法生产磷酸二铵要求磷矿质量好且稳定，一般采用经过采选富集的磷精矿。但国内磷矿以中低品位为主，高品位磷矿石储量不足，可直接用于生产磷酸二铵的高品位磷矿越来越少。磷矿富产区省份磷酸二铵和磷酸一铵产能急剧扩张，开始严格限制磷矿资源出省。可以预见，未来这些省份将进一步减少出省磷矿资源，可能导致部分磷矿供应不足的省份的磷肥和磷化工企业开工率下降。此外，优质磷矿石价格持续上涨，将带动国内磷复肥企业原料成本上涨，在一定程度上影响削弱磷肥企业的盈利水平。

鲁北集团没有磷矿资源优势，但是拥有磷铵、硫酸、水泥联产技术，具有技术、成本优势，未来磷酸二铵产能规模主要受磷矿资源供给制约。从中长期看，可以利用临近黄骅港的优势，谋划从国外进口优质磷矿石来解决原料制约。磷酸二铵主要用于东北、华北、西北、山东等地区。由于磷酸二铵价格较高，部分农民以三元复合肥、各种作物专用肥替代磷酸二铵。我国磷酸二铵市场需求比较稳定，年消费量大体维持在 600 万吨左右。出口需求受到国家控制。以上因素致使磷酸二铵市场价格上涨受到需求方制约。

2. 氯碱行业

工业上用电解饱和 NaCl 溶液的方法来制取烧碱、氯气和氢气，并以它组和 500 千伏交支流输变电工程的设计、施工、调试和运行技术，掌握了 180 米级各类大坝的建筑技术，我国电厂和电力系统的仿真技术已经进入世界先进行列，运行基本实现了自动化、现代化管理。

虽然我国最近几年电力行业发展较快，但由于人口众多，2005 年底我国人均装机和用电量只有世界平均水平的一半左右，为发达国家的 1/6，用电负荷市场发展前景广阔。

我国目前在发电领域缺乏竞争机制，不同投资性质、机组类型的电厂之间竞争状况并不明显。随着供求形势的变化和我国电力体制改革的进一步深入，在厂网分开的基础上，发电企业将逐步实现竞价上网。不同类型电厂之间将展开真正的竞争，一个公平竞争的发电市场将逐步形成，发电企业实际发电量的多少完全由市场竞价决定。届时电厂的效率和成本将成为决定其竞争实力的最重要因素。

鲁北集团依托的滨州电网处于山东电网的北部末端，从主网受电的线路较长。根据滨州供电公司近期对滨州电网规划的调整，2010 年全社会用电量将达到 152 亿千瓦时，电网统调最高负荷为 1360 兆瓦。"十一五"期间，年平均增速分别为 11.1% 和 11.8%。从目前滨州电网的装机容量现状来看，滨州电网需要较强的电源支撑点，才能提高电网运行的安全和电能质量。鲁北集团规划建设的生态电厂和风电装机，不仅可以改善鲁北地区及山东电网末端的电力供应状况，缓解电力供应紧张局面，而且还能进一步完善山东电网的供、销结构，促进黄河三角洲经济的协调快速发展。

根据山东电力规划，鲁北企业集团总公司在鲁北生态工业园区内建设鲁北生态电厂。电厂建设分二期进行，其中一期建设装机容量 2×300 兆瓦，二期建设装机容量 4×600 兆瓦，加之现有装置规模，最终形成 4000 兆瓦发电能力。该项目采用海水冷却，海水温度和卤度升高后，送鲁北盐场制盐；炉渣一部分作水泥掺加混合材，一部分生产粉煤灰砖；锅炉烟气采用石灰石湿法脱硫工艺，所产石膏渣作生产硫酸的原料，资源得到充分利用，形成全国最大的生态示范电厂。

鲁北风力发电规划装机总容量约 10000 兆瓦，近期规划目标 2000 兆瓦，远期规划目标 10000 兆瓦。本项目为一期工程，总装机容量为 48 兆瓦，拟布置 1500 千瓦风机 32 台，预计每年实际发电量 9852 万千瓦时。

二、企业的主要竞争对手简介

鲁北集团横跨多个行业,产品种类和品种较多,竞争对手比较复杂。但是,鲁北集团的基本产品是磷肥,水泥、硫酸是生产磷肥过程中的联产品。目前和今后一个时期,鲁北集团的发展主要受到磷矿供给和磷肥市场需求状况的制约,从原料路径和核心技术路径来看,鲁北集团竞争对手主要是磷化工特别是磷肥企业。国家正在深化化肥生产和营销体制改革,市场的可竞争性不断增强。从市场情况看,全国主要磷化工和磷肥企业都与鲁北集团形成竞争关系。就企业而言,鲁北集团主要竞争对手包括中国中化集团公司、山东鲁西化工股份有限公司、安徽六国化工股份有限公司、河北沧州大化股份有限公司、湖北宜化化工股份有限公司。

1. 中国中化集团公司

中国中化集团公司为国务院国资委直接管理的四家国家石油公司之一,是中国最大的化肥进口商和磷复肥生产商,也是中国重要的化工产品营销服务商。该公司成立于1950年,前身为中国化工进出口总公司,以石油、化肥及其他化工产品的生产和销售为主营业务,是国内最大的化肥供应商和磷复肥生产商,是中国最早进入《财富》全球500强排行榜的企业集团之一,2006年第16次入围,名列第304位。2006年,公司实现销售收入1842亿元,利润总额43.76亿元,居中央商贸企业首位。目前,公司是中国最大的化肥产供销一体化企业,也是国内唯一同时拥有氮、磷、钾三大基础肥料生产能力的企业,年化肥销售总量超过1000万吨,分销网络覆盖中国主要农业区域。

自2004年以来,中化集团公司加快兼并重组步伐,加大对化肥上游资源的获取力度,完善营销网络和售后服务,形成了贯穿资源控制、研发、生产、营销和农化服务各个环节的比较完整的化肥产业链,提升了其化肥业务的市场价值和社会价值,强化了在国内化肥市场的主导地位。2004年控股成立中化山东肥业有限公司,并收购涪陵化工有限公司60%的股份,将涪陵化工高浓度磷复肥年产量提高到200万吨,成为国内最大的生产基地。收购盐湖钾肥20%的国有股份,成为其第二大股东。参股天脊高平60万吨尿素项目,投资成立云南三环中化化肥有限公司,参与建设国内最大的磷复肥生产基地。2005年,中化集团公司将化肥业务注入中化香港控股有限公司,使其在香港资本市场成功上市。上市后,中化集团化肥业务在资金保障和制度创新方面形成了更为明显的优势，以分销为龙头、产供销一体化的发展战略取得了新的重要进展，对化肥资源的控制能力和市场营销能力进一步增强。

2. 山东鲁西化工股份有限公司

山东鲁西化工股份有限公司（鲁西化工）由山东聊城鲁西化工集团总公司作为独家发起人，对该集团公司的下属企业聊城地区鲁西化肥厂、山东东阿化肥厂进行改组设立的股份有限公司，1998 年在上海证券交易所挂牌交易。

鲁西化工的产品包括尿素和复合肥。公司确立了创鲁西品牌、做百年企业的经营理念，技术改造和项目建设稳步推进，统一运作优势不断显现，产品产量、销售收入增长较快，企业整体运行质量显著提高。鲁西化工的"鲁西"牌商标荣获中国驰名商标称号，为今后产品的销售奠定了良好的基础。2006 年顺利完成了证券市场再融资工作，为新上项目建设提供了资金保障，为企业发展注入了新的活力。鲁西化工 2006 年实现主营业务收入 39.27 亿元，主营业务利润 4.80 亿元，净利润 1.48 亿元。

公司未来发展战略是继续做强做大化肥主业，采用先进科学技术改造传统产业，优化生产装置配置，降低生产成本，提高产品质量；积极发展能源化工、原料化工，实现化肥与化工的有机结合；适时进入精细化工领域，培植新的经济增长点。在新项目建设上采取集中布局的方式，共享煤、肥、化、电、热、环保的设施配套和综合利用，实现绿色化工、生态化工和企业的可持续发展，提高公司的盈利能力和综合竞争力。

3. 安徽六国化工股份有限公司

安徽六国化工股份有限公司（六国化工）是经安徽省人民政府批准，于2000 年由铜陵化工集团以其全资附属企业磷铵厂中与磷铵生产经营相关的经营性净资产经评估确认后的净资产出资，铜陵通源投资服务有限公司、铜陵市三佳电子（集团）有限责任公司、铜陵精达铜材（集团）有限责任公司和化学工业部第三设计院（东华工程公司）以现金认购设立的股份有限公司，2004 年在上海证券交易所挂牌交易。

六国化工主要从事高浓度磷肥的生产销售，主要产品为磷酸二铵、高浓度复合肥，是我国磷酸二铵生产企业中唯一拥有中国名牌、中国驰名商标和国家免检三大国家级品牌荣誉的企业。2006 年生产高浓度磷复肥 83.91 万吨，实现主营业务收入 15.01 亿元，主营业务利润 1.58 亿元，净利润 0.59亿元。2007 年，公司成功实施了非公开定向增发，为未来发展奠定了资金基础。

公司制定了主业扩张、降低成本、同心多元、强化营销的发展战略。主业扩张即利用国内磷复肥进口量大，高浓度磷复肥市场前景好，国家鼓励该产业发展的时机，迅速扩大磷复肥的生产规模，提高市场占有率，使磷复肥的生产能力保持国内领先的地位。降低成本即保持和扩大硫资源的优势，减少合成氨价格与国外的差距，弥补磷资源的劣势，通过技术改造，加强管理，提高技术水平，降低生产成本，使磷铵生产成本达到国际先进水平。同心多元是磷复肥产品的多元化，一是以磷肥产品为中心，发展一些适应市场需求的复合肥、BB 肥等新品种；二是以磷、硫为核心，发展高技术含量的精细磷、硫化工产业，提高产品的附加值。多元化既不脱离主业，也适当分散经营风险。强化营销是继续完善营销网络的同时，降低单位产品的营销费用，注重与农化服务相结合，学习国外先进的营销经验，树立企业形象，扩大品牌的知名度。

4. 沧州大化股份有限公司

沧州大化股份有限公司（沧州大化）是由河北沧州大化集团有限责任公司作为主发起人，以其部分经营性净资产出资，联合中国化学工程第十三建设公司、中国农业生产资料天津公司、河北沧州塑料集团股份有限公司、河北三威贸易有限责任公司四家企业，以现金作为其各自出资，共同发起设立的股份有限公司。2000 年在上海证券交易所挂牌交易。

沧州大化是以生产和销售化肥等化工产品为主业的上市公司，主导产品"铁狮"牌尿素为市场公认的名牌产品，达到国际标准水平。2006 年公司实现主营业务收入 16.31 亿元，主营业务利润 3.54 亿元，净利润 1.02 亿元。

公司制定了以化肥装置为后盾，以 TDI 项目为龙头，开发具有高附加值、高科技含量化工产品，实现规模化发展的战略。公司拥有从美国凯洛格公司和荷兰斯特米卡邦公司全套引进的年产 30 万吨合成氨和 48 万吨尿素（高浓度氮肥）大型化肥生产线、3 万吨浓硝酸和 5 万吨硝铵生产装置和 0.6 万吨三聚氰胺生产装置。公司的控股子公司 TDI 公司拥有年产 3 万吨甲苯二异氰酸酯（TDI）生产装置，是国内异氰酸酯行业的主要生产厂家。

5. 湖北宜化化工股份有限公司

湖北宜化化工股份有限公司（湖北宜化）是湖北宜昌化工厂经股份制改造以定向募集方式设立的股份有限公司。1996 年在深圳证券交易所挂牌交易。

公司资源丰富，位于我国磷矿资源三大富矿区之一的宜昌市，拥有高品位磷矿 3 亿余吨，产品涵盖化肥、化工、热电三大领域十余个品种，产品主要有尿素、季戊四醇、聚氯乙烯（PVC）、磷酸二铵、氯碱产品，具备年产 40 万吨合成氨、65 万吨尿素、6.5 万吨季戊四醇的主导产品生产能力。2006 年，公司实现主营业务收入 29.87 亿元，主营业务利润 5.80 亿元，净利润 2.15 亿元。

制定了围绕现有的煤化工、磷化工、盐化工三大化工主营业务，进行上下游延伸和国内外延伸，形成较为完整的价值链和相互支撑的产业群，形成产品生产、资源控制、技术研发和市场营销共同发展的经营战略。

三、优劣势分析

1. 优势分析

鲁北化工是目前世界上最大的磷铵、硫酸、水泥联合生产企业，也是全国最大的石膏制硫酸基地和磷复肥生产基地，拥有多项自主知识产权的环保技术，创造了经典的"鲁北生态工业模式"，成为中国首批循环经济试点企业。鲁北集团的优势主要体现在以下几个方面：

（1）先进的生态产业技术。以生态产业技术促进企业传统产业的转型，是鲁北集团的突出特色。鲁北生态工业园区是世界上为数不多的、拥有多年成功运行经验的生态工业园区，是我国实现经济与环境"双赢"的一个典型案例。国家科技部、国家环保总局分别以"国科火字［2004］14 号文"、"环函［2003］324 号文"批准认定了国家海洋科技产业基地、中国鲁北生态工业建设示范园区，拥有 1 家国家级技术中心、1 家博士后科研工作站、1 家绿色化学研究院、1 家化工建材设计院等科研机构，拥有雄厚的生态产业技术积累，科技开发体系完善配套，具有丰富的海洋科技、生态科技产业技术开发经验，具有整合科技、人才、资源、能源，加强生态科技产业技术和体系创新建设，促进生态科技产业技术的产业化进程的能力。鲁北集团的发展道路符合国际可持续发展潮流，是一种新型工业化发展模式，体现了循环经济的重要理念，具有重要的示范意义。

（2）产业和产业链优势。多年来，鲁北集团以生态产业技术为依托，立足于国情，形成了支农、环保、建材、原材料、高新技术开发等优势产业，实现了科技创新与工业发展和环境保护有机结合，专家评价为中国未来经济的可持续发展树立了一个生态产业楷模。在鲁北化工的开发区内，山东鲁北企业集团、山东鲁北化工股份有限公司、山东鲁北发电公司、山东鲁北盐场等 50 家大中型高新技术企业，遵循生态规律，应用循环经济理论和系统工程的思想，通过实施技术集成创新，把资源、原材料使用具有共性的企业集中布置，形成了最为合理的共生关系，通过对各个下属企业之间和产业链之间物质、能量和公用工程进行系统集成，完成了系统内物质循环、能量集成利用和信息交换共享，构建了一个生态工业系统，创造了一个结构紧密的、共享共生的中国鲁北生态工业模式，解决了工业发展与环境保护的矛盾，实现了生态效益、经济效益和社会效益的协调发展，是世界上为数不多的具有多年成功运行经验的生态工业系统，比国际上推广的卡伦堡模式的企业间联系更加紧密，比杜邦模式的产业链关联度更大，堪称我国循环经济的典范，被联合国环境规划署亚太组织确立为中国循环经济的典型。

（3）区位和区域优势。鲁北集团位于山东省最北部，濒临渤海，拥有 60 万亩沿海土地资源，与国家特大港口——黄骅港隔河相望。黄骅港是南起龙口，北至天津近 700 公里海岸线上唯一的特大型港口，有效地改善了黄河三角洲与环渤海经济圈中间地带的交通环境，其辐射带动作用逐渐显现。依托鲁北高新技术产业开发区，从战略高度着眼，规划中的通往黄骅港的鲁港大桥以及运河建成后，将贯通山东与河北两省的陆海通道，改变两地的地域阻隔，有利于加强山东、河北两省的经济交流，增强区域经济的发展活力，增加人流、物流、资金流、信息流，使相对落后的山东鲁北、河北沧州地区投资环境、发展环境得到改善；并有利于培植壮大新的生态科技产业体系，改善鲁北、沧州地区的工农业产业布局，尽快形成具有环境友好、资源节约特色的循环经济生态科技产业聚集带，促进当地生产生活条件、自然环境的改善和提高，推动文教、卫生、科技、金融、通信、环保、交通等事业的全面发展。

（4）资本运营优势。集团总公司控股的鲁北化工 1996 年在上海证券交易所挂牌交易，实现了鲁北集团从生产经营到资本运营的战略性转变。鲁北化工上市后，曾经以全国支农化工第一股和行业属性好、科技含量高、成长速度快、经营业绩好、扩股能力强的良好形象，成为沪市绩优板块的代表之一。但是，近年来，由于原材料价格持续上涨，生产成本攀升，磷复肥市场竞争激烈，使公司盈利水平保持在低水平。自 2000 年配股以来，鲁北化工一直没有在证券市场募集资金。2006 年以来，我国证券市场持续快速发展，融资功能得到恢复和加强。鲁北化工的母公司山东鲁北企业集团总公司近年来发展很快，正在建设鲁北国家生态工业示范园区，已经和即将投产一批大型火电、风电、化工、海水淡化项目，油化工、盐化工、煤化工"三化合一"产业链条初步形成。因此，鲁北集团资本运营条件较好，空间较大。

（5）完善的科技开发体系。鲁北集团拥有配套的科研机构和科技开发网络体系，设有国家级技术开发中心、化工建材设计院、高新技术攻关部以及配套的中试基地，同时拥有全国第一家绿色化学研究院，并与中科院、中科大、青岛海洋大学等30多家高等院校、科研单位建立了科技联盟。公司注重科研机制建设，实行"人才兴企"工程，推行科研机构实行企业化经营，不断增大科技投入，重奖有突出贡献的科技工作者，拥有大量专业技术人员，不断引进国内外智力，加强国际间的科技和人才交流；锻炼和培养了一支工程设计、项目评价、科技开发与推广的科研队伍，形成了集科研、设计、开发、生产、技术推广于一体的科技开发体系。

（6）优秀的企业领导班子。鲁北集团拥有一个优秀企业家群体，正是这一群体实现了鲁北集团的腾飞。其中，董事长冯怡生是第七、八、九、十届全国人大代表，全国劳动模范，全国科技实业创业金奖获得者，全国有突出贡献的中青年专家，中国优秀专利发明家。他信奉"信念是人生支柱，责任是人生动力，奋斗是人生幸福，奉献是人生价值"，以"不为利禄、洁以奉公"的形象，培养了一批敢闯敢干、勇于拼搏的企业家群体。总经理冯久田为全国优秀科技工作者、山东省十大杰出青年、山东省青年科技奖获得者、山东省科技创业杰出青年，他以其杰出的科技贡献和领导才能，为企业引入了现代企业科学管理。鲁北集团所拥有的优秀领导班子为企业的发展凝聚人和的竞争优势，为企业获得成功创造了条件。

（7）卓越的鲁北精神。冯怡生董事长在接受国情调研组访谈时说：现在企业最大的问题就是困扰企业的三座"大山"：一是不合格产品，二是应收账款，三是库存，但最可怕的是没有奋斗精神。

鲁北集团公司在其创业与发展的历程中，形成了自身的企业文化，培育了卓越的鲁北精神。企业创建之初，以董事长冯怡生同志为代表的公司领导班子带领全体员工创造了艰苦创业、不懈进取的"黄席棚"精神。企业发展壮大后，董事长冯怡生、总经理冯久田同志带领一班人将这一精神发扬光大为"艰苦创业、不畏艰难的不懈进取精神，全心投入、事业至重的爱岗敬业精神，抢抓机遇、目光长远的敢想敢干精神，科技领先、争创一流的追求卓越精神，严谨务实、与时俱进的锐意创新精神，报效社会、甘于付出的无私奉献精神"。① 鲁北精神凝聚了企业发展的强大合力，塑造了一个团结奋进、勇于开拓的班子，锤炼了一支科技领先、追求卓越的企业家队伍。艰苦奋斗促使鲁北人勤恳敬业，务实创新，敢争金牌，争创大业。

2. 劣势分析

冯怡生董事长在接受国情调研组访谈时说："鲁北从创业期进入成熟期，要突破四块'天花'：一是形成成熟的运行管理体系；二是创始人实现自身突破成长，在企业运行上不再靠个人，而是靠职业化的团队，突破这个局限，就要靠制度的建设和文化的建立，用职业化管理团队来弥补个人的缺陷；三是拥有核心竞争力，核心竞争力不是什么好干什么，什么赚钱干什么，市场经济条件下不允许有暴利；四是有充分的现金流，资金链是企业成长时期的关键因素，它关系到企业的发展。企业成熟期具有四大标志：其市场份额比较稳定；生产技术比较成熟；产品质量非常稳定，效益比较高；现金流一定收入大于支出。到了成熟期，企业仍然会面临一定困境，主要表现在，小福即安，对市场的变化不敏感，创新精神产生衰弱现象。"

我们分析鲁北集团的劣势主要有以下几点：

（1）经营管理体制改革相对滞后。鲁北集团现行经营管理体制的突出特点是统一财务、统一管理、权力和责任高度集中。这种管理体制在企业发展的特定阶段，在杰出领头人带领下可以有效运转。但是，随着集团的发展，这种管理模式会逐渐失去效率。虽然集团管理层已经认识到这一点，但是，进行管理制度创新的阻力仍然很大。此外，集团成员企业之间的关系需要进一步规范。目前，集团总公司与成员企业之间在某些方面还具有总分厂的特点，规范有效的母子公司关系没有建立起来。由于以上原因，鲁北集团的经营管理制度改革滞后于资产规模的扩张，从而对公司规模的扩大形成了一定的阻力。

（2）人才结构不合理。鲁北集团的管理层一直以技术专家型人才为主。虽然这些技术专家型人才普遍学历不高，但都参加了初期的艰苦创业和各方面历练，具有丰富的组织科技攻关和经营管理的经验，当前和今后一段时期他们仍然是集团发展应该依靠的骨干。但是，随着鲁北集团资产规模的扩大、经营领域的扩展和国际经营步伐的加快，鲁北集团人才结构不合理的缺

---

① 中共无棣县委、无棣县人民政府 2005 年发出的《关于开展向鲁北企业集团总公司学习活动的决定》（棣发〔2005〕3 号）把鲁北精神概括为这六个方面。

陷日益明显。从公司实际情况看，公司主要缺乏复合型的高级管理人员、财经人员和外语与财务的复合型人才。复合型的高级管理人员一般都受过良好的高等教育，都具备大型公司的专业管理知识、了解化工行业的技术与产品市场状况。由于鲁北集团多年的发展，集团总部和各子公司以及分厂的财务人员不再是简单的记账员、出纳员，而必须是受过现代财务的专业训练，了解资本市场的基本知识的财经人员。此外，俄罗斯、白俄罗斯、哈萨克斯坦、吉尔吉斯斯坦、乌兹别克斯坦五国对于引进鲁北集团多项专利技术感兴趣，而且也同意鲁北化工集团以技术入股。但是，在合作之前以及合作的过程中，鲁北化工集团需先了解国外企业的经营状况、财务状况。然而，目前的人才供给市场上，一时难于找到既懂外语又熟悉企业财务制度的专业人员。总体上看，这三类人员的缺乏使鲁北集团既定发展战略的实施受到了一定程度的影响，制约了集团公司的发展壮大。

（3）经营者和骨干人员的激励机制不健全。企业需要对不同人员实行不同的激励措施。普通员工一般实行岗位工资制，中层管理人员一般实行年薪制，高层经营管理人员和技术骨干应把工资分配与股权激励结合起来，职位越高中长期激励所占比例越大。鲁北集团的成功源于技术进步、技术创新，依托的是创业者的奉献精神。今后的发展壮大仍然离不开创新推动和员工的奉献精神。但是，集团对高层、中层经营管理人员和骨干技术人员的激励仍然存在结构不合理、水平偏低的问题。

3. 竞争对手采取的战略行为

由于我国外贸经营权的放开和国家石油、化肥经营体制的改革，中化公司的外部经营环境发生了根本性变化，长期赖以生存的传统进出口代理经营模式难以为继，中化公司一度出现了资不抵债、危机重重的困难局面。为了解决公司的生存问题，该公司开始了它的市场化转型之路。在此期间，其所采取的战略性行为主要包括以下几个方面：

（1）整顿下属业务经营机构，实现资源的集中经营。1999～2001年，中化公司对当时下属600家经营机构进行大规模撤并重组，关、并、转下属机构400余家，退出了大量的非主营业务领域。同时，公司整合内部资源，围绕石油、化肥、其他化工产品等主营业务成立经营中心，把保留下来的机构纳入各大中心一体化运营。这期间，该公司集中清理逾期应收账款和不良投资项目，使一些金额较大的欠款案得到圆满解决，一批重大项目得以盘活。到2003年底，历史遗留的上百亿元不良资产全部清理消化（齐中熙，

2007）。

（2）实施"管理改善工程"，增强总部管控能力。1999年，为了适应市场化转型的需要，中化公司开始实施"管理改善工程"，引入市场化的管理及业务流程，形成了较为完善的管理体系和内控机制。首先，中化公司按照"管理无空白、无重叠、事情有人管，责任有人担"的原则，重新构建了组织机构和决策体系，使集团总部成为战略管理、关键岗位人力资源配置、重要经营资源统筹安排、投资决策和资产交易的中心。其次，在制定下属经营机构的经营政策方面，该公司按照"自主经营、受控经营"的原则，进行分类管理、规范运作。此外，为了更好地驾驭市场风险，公司以风险管理为核心，建立了前台（业务）、中台（风险管理）、后台（财务）相互独立、相互制约的内控机制，并将风险管理从最初的信用风险向库存风险、市场风险延伸，从单纯的贸易风险向战略风险、投资风险延伸（齐中熙，2007）。通过这一战略举措，中化公司既实现了总部对各业务单位的统一管控，又使各企业拥有根据市场变化灵活、快速决策的权力，也实现了对市场风险的有效管理。

（3）打造产业链，提升主业竞争力。针对产业定位模糊、业务形态单一、盈利能力脆弱等问题，中化公司制定了以"一种能力、两个延伸、三大支柱"为主要内容的市场化战略。其中，"一种能力"是面向市场的核心竞争能力；"两个延伸"是围绕主营业务进行上下游和国内外延伸；"三大支柱"是借助研发、金融及营销服务的支持，建立石油、化肥和其他化工产品三大核心业务，形成较为完整的产业链条。在这一战略指导下，公司创新经营模式，充分参与市场竞争，集中资源发展主业，改造主营业务传统的经营模式，以增值服务为客户创造价值，向产业链上下游延伸渗透，在最有价值的环节上强化竞争地位（齐中熙，2007）。

（4）树立自身产品品牌，建设营销网络。中化公司通过将化肥直接送到农民手里来实现他们永远充当中国农民最大的化肥供应商，甚至成为中国农业投入品的主要供应商的目标。为了实现这一目标，1999年中化公司开始着手树立自己的品牌，以品牌建设销售网络。多年来，尽管中化一直是中国化肥的主要进口厂商，但中化的标志——"蓝色烧瓶"形象，却从来没有被农民所认知。为了实现这一"树立品牌"的战略目标，1999年中化公司在其所供应的产品包装上，打上"蓝色烧瓶"，作为中化公司的产品标志，从而使其自身的产品得到了很好的推广。有了品牌的支持，中化公司的销售网络有了坚实的基础。截至 2003 年底，中化化肥已在全国建成了 15 家分公司、90 家分销中心和 120 多家乡镇中心店。

（5）寻求全球战略伙伴。2005 年，中化公司与全球最大的化肥供应商加拿大 PotashCorp 公司正式签订战略联盟协议。根据协议，2006 年 Potash-Corp 通过香港证券市场，分两次耗资 2.2 亿美元购入中化香港控股 20% 股权。这一举动在一定程度上能够加强中化公司与 PotashCorp 公司在全球范围内的战略联盟。PotashCorp 公司是全球最大的化肥供应厂商，是世界上最大的钾肥供应厂商，也是全球第三大磷肥生产商，第四大氮肥生产商；在动物饲料领域，拥有世界上最大的饲料级磷肥生产能力；也是全球最大的工业级氮肥的生产商以及北美仅有的三家工业级磷肥供应商之一。中化通过引入国际巨头作为战略合作伙伴，一方面可以降低采购成本，扩大自己的利润空间；另一方面可以抢先控制市场制高点，为在下一轮农业大发展的机遇下继续保持领导者地位奠定基础。

（6）加速向跨国公司转型战略。中国中化集团公司大力推进市场化转型，从一个依赖垄断经营的外贸企业逐步发展为理念先进、管理科学、具有较强市场竞争力的创新型跨国企业。经过九年的努力，中化公司在海外建立了欧洲、美洲、亚洲、中国香港四大集团，以遍及全球的营销网络为国内外客户提供优质产品和便捷的营销服务。该公司已经在香港和上海分别拥有"中化香港控股"和"中化国际"两家海外上市企业，已经成为一个颇具竞争力的大型跨国公司。

（7）走集约型道路，实现可持续发展。2006 年底，中化公司总资产达到 695 亿元，净资产达到 263 亿元，分别比 1998 年增长 69% 和 210%。正如中化公司的总裁刘德树所说，中化不是单纯追求规模发展，而是在内涵和效益上走出一条集约化发展的道路，这也是中化成功转型的一个重要经验。多年来，中化公司坚持走集约化的发展道路，基本形成以增强原油资源和分销能力为重点，从勘探开发、炼制到分销、零售的完整产业链的石油业务模式。在化肥业务上，坚持形成了贯穿资源控制、研发、生产、销售和农化服务的一体化产业布局。在其他化工品业务板块上，坚持形成以流通服务为主体，以提升技术研发能力和对资源与市场的组织能力为重点，包括资源获取、技术研发、生产和物流服务在内的经营布局。近年来，伴随着市场化转型的推进和市场竞争能力的增强，中化品牌的社会影响和市场影响日益扩大（李慧，2007）。

第二节　企业战略规划

　　企业战略规划，是指企业根据国家、省、市发展规划和产业政策，在分析外部环境、内部条件和主要竞争者现状及其变化趋势的基础上，为企业长期生存与可持续发展所作出的未来一定时期内的方向性、整体性、全局性的战略定位、发展目标及其相应的实施方案。经过几十年的发展，鲁北集团基本形成了由集团发展战略、集团总公司和股份公司中长期发展规划、各成员企业 3～5 年发展规划和年度工作计划构成的战略规划体系。

一、战略管理的基本制度

　　战略管理的基本制度是企业经营的纲领性文件，其科学程度直接影响企业竞争力和可持续发展能力。鲁北集团战略管理的基本制度主要围绕战略制定和战略实施展开，先后制定了总体发展规划和多个专项规划。集团规划的制定基本与国家、山东省、滨州市和无棣县国民经济和社会发展（计）规划相衔接，"七五"、"八五"、"九五"、"十五"、"十一五"期间，鲁北集团都制定了企业发展五年总体规划，并结合企业发展阶段和实际需要制订专项规划。"十五"以来制定的专项规划包括，国家循环经济试点企业实施方案、山东鲁北企业集团总公司人力资源规划、山东鲁北企业集团总公司企业文化发展建设规划、山东鲁北企业集团循环经济发展规划、山东鲁北生态工业园区发展规划、山东鲁北企业集团总公司加强高技能人才培训培养工作实施方案、"十五"及 2010 年山东鲁北集团信息化建设发展规划等。

　　集团在战略制定和实施中，不断健全和加强战略管理机构和实施能力建设，战略管理制度不断完善。集团总公司董事会是集团战略决策机构，负责制定集团中长期战略目标和发展方向，集团及其控股企业的经营宗旨、远景目标、核心业务，并根据环境变化做出战略变革决策，审议并通过集团公司战略规划、业务战略规划及战略实施计划。集团总公司经营管理委员会是集团战略的执行机构，负责组织集团总体战略规划和专项战略规划的实施。其具体职责是：根据集团董事会要求，组织开展集团重大战略问题的研究；提出有关集团发展战略、经营方针政策、体制改革等重大建议；提出集团经营计划建议；对有关战略规划、经营计划进行审议并提出具体建议。

二、核心竞争力与基本战略定位

鲁北集团的核心竞争力来源于其独有的资源和技术，已经形成了四个系列循环产业链，奠定了鲁北集团循环经济模式的独特地位。

三个方面进一步拉伸和拓展鲁北模式的产业链：一是延展肥料产业链，增添特种复合肥料新产能，进一步丰富肥料产业产品结构。二是充分利用园区珍贵的土地资源，拓展生态农业产业链。三是改变园区景观面貌，建设绿色工业园区，为发展生态旅游等第三产业创造条件。

三、企业战略规划的基本内容

在总结 20 多年特别是"十五"发展经验的基础上，鲁北集团制定了未来一个时期的发展战略。战略规划内容主要包括战略目标、发展方向和重点、战略实施的保障措施。

1. 战略目标

鲁北集团确立的战略目标是，通过大力推进技术创新、产业化升级、可持续发展、市场化、国际化五大战略，把鲁北集团打造成技术先进、知识密集、管理文明、环境友好、结构和谐、系统网化，具有较强核心竞争力的跨国企业集团。

上述总体目标具体分解为经济效益、生态环境、生态管理、生态网络、科技进步、高端人才建设六个方面。

（1）经济效益指标。产品规模总量增加，经济效益显著，循环经济效益得到明显体现。到 2010 年前，年实现销售收入 200 亿元、利税 50 亿元；主要产品年生产能力：复肥 100 万吨、磷铵 50 万吨、硫酸 120 万吨、水泥 100 万吨、原盐 150 万吨、溴素 2 万吨、溴制品 1.6 万吨、烧碱 30 万吨、热电 4000 兆瓦、风力发电 300 兆瓦、原油加工能力 500 万吨、钛白粉 10 万吨、环氧丙烷 10 万吨、聚氯乙烯等树脂 20 万吨。

（2）生态环境指标。2008 年，鲁北工业园区生态环境质量维持在目前水平，园区植被覆盖率明显提高，园区绿化覆盖率不低于 40%，废水、废气、废渣的治理率达到 100%，园区水、气、生态环境质量保持在目前的环境质量水平，园区主要污染物排放总量控制在当地政府规定的总量控制指标内和环境容量内，排放总量不随工业总产值的增加而增加。2010 年，园区的整体生态环境质量进一步提高，主要污染物排放量在 2008 年的排放水平上再下降 20% 。

（3）生态管理指标。2008 年，鲁北工业园区建设成为 ISO14001 环境管理体系示范区，管理水平明显提高，通过实施清洁生产审计，建成生态工业支持中心，生态系统健康协调运转。2010 年，通过园区带动，区域社会、经济、环境初步实现协调发展。

（4）生态网络类指标。2008 年，原生态工业系统中的薄弱环节如氯气、氢气、合成氨柔性提高、同化效率提高，多样性程度显著上升，全系统元素利用、总体资源化水平稳步提升，海水产业部分的关联程度明显提高，各产业之间的联系更加广泛紧密，关联中间品比率、不同链节类型之间的数目比例更趋合理，系统结构更趋匹配和谐；构建完成生态电业、油煤盐"三化合一"、钛白粉清洁生产新的产业链条。2010 年六条产业链形成较大规模，系统的多样性和稳定性明显提高。

（5）科技进步指标。科技及其产业化水平稳步提升，技术进步水平明显提高。2008 年，生态电业、精细化工和高新技术及新兴产业的比重提高到 60% 以上，研究与发展资金投入占企业销售收入 7% 以上，技术进步贡献率达到 65% ，鲁北工业园区单位工业增加值能耗水平低于国家同行业平均水平的 30% ，园区单位工业增加值水耗水平低于国家同行业平均水平的 30% 。2010 年，整体技术装备达到国际 21 世纪初水平，主要产品生产技术装备达到当时国际先进水平。园区单位工业增加值能耗水平低于国家同行业平均水平的 40% 。园区单位工业增加值水耗水平低于国家同行业平均水平的 40% ，园区企业废水实现"零排放"，固体废物资源化比率达到 100% 。

（6）循环经济产业领域的创新团队和研发基地建设。广泛开展国内外科技合作，积极引进国内外先进智力和先进技术，建立产、学、研相结合的技术创新与成果转化体系，加大技术改造和技术创新投入，增强自主创新能力。

在北京设立企业战略发展规划院、再生能源技术应用研究院，招聘环保、科技、经济、金融、信息、管理等专业的国内外高端人才，克服当地偏远地区引进人才特别是高端人才的困难，形成"人才洼地"效应，为企业在循环经济产业、再生能源产业领域的进一步发展，提供科技、金融、经济、管理、信息、决策咨询等各项服务。

另外，建设国家级循环经济产业化园区。通过生态工业园区化、区域化的发展实践，鲁北集团为由企业到区域，再到社会层面实现循环经济探索出了一条成功路径，已形成完整配套的生态科技体系、生态经济体系、生态文化体系、可持续资源保障体系、和谐友好人居环境体系。山东省政府于2007年1月以鲁政发［2007］8号文，将鲁北列入山东省首批循环经济产业园区，以鲁北为主体，建设国家级循环经济产业化园区条件基本成熟。鲁北集团已将依托自身优势，整合各种资源，积极建设国家级循环经济产业化园区纳入战略发展规划。

2. 发展方向和重点

鲁北集团战略规划提出的发展方向和发展重点主要有以下几点：

（1）新能源。依托区位优势、地理优势、土地优势、风能资源、太阳能资源、海洋资源优势，建设大型风电厂；并开发居国际领先的太阳能光伏发电技术，进行硅片和太阳能屋顶发电技术的开发、建设。以风能、太阳能、热电三大主导产业为龙头，以渤海南岸具有发展核电的良好地理条件，积极探索发展核能，通过发展光伏技术、光热技术、风电技术、调速节能技术、海水冷却技术、海水淡化技术等路径，形成风电、太阳能、核电等再生能源与热电、火电相配套的规模化能源产业基础，优化山东北部能源结构，在环渤海经济圈形成再生能源高端产业凸起带。

（2）新水源。进行海水淡化关键技术的研发与产业化示范，建成国内最大的海水淡化基地。积极创造条件，利用核乏废料进行海水淡化的研究开发，以海水产业化推动海洋资源梯级开发利用。

（3）新材料。引进国内外智力，吸收先进技术，大力发展硅材料、镍材料，延伸发展硅晶体、非硅晶体和镍材料产业链。

（4）新模式。在现有生态产业循环网络的基础上，以能量梯级高效利用为核心，深层循环利用资源，进行非并网风电发展高耗能产业技术研发，大力开发利用风能，建立生态循环经济新系统。探讨把企业循环经济发展实践和区域生态建设结合起来，促进区域生态工业和新农村生态建设的双赢。

（5）培育壮大新的生态产业链。结合当地资源和技术优势，在磷铵—硫酸—水泥联产、海水"一水多用"、盐碱热电联产二纵一横生态工业雏形的基础上，积极培育新的经济增长点，重点培育和建设以国家"循环经济"生态电厂、风力发电为重点的生态电业产业链，以石油化工、煤化工、盐化工联合扩建为代表的油煤盐"三化合一"产业链，以硫酸法钛白粉扩建改造、硫酸亚铁焙烧制硫酸、稀废酸用来萃取磷矿制复合肥、氯化法钛白粉创新开发为重点的钛白粉清洁生产产业链，使鲁北生态工业系统呈现复杂网络形态。

（6）延伸产业链条，加强系统网络化。开发乙烯、合成树脂、甲醇、氯甲烷、氯化聚合物、环氧氯、丙烷等产品，使工业生态系统要素齐备、食物链网长且复杂，延长代谢途径，增强园区柔性，扩展企业间合作的空间，以生态工业系统的高效功能的持久维持和稳步提高，增强系统发展的可持续性，增强园区整体的稳定性。着力提高产业链系统要素之间在质态、量态、时间和空间联系，强化各产业链条之间相互关联，提高各系统之间的产业交叉度，使系统网络化、复杂化、有序化。

（7）加快节能、降耗、节水、减排改造。做好现有各装置以节能、降耗、节水、减排为目的的技术改造，提高总体的资源效率、能源效率，降低环境负荷。

（8）发展区域循环经济，构建资源节约、环境友好社会。以科学发展观统领经济社会发展全局，以生态工业带动当地农业、生态旅游、生态水产业的发展，以生态工业园带动发展区域循环经济，构建资源节约、环境友好网络体系，实现社会大循环。

3. 保障措施

鲁北集团战略规划提出的保障措施主要有以下几点：

（1）建立管理体系，加强组织领导。为落实好集团战略规划，鲁北集团设立了战略工作领导小组，对战略实施中的重大问题进行决策。

（2）争取国家支持，实行投资主体多元化。鲁北企业集团战略规划项目多、投资大。集团在争取国家政策和资金支持的同时，应依托科技产业优势，抓住科技资本与产业资本、金融资本的结合点，通过培育"鲁北化工"上市公司等扩股配筹、发行债券、社会募集、银行贷款、引进外资、相互参股等多种形式，实行投资主体多元化，拓宽融资渠道，加大融资力度。

（3）完善以企业为主体的自主创新机制。鲁北化工集团发展初期确定了以自主创新抢占科技制高点的技术战略。集团拟把科研、设计机制引入企业，使科研、设计、生产、经营一体化，大力推动科技进步，建设高效能的科技开发体系。依托国家级技术开发中心、博士后科研工作站、鲁北绿色化学研究院、化工建材设计院等科研机构，加强与全国科研单位、大专院校的横向联系和合作，强化技术吸收和开发能力，加快科技成果的转化，使科研具有自我发展的能力和推动生产经营发展的活力。

（4）加强基础建设。完善研究、开发、设计、工艺、质量以及信息管理等工作体系，扎扎实实作好技术基础工作，以适应科技进步的需要，增加科技投入，充实试验条件，缩短科技成果向生产力转化的过程。强化信息管理，建立科技信息库，开展电子商务，使信息管理更及时、准确、科学，以利指导科研、设计、生产、经营、决策。

（5）加强员工队伍建设，培养集团需要的人才。冯怡生董事长在主持鲁北集团高层干部学习时指出，企业招聘和培养员工，必须首先清楚企业需要什么样的员工，希望员工具有什么样的技能和特点，这是每个组织必须要弄清楚的目标，这样才能做到人尽其才，人尽其用，使每一个计划目标得到落实和实现。冯怡生董事长对人才有自己的理解，他认为有奉献精神，有忠诚度，能够独当一面，能够解决迫在眉睫的问题的人就是人才。根据这个思路，鲁北集团决定采取派遣出国考察学习、学术交流、聘请国外专家服务指导等多种形式，进行广泛的科技合作与交流，学习、借鉴、引进国外先进技术、经验和管理，不断充实提高科学技术和管理水平，努力缩短与国际间差距并赶超国际先进水平。制定优惠政策，广泛引进培养高层次人才，特别是懂技术、会管理、善经营的企业家队伍的建设和培养，保证鲁北集团在高层次、高水平上运作经营，为集团发展提供人才保障。

四、企业战略规划的资源支撑

鲁北集团战略规划的资源制成主要体现在以下几方面：

（1）区位优势明显。鲁北集团位于山东省最北部，濒临渤海。集团总公司所在地，有较长的海岸线和丰富的海水资源，有60万亩沿海土地资源和已建成投产的百万吨盐场，有石油、天然气井和"西煤东运"至黄骅港的下海煤。丰富的海洋、土地、石油及煤炭资源，是鲁北集团未来发展的基本依托。

（2）海港优势突出。鲁北集团总公司所在地与国家特大港口黄骅港隔河相望。黄骅港是南起龙口，北至天津近700公里海岸线上唯一的特大型港口，可改善黄河三角洲与环渤海经济圈中间地带的交通环境，其辐射带动作用明显。从战略上看，贯通山东与河北两省的陆海通道，改变两地人为的地域阻隔，加强山东、河北两省的地域阻隔被打破，将改善鲁北、沧州地区的工农业产业布局，形成山东河北沿海产业聚集带，为鲁北集团发展带来新的重大机遇。

（3）技术和产业链优势不可替代。鲁北集团现拥有石膏制硫酸联产水泥技术、海洋资源"一水多用"技术、"盐碱电"联产技术等 50 多项发展循环经济的重大科技成果，14 项国家专利，开创了一条经济效益、环境效益、社会效益有机统一的、工业生产与环境相协调的可持续发展之路，其循环经济的开创性贡献无可替代。

国家政策的支持也是鲁北集团实施伟大战略的必要保证。我国作为发展中国家，面临发展经济与改善环境的双重挑战，环境与发展的协调统一已成为工业可持续发展必须解决的关键问题。鲁北集团在发展中，正确处理环境与发展的关系，将环境问题作为经济活动的重要组成部分，谋求在经济活动过程中解决环境问题。鲁北集团地处经济欠发达的传统农业地区，这里的工业基础薄弱，缺少资金、技术和人才，尤其缺少该行业发展所必需的原料资源。但鲁北集团在发展中，进行资源综合利用技术的开发，其研制开发的诸项重大科技成果及专利技术，无一不与资源综合开发及利用相联系。这些技术不仅化有害废弃物为资源，而且注重提高资源的利用效率，从而大大提高了自己在同业中的竞争力。为了更好地实现可持续发展，鲁北化工集团的收购行为在很大程度上会得到国家政策的支持，从而为其收购传统国有化肥企业提供了便利。

我国的产业结构调整也为鲁北集团实施战略提供了有利的契机。目前，我国面临着产业结构的根本性调整，对夕阳产业进行改造是产业结构调整的重要内容。从统计调查结果看，许多夕阳产业不仅是很大的就业载体，而且其产品也有很大的市场需求。但是，这些产业由于资源消耗大、成本高，其产品大都被进口产品所取代。因此，对这些产业不是简单地放弃，而是要通过技术创新，进行资源综合开发，从而形成新的产业格局和相应的市场供给需求关系。这在一定程度上给鲁北集团利用自身的技术优势，实现"四新"战略提供了可贵的契机。

第十章　企业文化

　　21 世纪是一个更具文化冲击的世纪，企业文化成为决定企业竞争力最核心、最持久的因素之一。鲁北集团作为我国企业中最早实践循环经济的拓荒者，在 30 年的发展历程中形成了一套独特的生态企业文化。鲁北集团树立了可持续的发展观、资源观、环境观和效益观，形成了"发展循环经济，致力环境保护，实现生态文明"的发展理念和建设"循环经济、生态工业"的先进企业文化。

　　企业文化建设是一项系统工程，可以从广义和狭义两个层次展开。从广义上讲，企业精神是内核，企业制度是框架，硬件设施是基础，员工队伍是主体，鲜明的个性和与时俱进的时代性是活的灵魂。从狭义上讲，优秀的企业文化，是以全体员工认同的企业精神和价值观，以和谐统一的经营战略和管理思想，以员工自觉遵循的行动准则和行为规范，以内外一致的企业形象和品牌声誉，绘制企业的愿景目标，形成企业的战略共识，提升企业的整体素质，增强队伍的凝聚力，进而提高企业的核心竞争力并形成企业的系统竞争力。

　　鲁北集团的企业文化的核心含义是理念和精神。作为一种文化氛围，企业文化不是管理方法，而是形成管理方法的理念；不是行为活动，而是产生行为活动的原因；不是人际关系，而是人际关系所反映的处世哲学；不是工作状态，而是这种状态所蕴涵的对工作的感情和责任心；不是服务态度，而是这种态度中所体现出的精神境界。可以这样说，企业文化渗透于企业的一切活动之中，而又流溢于一切企业活动之外。

　　企业文化的作用点在企业内部。建设企业文化的过程，就是企业发现自身问题、解决自身问题的过程。在市场经济的条件下，在加入 WTO 的新环境下，鲁北集团作为国有大企业集团，从树立市场观念、竞争观念和危机观念入手，首先在思想理念上调整不适应市场化和国际化要求的东西，克服影响或阻滞国有企业发展的思想桎梏和经验教条，重塑有利于现代企业集团发展的理念。

　　企业文化建设的支点在企业的主要领导上。企业文化首先是企业家文化。真正出色的企业家必定是先进企业文化的旗手。鲁北集团企业领导人要义不容辞地当好企业文化的倡导者和传教者。鲁北集团董事长工作再忙，每周不忘亲自为员工讲一次课。他这样做的目的就是要带头倡导文化理念，激发员工对企业的认同，从而形成企业的合力，增强企业的市场竞争力。

　　企业文化建设的首要环节是构筑具有时代特征、企业特点、行业特色的理念系统。一个反映企业历史与现实、具有个性色彩的企业文化理念是企业管理的灵魂，在企业发展进程中必将起着极其重要的作用。

第一节　企业使命

　　循环经济作为一种发展模式，主要是指以减量化、再利用、资源化为原则，以提高资源的高效利用和循环利用为核心，通过对传统行业的技术改造，最大限度地减少资源消耗和废物排放，以尽可能少的资源消耗和环境成本，实现经济社会可持续发展，使社会经济系统与自然生态系统相和谐。

　　在企业发展的每一个历程中，鲁北集团首先把生态、环保、资源综合利用作为战略决策的第一要素，坚持结构、质量、速度、效益的全面、理性、和谐发展，并用此长期教育职工，使之成为企业乃至职工的自觉行为和衡量公司发展的重要尺度，保持了企业可持续发展的良性循环。

第二节　企业观念形态文化

一、鲁北生态企业文化的意义

　　从企业生态学的理论来看，企业可分为两大类：经济型企业和生命型企业。经济型企业是指始终以追求经济目标为根本宗旨，把获得投入资本的最高回报率、最高销售额和最大市场占有率作为企业成功的最高标准，结果使其成为一部循环运转的赚钱机器，其寿命会很快衰竭。生命型企业是超越经济利益的生命组织，它是一个有生命的机体，它是为生命意义而发展，而不是只为赚取利润而存在，其生存的能力和发展的潜力将伴随机体的健康成长而不断延续。可见，生命型企业具有持续优势，而经济型企业则容易夭折。

无疑，鲁北集团属于生命型企业。鲁北集团生命型企业的塑造，源于生态企业文化的不断强化和积淀。

在社会生态文明建设中，生态文化理念起着先导作用。鲁北集团生态企业文化将生态文化与企业文化相结合，赋予企业文化新的内容，转变了以人为中心的经济价值观，在企业中形成"人—经济—自然"的整体价值观和生态经济价值观，体现的是人与自然的和谐发展。

20 世纪 90 年代末，鲁北集团已经形成较为完整的企业生态文化体系。体验鲁北集团循环经济成就，剖析鲁北集团循环经济贡献，不能单纯从科技、经济的角度，要从更高的文化层次入手。国家循环经济首先能够在鲁北集团，在黄河三角洲上崛起，有其深厚的历史文化底蕴。1999 年 7 月，一位环境科学学者曾这样评论鲁北集团的生态企业文化："滔滔黄河东流融入渤海，天上之水的灵韵、奔放与大海的开阔、澎湃激越交汇，产生了精深、博大的河口文化。鲁北集团呈现的是一种生态文化，科技的、经济的发展根植于生态文化中，才能种得活，活得快，长得好。这种生态文化体现了富有鲜明河口文化特色的中国本土文化特征。在历史长河里，黄河三角洲形成了太多太深的黄河文化积淀，积淀本身内含着聚结和埋没，鲁北生态文化的诞生、崛起，就是对积淀的黄河文化的冲击和开发，我由衷地希望，由鲁北生态文化崛起冲击的黄河文化能够推动长江文化，进而推动中华整体文化的发展。因为从鲁北生态产业昭示的文化意义，看到了 21 世纪中国区域发展生态的曙光。"

鲁北的生态工业模式是现代企业一种崭新的道德、价值观和行为方式，是建立在人类社会文明高度发展的环境科学基础之上的一种新的企业经营理念，不但涵盖了它所创建的生态产业链条，而且也囊括了在生态理念指导下的战略制订、科研创新、产品结构优化升级以及生产经营、员工行为等要素的可持续发展行为。所以，鲁北集团生态企业文化的产生有其科学性和必然性。

二、企业核心价值观

企业的价值观是企业持久和最根本的信仰，是企业及其每一个成员共同的价值追求、价值评价标准和所崇尚的精神。鲁北集团确立了如下的核心价值观：

——诚信为本，立心之基。

——规范高效，立业之道。

——创新业绩，立命之魂。

——真诚奉献，立身之源。

诚信与品质，指企业的行为要符合道德要求，要承担社会的责任和义务，表达了鲁北集团对自我的最高要求，充盈着鲁北集团对自身严格的责任意识，是一种在中华大地上传承千年的人文精神。

规范就是秩序，秩序出效果、出效率。规范发展，高效运行，鲁北集团始终强调企业与社会，企业与员工之间的稳定、和谐关系，是企业持续、健康、快速发展的保障。

创新是追求，是企业生命力所在，是创造业绩的基础，体现为鲁北集团不断进取、敢于挑战自我、超越自我的气质和上下求索、孜孜不倦追求的崇高精神。

奉献是一种境界，做社会需要的企业，体现了一个富有强烈社会责任感的鲁北集团的社会价值。

三、企业管理哲学与发展理念

哲学是世界观和方法论，企业哲学就是企业的世界观和方法论，没有企业哲学作指导，企业经营管理活动就没有了思想和灵魂，就会迷失方向。

"发展要讲道理"，是鲁北集团领导人经过几十年的艰辛实践形成的哲学管理思想。

作为企业行为的最高准则，鲁北集团始终把科学发展、和谐发展、全面发展、持续发展作为企业发展的追求目标。"如乐之和，无所不谐"（《左传·襄公十一年》），古人描述的理想美好的社会状态，成为鲁北人在"发展要讲道理"哲学管理思想指导下的自觉的循环经济实践活动。

企业理念是企业发展之灵魂。"发展循环经济，致力环境保护，实现生态文明"的发展理念，则是鲁北集团道德、价值观和经营理念、发展战略、科研创新、生产经营等思想行为方式的最高指导纲领。

四、艰苦创业的企业精神

鲁北集团核心价值观的形成与艰苦创业发展历程密不可分。鲁北集团是在极其艰苦的条件下发展起来的，艰难曲折的创业历程，磨炼了鲁北人"不畏艰难、吃苦耐劳、勇往直前、敢打硬仗、善打胜仗"的特有品质，锻造了鲁北人"艰苦创业，拼搏奋进，无私奉献，创造创新，争创一流"的"黄席棚"精神。

鲁北集团在30年的发展过程中，始终把培育"黄席棚"精神作为企业发展的关键来抓，倡导"只要精神不滑坡，办法总比困难多"、"以精神立身，以品质立心，以绩效立业，以创新立命"。在艰难困苦的创业时期，公司班子成员坚持高标准、严要求，廉洁勤政，以身作则，率先垂范，站在工程建设和生产经营第一线，为职工实践"黄席棚"精神树立榜样；在蓬勃发展的创新时期，集团全体干部员工正以昂扬向上的精神状态、脚踏实地的工作作风不断实践并丰富发展着"黄席棚"精神的时代内涵。

"黄席棚"精神是鲁北人勇往直前、创造创新的动力之源。正是因为有"黄席棚"精神的支撑、鼓舞，鲁北人抗海潮，治险滩，干事创业，攻坚破难，通过实施技术集成创新，创建了"磷铵、硫酸、水泥"联合生产，海水"一水多用"，"盐、碱、电"联合生产的生态工业产业链，形成了合理的共生关系；完成了系统内物质循环、能量集成利用和信息交换共享生态工业系统；创造了结构紧密的、共享共生的中国鲁北生态工业模式，解决了工业发展与环境保护的矛盾，实现了生态效益、经济效益和社会效益的协调发展，破解了世界循环经济难题，取得了一个又一个的胜利，走在了生态工业的世界科技前沿，为发展循环经济探索出了一条路子。目前，一个知识密集、管理文明、技术先进、环境友好、结构和谐的世界知名生态工业园区正呈现在人民面前。

五、鲁北集团企业之歌

歌为心声，企业之歌是一个企业精神的充分体现，能够形象化地阐述企业的创业精神，发展理念，时刻提醒企业所有成员不忘创业艰难，励精图强，是企业文化的高度浓缩！

鲁北集团把企业歌曲作为教育员工、激发员工斗志的一项重要举措。通过企业之歌，让员工在不同的岗位上同唱一首歌，时刻感受了解企业文化，进行心灵沟通，无形中达到同呼吸、共命运的心理认同，增强团队意识、归属感和自豪感。通过音乐符号的形式完美地表现、感悟鲁北博大深厚的企业精神，净化心灵，陶冶情操，启迪心智。

鲁北集团非常重视企业歌曲创作与演唱。可以说，企业之歌的创作与企业发展步伐和时代精神与时俱进。

1999年，"绿色化工花盛开"，由著名词作家刘麟作词、作曲家谷建芬作曲、鲁北集团工会主席贾爱莲演唱，获全国'99新世纪企业之歌大赛金奖第三名。

"滔滔的渤海记得我，用信念谱写创业的歌。茫茫的原野记得我，用奉献点燃那团火，绿色化工花盛开，黄河岸边结硕果，科学大道多宽阔，智慧开拓新生活。

祖国的嘱托激励着我，用生命与青春去拼搏，新的世纪呼唤着我，奋斗中才会有欢乐，无私无畏手挽手，天时地利人也和，苦也是歌，笑也是歌，永不停步勇敢开拓。"

2007年，"金色的凤凰"，由孟广征作词、吴明作曲、鲁北集团工会主席贾爱莲演唱。

"这里的土地像天空一样辽阔，这里的天空像土地一样宽广，无边的土地呀盼望丰收快来临，寂寞的天空招望鸟儿来歌唱。迎着风雨，披着寒霜，我们在这里扎下营寨，要用自己的双手，建起一座座厂房。哎哎嗨哎嗨嗨呦嗨呦，它是鲁北的一枝鲜花，它是盐碱窝里起飞的凤凰。

这里的土地像天空一样辽阔，这里的天空像土地一样宽广，无边的土地呀盼望丰收快来临，寂寞的天空招望鸟儿来歌唱。迎着风雨，披着寒霜，我们在这里扎下营寨，要用自己的双手，建起一座座厂房。哎哎嗨哎嗨嗨呦嗨呦，它是鲁北的一枝鲜花，它是盐碱窝里起飞的凤凰，起飞的凤凰。"

旋律优美、抒情、奔放、激越，歌声舒展、甜美、悠扬动听，仿佛一曲浑厚雄壮的和弦奏响了渤海与黄河澎湃交汇的涛声，顿然把听众带进了心似火、汗如雨、歌如潮的奋进向上的意境里。

第三节　企业制度文化

一、企业管理制度的文化含义

除了大力弘扬创业时期发展起来的"黄席棚"精神以外，鲁北集团还注意培植企业理念，要突出主体性、目的性、实践性和识别性。要以"诚信为本，规范高效，创新业绩，真诚奉献"为指导，突出现代企业的人本管理思想，把人的因素放在首位；要严格执行"诚信规范，科学高效"的经营准则，以诚信建设为重点，树立新的规则意识，使各项工作走上规范化、标准化和制度化的轨道。同时，严谨求实，科学决策，科学管理，以工作的高效率实现生产经营的高效益。

制度行为文化是观念形态文化的动态反映。加强制度行为文化建设，主要是以健全完善的制度作保证，对企业和职工的行为进行规范，并把开展各种载体活动，作为弘扬新时期鲁北精神、培植企业理念的重要措施和有效途径。

二、鲁北集团企业行为准则

鲁北集团通过制度化建设把企业文化落实到企业行为准则中，具体包括以下几个方面：

1. 建立完善职工行为规范，培养职工良好的道德风尚

职工良好行为的形成，既要靠教育灌输引导，也要靠制度进行规范约束。鲁北化工集团大力加强党的建设、思想政治工作和精神文明建设，深入贯彻落实《公民道德建设实施纲要》，以新时期鲁北精神和企业理念及文化核心内涵为指导，根据行业单位特点和工作岗位要求，健全完善《职工文明公约》、《职工道德规范》、《职工岗位职责》、《居民公约》等制度规定和实施细则。在广大党员干部中，要完善《党风廉政责任制》和实施办法，加强对党员干部的监督和约束。坚持德治与法治一起抓，把道德建设与各项业务工作结合起来，纳入目标管理责任制，规范和约束职工群众的思想行为。突出抓好岗位责任制和职工道德规范的落实，把社会公德、职业道德和家庭美

德，变成职工群众普遍认同和自觉遵守的行为准则。

2. 建立激励约束机制，激发调动职工群众的积极性、主动性和创造性

鲁北集团深化劳动人事分配三项制度改革，建立和完善以岗位管理、竞聘上岗为主要内容的干部管理机制，以"三岗制"动态管理为主要内容的劳动用工机制和以"岗效薪点制"为主要内容的分配机制。要按照利益驱动的原则，把物质奖励与精神奖励相结合，对有突出贡献的科技英才、专业技术拔尖人才、岗位技术能手等实行重奖，以激发调动每个职工的积极性、主动性和创造性，积极投身到企业改革发展的实践中，立足岗位，敬业奉献。

3. 鲁北化工集团创建学习型组织，提升队伍的整体创新能力

建立健全学习管理例会制度，立足创建节约型社会的企业文化建设活动，结合班组建设，开展"节约一滴水、一度电、一滴油、一颗螺丝钉、一张纸"的"五个一"工程，广泛宣扬"八荣八耻"社会主义荣辱观，并把此项工作融入整个企业文化建设中。与生产、经营、管理和工程建设结合，开展"与时俱进强素质，建功立业当先锋"活动，努力实现"两不误、两促进、双丰收"。与深化、提高现代管理水平结合，加强班组建设，推行岗位动态管理和评选"职工示范岗"活动，激发了干部职工干事创业活力。通过全体职工学习力的不断提高，提升队伍的整体创新能力，促进企业的持续发展。

4. 健全和完善职工学习培训制度，努力提高职工的政治和业务素质

鲁北集团完善学习培训制度，突出抓好干部职工的新知识和新技能培训。鲁北集团还优化教育培训资源，对现有培训机构进行调整重组，逐步建立起资源相对优化、专业相对集中、功能相对完善的培训模式，搞好干部职工的学习培训，采取脱产轮训、岗位练兵、技术比武等多种形式，全面提高职工的政治和业务素质。

5. 规范开展各种活动，展示鲁北良好形象

鲁北集团还要求下属各单位要把开展公益、礼仪等活动作为加强企业文化建设的有效载体和展示企业良好形象的重要窗口，作为密切干群关系的重要纽带和加强对外交往的重要手段，建立活动制度，加强内部沟通和对外交往。要开展入厂教育，入团、入党宣誓和各种形式的重礼节、讲礼貌、告别不文明言行等活动，提倡在重要场所和重大活动中升国旗、唱国歌。要积极开展重大节日纪念活动、重大节庆活动、春节团拜活动、为先进劳模庆功活动、送温暖活动、领导拜访慰问活动和各种社会公益活动，增强企业凝聚力。要开展相对集中的公关活动，联手协作，内外有别，避免和减少重复公关和内部竞争，营造良好的生产经营环境，共同开拓外部市场。

6. 大力开展精神文明创建活动，不断提升企业和职工的文明素质

鲁北集团积极建立精神文明创建工作制度，广泛开展内容丰富、形式多样的群众性精神文明创建活动。创建文明单位、文明窗口、文明机关、文明社区、文明家庭和争做先进职工等活动，都要制定相应的标准和条件，建立完善的检查评比机制，有计划部署，有落实措施，有检查考核，有表彰奖励，推动创建活动的深入开展，进一步提高企业和职工的文明素质。

7. 建立培养选树典型制度，充分发挥先进典型的示范导向作用

鲁北集团要求各单位要将典型培养、选树、宣传工作制度化、规范化、经常化。培养、选树典型的面要宽，内涵要深化，既要有能体现新时期鲁北精神、展现鲁北形象的重大典型，又要形成鲁北企业文化的品牌资源。发挥先进典型对职工的示范导向作用，在职工队伍中形成学赶先进、争先创优的良好风气。

第四节　学习型企业建设

鲁北集团强调企业的效率来源之一是学习和组织学习，集体学习能力就是竞争力，致力于建设学习型企业。同时，提出学习第一的思想，强调要跟上时代发展的步伐，就必须加强学习，把学习作为掌握知识、增强本领、积累经验、做好工作的重要手段，使之成为一种责任意识，一种精神追求。

一、以学习例会为有效载体

自 2004 年以来，鲁北集团建立健全了多层次学习管理例会制度。

（1）总公司周六学习例会。总公司每周六晚上 7 点到 9 点用两个小时的时间召开学习例会，每周必学，雷打不动。参会人员为各单位负责人、管理人员和业务骨干、班组长代表。为保证会议精神的贯彻落实，要求单位负责人必须到会。

（2）分厂单位的学习例会。安排在每周一晚上，由单位负责人主持召开，参会人员为单位车间主任、调度长、管理人员、班组长代表，贯彻总公司周六例会精神，调度生产经营情况。

（3）职能部门召开专业学习例会。每周安排一次，由质量、设备、环保、安全等职能部门分别组织，参会人员为各单位职能管理人员，主要为互相交流学习，学习先进，鞭策后进，找出问题，拿出措施。

（4）各单位车间班组学习。车间班组针对生产经营情况，多形式地组织专业学习，进行事故预想演练。

学习管理例会做到了三个结合：一是与公司班组建设结合，立足创建节约型社会的企业文化建设活动，开展"节约一滴水、一度电、一滴油、一颗螺丝钉、一张纸"的"五个一"工程。二是与生产、经营、管理和工程建设结合，开展"与时俱进强素质，建功立业当先锋"活动，努力实现"两不误、两促进、双丰收"。三是与提高现代管理水平结合，加强班组建设，推行岗位动态管理和评选"职工示范岗"活动。

例会开展以来，从开始的领导决策层参加，逐步扩大到各单位负责人、管理人员和业务骨干，充分发挥了企业文化建设阵地和学习教育阵地的作用，切实增强了干部职工的团队意识、责任意识、纪律意识、服务意识，激发了广大干部职工吃苦耐劳、奉献为公、干事创业的工作激情。同时，鲁北集团始终把企业文化建设与生产、管理、经营视为工作的整体，通过文化建设这一有效载体，把正确的价值观、道德观灌输给每一名职工，形成企业整体的价值观、道德观。这样鲁北企业文化成为职工群众共同追求的精神支柱，使企业的管理体系、环境体系和人际关系达到统一和谐。

二、创办企业网络大学

2007年3月12日，鲁北集团网络大学正式运行，网络主教室一处，拥有电脑50台；分教室6处，共拥有电脑120台。通过鲁北集团网络大学应用平台，使企业的培训管理者丰富了教学手段，提高了管理水平，大幅度减轻了培训管理者的工作负担；并且通过该平台中课程分配、学习跟踪、统计分析等功能实现因人、因岗设置课程，动态调整课程安排，以及量化评估企业培训效果和对于整个培训过程跟踪监控的管理机制等，从而保证高质量的企业培训和企业学习。

企业通过网络大学学习平台，使集团员工实现任何时间、任何地点、任何人学习任何课程的个性化培训，使集团员工自主地调剂时间，在工作中安排学习，并通过企业大学系统特有的互动交流模块加强教师与学员、学员与学员之间的交流与协作，从而实现员工全面发展、价值提升和自我超越的目标。

截至目前，已有1600多人成为鲁北集团网络大学的正式学员。

三、组织多种形式的学习活动

全集团范围内组织和动员广大职工开展"合理化建议、技术革新"、"岗位练兵，职业技能竞赛"、"岗位创效，节约资源"等主题实践活动，激发员工学习创业热情，培养、锻炼、提高员工的各项业务素质和综合素质，增强企业活力和发展力。各项活动以锻炼下面八种能力为重点：

（1）创造力。在思维上，要注重创新，挑战现实，具有较强的意志力；在认知上，要满腔热忱，渴求新知，灵活机智，善于应变；在人际关系上，要重视培养自己积极的处世观和价值观。

（2）容耐力。诚信正派、胸襟广阔、谦虚谨慎、慎独自律、理解别人。具有自信的安全感，处理风险、危险和难题时要从容自如。

（3）智源力。要具备政治知识、经营管理知识、金融保险知识、经济法律知识、策划知识、谈判知识、心理社会知识、专业知识。

（4）影响力。强调跟有价值的人一起创造影响，跟有影响的人一起创造价值。做到有影响力，就必须做到道德完美、富有理想；自信自强，不懈努力；兴趣广泛，学有专长；和谐相处，友好合作；善于创新等。

（5）心健力。有广泛的兴趣和较强的责任心，与他人及社会的关系融洽、情绪上有安全感，有较强的自信心和应对现实生活挑战的能力，专注于自己的事业。

（6）学研力。要做终生的学习者，善于终生学习。要有思考研究的理想与激情，要有明确的研究方向，要有坚定的研究计划和意志，要善于独立思考和与他人交流。

（7）团队力。要培养集体主义精神，建立起优秀的工作团队，重视沟通，建立共同远景。

（8）沟通力。塑造良好人际心境是激发人的创造性思维的重要途径。

第五节　生态文化管理创新

一、鲁北生态企业文化管理创新形成的背景分析

作为以生态环境保护为目的的一切规则、观念、习惯、理论和学说的生态文化，其核心是以生态哲学作为人们进行生态和消费的指导思想，把生态价值作为最高价值，把维护生态平衡作为一切活动的最高准则。生态文化是一种新型的管理理论，它包括生态环境、生态伦理和生态道德，是人对解决人与自然关系问题的思想观点和心理的总和。

生态文化属于生态科学，主要研究人与自然的关系，体现的是生态精神。企业文化属于管理科学，主要研究人与人的关系，体现的是人文精神。生态企业文化就是企业从可持续发展的角度出发，将生态目标、环保目标与企业的经济目标融为一体，使生态精神、环保观念融入企业文化中的新的文化观念。生态企业文化站在自然生态环境的角度去思考和行动，强调经济与生态的平衡可持续发展，强调整体性和系统性，认定保护、改善生态环境是人类一切经济、政治、文化等社会活动的基本价值取向，是循环经济思想在企业管理实践中的科学应用。

鲁北生态工业示范园区不仅是一个完整的有机生命系统，而且是一个开放的、与社会有着全方位资源交换的动态系统，与自然生态系统中的物种一样，在鲁北生态工业系统中的每一家企业和谐共生、互为制约、共同发展，最终都要与整个企业生态系统共命运。因此，基于鲁北生态工业系统的全面、协调、持续健康发展，遵循自然生态规律的要求，用生态文化指导企业循环经济实践，集中把握整个企业生态系统及其子公司与经济、环境、文化、社会的发展关系，使企业管理从纯粹的经济型管理向生态型管理转变，形成生态链上的良性循环，使系统成员中的每一个生命体都能受益，提升鲁北生态工业系统的核心竞争力、和谐发展力、社会影响力。

二、鲁北生态企业文化管理创新的实践运用

在长期的发展实践中，鲁北集团形成了"如何发展要讲道理"的哲学管理思想，并将其作为企业制定发展战略规划的最高准则，把生态、环保、资源综合利用作为战略决策的第一要素，在企业发展的每一段历程中，坚持把全面、理性、和谐、科学发展的生态企业文化贯穿于企业生产、经营、管理的各个方面，使之成为企业乃至职工的自觉行为和衡量公司发展的重要尺度，保持了公司可持续发展的良性循环。鲁北生态企业文化成为职工群众共同追求的精神支柱，使企业的管理体系、环境体系和人际关系达到统一和谐。

1. 推行"效率"和"环境"的双重优化目标，进行生态管理指标设计

为使鲁北生态工业园的建设发展更加全面、科学、和谐，根据鲁北生态工业园区内的产业规划和各个生态产业链网布局，对生态产业链条中的各个要素不仅考核经济、安全、质量等指标，而且增设生态要素指标，进行生态管理指标设计。用"效率"和"环境"的双重优化目标来审视、改变以"效率"为先的单一的线性经济结构，改变传统产业只关心经济效益，不关心社会和生态环境质量的思想观念。

生态管理指标涉及系统科学、生态学、环境科学与工程、化学工程与工艺等，结合不同学科、不同行业特点，对园区内生态产业链条各节点，从原材料选择、产品生态设计、清洁生产、环境影响评价、产品生命周期评价、营销服务、效益核算、生态文化建设等要素，进行系统化生态管理指标设计，在管理的对象、目标、任务等方面体现生态与经济的两重性，注重经济、生态和社会指标的融合，强化整体结构与功能协调的生态管理服务网络，实现良好循环经济模式的高效、和谐运行。

生态管理指标设计分为四个层次：一是独立核算单位责任指标；二是车间责任指标；三是班组责任指标；四是岗位责任指标。每一责任指标不仅包含技术经济指标，还要设立节能减排指标、环保指标。

2. 生态管理指标实行目标机制管理

总体目标落实与岗位职责、绩效考核结合，通过班组建设活动载体，按单位层层分解落实，日核指标、周核业绩，确保每个部门、每个班组、每个节点的工作目标日清日结落到实处，构建起了一套科学规范、运行有效的生态文化管理和制度流程管理制度。

3. 组织结构实施柔性化管理

在鲁北生态工业系统内部，用生态企业文化指导管理，整体管理框架已不再是统一的刚性模式，而是根据生产功能及组织目标来构建不同的虚拟组织结构，对物质、能量、信息、仓储、市场等资源，通过定性及定量分析，实现组织的自我调节和网络化、扁平化管理，克服传统企业管理的封闭性、局限性和设计、制造能力的不完备性，减少资源的重复投入，缩短生产周期，提高产品从设计、制造到销售全过程的整体柔性和敏捷性，提升企业的综合效率，使综合效益最优化、最大化。

三、生态企业文化管理创新的实施效果及社会影响

鲁北集团生态企业文化管理创新的实施效果及社会影响，主要表现在以下几个方面：

（1）促进了社会思想观念、价值取向的转变。一是资源观念、环境观念的转变，即人类对自然生成的资源可以进行重复多次的利用，从而使有限的资源构成一个多次生成的过程，而人类环境的保护也同时体现在资源的多次利用和生成过程中。二是经济观念和行为观念，从单纯追求经济目标，向追求经济和生态双重目标转变。三是自然观、环境观的转变，新的自然观、环境观以人类生存与发展、自然资源的反复综合利用为价值取向，把人类的精神文明提高到新的水平。

（2）降低了单位产品物资资源消耗，提高了资源利用率，节能效果明显，综合效益提高。

（3）通过生态文化建设，进一步提高了企业形象，提升了企业在社会中的美誉度，增强了客户对企业的信赖，为企业的发展带来了新的契机。

鲁北集团循环经济及其生态文化管理实践，作为促进转变传统经济增长方式的中国循环经济的典型范式，被高校和社会广泛研究、传播、借鉴。2005 年 10 月，该实践被联合国环境规划署亚太组织列为"亚太地区环境与可持续发展未来领导人研修班"案例教材。

第六节　企业形象识别系统（CIS）

鲁北集团对企业形象进行统一的设计和策划，以象征造型、图案、文字材料诠释鲁北文化的内涵。规范"鲁北化工标志"的管理和使用，使"鲁北化工"这块金字招牌成为企业重要的无形资产，最大限度地发挥其品牌价值。征集、塑造鲁北企业的标识物，使其具有寓意性、直观性、表达性和传播性，成为鲁北文化的可视象征。制订系统的形象宣传计划，集中财力统一对外开展广告宣传活动，形成强大的视觉冲击力。

鲁北集团还注重加强物质形态文化建设。物质形态文化是指鲁北集团全体干部职工创造的物质成果和各种文化设施的总和，主要包括各种产品、技术设备、生产环境、矿区容貌、文化阵地、企业标识等内容。

鲁北集团十分注重打造鲁北品牌，不断增强市场竞争能力。鲁北集团要求下属各单位要充分利用实践锤炼形成的队伍优势、技术优势、服务优势，在生产经营、科学管理、科技创新、工程建设等领域，抓名牌项目，树名牌工程，创名牌产品，力争创出一批反映企业经营管理理念、科技创新水平和开拓市场能力的产品、技术、服务品牌。利用品牌的市场开拓力和形象扩张力，塑造鲁北良好信誉和形象。大力实施品牌战略，不断增强市场竞争能力。

鲁北集团实施技术创新，形成核心技术储备。鲁北化工集团在日常运营中要求各单位要顺应国际国内的技术发展趋势，大力实施科技创新，掌握先进配套的核心技术，在全国同行业各领域内都保持领先水平。注重科技成果的推广应用，把先进的科技成果及时转化为现实的生产力。同时，要积极引进新技术、新工艺，不断开发新产品。要加强设备的更新改造，努力提高设备的现代化程度，以雄厚的技术实力和先进装备，形成核心技术储备。

鲁北集团进一步改善职工的工作生活条件，创造良好的文化环境。要求下属各单位科学地开发利用自然资源，保护生态环境，保证职工生产过程中的健康和安全，坚持做到事前预防，努力追求无事故、无伤害、无污染的目标，不断提高健康、安全与环保水平。不断加强居民生活服务、文化教育和娱乐设施建设，绿化、美化社区环境，改善职工居住条件，提高职工的生活水平。要加强创建文明小区工作，努力把居民小区都建成环境优美、方便生活、秩序良好、文化繁荣、安居乐业的文明小区。

鲁北集团还加强文化阵地建设，在全集团内部形成健康向上的文化氛围。鲁北集团充分利用科技会堂、有线电视和各种体育场所等文体设施，根据企业文化建设需要，本着量力而行的原则，有计划、有重点地调整、补充、完善一批文化设施和场所，以满足职工群众日益增长的文化需求。各单位要充分利用各种文化阵地，广泛开展丰富多彩的群众性文化体育活动，特别是在"五一"、"七一"、"十一"、"中秋"、"春节"等重大节日期间，组织大型文艺汇演和歌咏比赛，歌颂社会主义祖国、歌颂党、歌颂劳动人民，使职工群众在活动中受到教育，在参与中得到提高。

鲁北集团加强企业文化教育基地的建设，挖掘和整合文化教育资源，在主要街道和重要公共场所，悬挂展示鲁北文化标志性语言的标牌，设计建造一批诠释鲁北文化内涵、象征意义深厚、造型形象生动的文化牌，给人以思想启迪和美的享受，成为宣传鲁北、展示鲁北文化的重要载体和窗口。

鲁北集团对企业文化建设采取了全面规划、分步实施、循序渐进、重点突破的原则，分阶段进行。

一、第一阶段：开展"企业文化建设年"主题活动

为适应全面提升企业整体发展水平的要求，从 2005 年开始，鲁北集团广泛开展了"企业文化建设年"主题活动。围绕这一主题活动，主要做了以下几项工作：

（1）利用多种渠道对新时期鲁北精神和企业文化核心内涵进行宣传。组织人员编写宣传提纲，分专题撰写理论文章，在办公场所和重要窗口制作各种宣传文化标志性语言的标牌，悬挂、张贴有关文化内容的标语。各基层单位要利用各种媒体和举行讨论会、座谈会等形式，广泛宣传企业文化的标志性语言，编发《鲁北企业文化手册》。

（2）加强对外宣传力度，形成强大的宣传声势。在对外宣传网上设立"鲁北企业文化"主页，动态地反映企业文化建设的基本情况，着重介绍新时期鲁北精神和企业文化核心内涵的贯彻落实情况，宣传推广各单位企业文化建设的经验做法。各单位也都负有对外宣传的重要责任，特别是闯外部市场的单位，要做到市场闯到哪里，就把新时期鲁北精神和鲁北文化核心内涵弘扬到哪里，不断扩大鲁北文化的知名度和影响力。

（3）以创建学习型组织为突破口，努力营造企业文化建设的良好氛围。着眼于提高职工队伍的综合素质，通过创建学习型团队、学习型班组、学习型家庭等多种行之有效的形式，组织引导广大职工群众用新思想、新知识、新技术武装头脑、提升素质，最大限度地发挥工作潜能。要以提升企业的学习力和创新力为重点，引导各级组织积极开展管理创新和技术创新。特别是各基层单位要从生产实际出发，结合共同愿景的实现，深入研究对现有管理方式和生产工艺技术的改造提升，推动科学管理和先进技术尽快转化为现实生产力。通过全面提升职工队伍的学习力和创新力，为鲁北各项事业的整体发展提供有力支撑。

（4）结合企业二次创业的实践，在积极挖掘、培养、选树能够体现企业精神的典型群体过程中，重点引导广大青年干部职工的思想境界升华到"信念是人生支柱，责任是人生动力，奋斗是人生幸福，奉献是人生价值"的高度，坚持靠榜样带动，抓身边人讲身边事，用身边事教育身边人，通过深入开展"形象工程"建设活动，激励干部在工程建设、生产一线身先士卒，不畏困难，积极创新，带动规范职工的价值取向，使职工形成良好的思维模式和行为模式，造就一支职工"铁队伍"，凝聚企业发展合力。

二、第二阶段：建设鲁北文化完整体系

建设鲁北文化完整体系，使观念形态文化、制度行为文化和物质形态文化逐次展开，全面推进。

（1）在大力宣传贯彻观念形态文化的基础上，结合各单位的实际，以新时期鲁北精神和经营管理理念准则及文化核心内涵为指导，推进制度创新，健全职工行为规范，把观念形态文化渗透到管理制度层面上，结合管理体制、组织形式、队伍结构的新变化，由有关部门牵头，进行制度创新研究，修订、完善各种规章制度。由宣传部门牵头，组织人员按照现代企业制度和《公民道德建设实施纲要》的要求，制定《职工行为规范》，从加强职工的职业道德建设入手，突出抓好岗位责任制的落实，进一步健全完善并认真执行各种行业行为规范。

（2）导入 CI 企业形象识别系统。以鲜明的个性化语言，对鲁北标志、徽章、文件夹、公文信函纸、户外指示牌、户外广告等的书写和印刷都要作出明确的规定。各单位都要按统一的标准执行。

三、第三阶段：总结成果，巩固提高

2007 年鲁北集团企业文化建设以总结成果、巩固提高为重点，作了以下三项工作。

（1）认真总结企业文化建设的先进经验，盘点一批优秀成果，召开文化建设工作会议，命名表彰先进。

（2）编辑出版《鲁北文化研究》等研究成果，作为加强企业文化建设的理论指导和生动教材。

（3）根据不断发展变化的新形势、新任务，制定鲁北文化建设新的三年规划。

第七节　企业领导力和执行力

一、企业领导风格

鲁北集团管理层是在长期艰苦创业中形成的，以冯怡生为代表的管理层具有崇高的威望和人格魅力，凝聚力很强；公司上下形成了艰苦创业、无私奉献的文化观念。公司管理层的主要成员大多数是公司的创业者，虽然人员年龄大多数已经 50 多岁以上，但由于鲁北集团学习型组织的建立，整个管理团队积极接受新的管理思想、新的管理方式，管理水平一直在不断地改进提高之中。

鲁北集团的企业领导风格是以德为第一位，这可以从鲁北集团德管理哲学中看出。鲁北集团管理层认为，厂级干部、中层干部工作不到位，关键是"德"的问题，是"态度"的问题。无德的人才会诡辩，因为事实胜于雄辩。态度决定一切，忠诚第一、才能第二，认真第一、聪明第二。管理干部不能出现"你好我好全都好，明哲保身是法宝；不评他人不批己，好好先生太不好"的工作作风，而要培养"霸气、深沉、强硬"的工作作风。管理机构要提高控制能力：财务控制力，关键是控制好库存与现金流，现金比利润更重要，我们要有严格的计划、预算和考核；人才控制力，优秀的人才不是免费的，平庸的雇员是昂贵的；质量控制力，质量不是靠检验出来的，质

量是设计和制造出来的；供应控制力，不要打压供应商，稳定的供应是企业最小成本的供应；渠道控制力，企业做市场，渠道做利润，消费者付款；客户控制力，稳定的客户能够给企业带来 2400 倍开发成本的利润。

二、企业行为习惯

鲁北集团强调管理的执行力。鲁北集团企业文化核心内容之一就是要提高执行力。鲁北集团提出管理不是控制而是服务，要提高管理能力，尤其需要加强执行力。企业要不断往前走，一定要注意控制和发展。在这个过程中，管理并不是控制员工的一举一动，而是为他们引导、指明方向，这样的管理也是对员工的一种服务，一种真正"以人为本"的服务。商场不是战场是生态系统。鲁北集团是一个生态工业系统，一个生态企业，各单位不能只顾自己，要有全局意识。传统都讲"商场如战场"，不是你死就是我活，但是现在看来，商场不是战场，而应该是生态系统，要倡导共赢，提倡和气生财，鼓励企业间彼此兼容。做人要有一种包容的姿态、宽容的心态，做事业也要有一种兼容的心态。所以，企业要学会资源共享，不能只顾自己。

鲁北集团提出了提高执行力的如下措施：一是要设立清晰的目标和实现目标的进度；二是找到合适的人并发挥其潜能；三是修改和完善规章制度，搭建好组织结构；四是倡导"真态沟通"的工作方式，发挥合力；五是关注细节，跟进、再跟进；六是小事业部制度管理。划小核算单位，建立起有效的绩效激励体系；七是要营造执行文化。

鲁北集团还提出了对管理者执行力的素质要求：一是识马、赛马、追求团队成功；二是指令明确；三是关注细节，身体力行，跟进、再跟进；四是有坚韧的情感强度；五是掌握节奏，必要的时候善于转大弯。

鲁北集团提出要建立不依赖能人的执行系统。①执行的驱动系统。②执行人的职责系统。③执行效果的检查系统。④执行结果的考核系统。

针对目前企业快速发展特点，鲁北集团提出了提升中层管理者执行力的途径：

（1）思想教育要到位。俗话说，万众一心，其力断金。中层管理者要在"领会上头，教会下头，摆平外头"的基础上，围绕"三个负责"（对社会负责、对企业负责、对员工负责），强化"四种意识"（角色意识、责任意识、效能意识、管理意识），提高"五个能力"（战略决策能力、经营管理能力、市场竞争能力、企业创新能力、应对复杂局面的能力）。中层管理者要想成为员工美好心态的建设者，就必须先成为思想家、教育家、哲学家和心理咨询师。人们做事的效率和他做事时的心情是有关系的，心情愉快，效率就高，反之效率就低。所以，一个好的中层管理者，一定是一个好的思想工作者。

（2）管理措施要到位。管理的前提就是要"管"，要敢管、善管、能管、会管；"理"就是要在掌握事物性质和变化规律的基础上，因势利导，建立目标、责任、考核、监督相关的激励办法，在任务分解、流程监督、细节监控、绩效考核、责任落实上下工夫，要告诉员工工作的目的是什么，让下属知道你的期望，通过宣传、启发、鼓动、激励、示范和校正，引领下属将工作做得更好。只有这样，监督和检查才能顺利进行，管理和监督才能到位，才能有效减少扯皮、内耗和矛盾。

（3）工作力度要到位。工作力度到位就是亲力亲为的问题，周恩来总理做到了鞠躬尽瘁、死而后已，我们要做到"扎硬营、打死仗"，"决战＋拼命"。要一级对一级负责，不能一级对一级"甩手"。只有亲力亲为，才能发现问题、纠正偏差、改进方案、推动执行、强化措施、落实责任、提高能力。这样企业的各项工作才能出水平、出效率、出执行力。

（4）考核落实要到位。考核到位是闭环管理和良性激励机制的重要环节。考核到位要体现一个"严"字，没有严格的考核，考核就没有效果。尤其是对不干事、干不成事的人更要严格考核，不能充当"老好人"，要敢抓敢管。有的员工无精打采，有的领导怨天尤人，就是因为考核措施不科学、不合理。没有一套符合本单位实际的考核机制，考核结果清一色，合格、一般、良好、优秀，你好、我好、大家好，这样就难以提升企业整体执行力。

鲁北集团管理层清醒地认识到企业最大的危机就在于企业管控：鲁北要成为成长型的正规化、国际化、持续化的伟大企业，要向这一目标不断迈进，首要的问题就是实现管控突破，锻造核心竞争力。核心竞争力是什么？核心竞争力应该是企业团队的集体学习能力。企业管控突破的力量在于它的简要、实用以及企业生存主线的控制。中国企业最大的危机是公司管控，企业的负责人如果学不会通过制度来进行公司管理控制是很危险的。中国企业和世界级企业最大的差别就是公司管控是由人来完成，用能人管理和亲情管理，而不是通过制度与流程系统完成。能人管理和亲情管理的最大危害是企业最后变成老板游戏，一个大老板带着无数小老板，无数小老板复制大老板，然后要么变成诸侯经济，要么亲信叛逃另立山头成为竞争对手。中国的企业家可能是赚钱的好手，但大多数不是精细管理的好手。中国大多数企业有很好的发动机，但没有好的刹车。

鲁北集团从财务控制力、中层控制力、质量控制力、供应控制力、渠道控制力、客户控制力六个方面解决企业控制力问题。

（1）财务控制力是企业应对生命线断流的危机。一要预而后立，做好预算控制。预算控制力就是生产力，预算体现了总裁的战略意图，门从哪里开，人从哪里走首先要清楚。同时，要把握资金管理这一预算控制的关键点。二要现金至上，明晰现金控制。三要有去有回，核实应收账款控制，确保企业收入的真实性、有效性。

（2）中层控制力的关键是建立一个不依赖任何人的人力资源系统，防止英才变庸才。一要进行中高层管理人员的规划和选用。二要建立中高层管理人员的业绩指标。用业绩指标考核对策来进行检查，人们不会做你希望的，只会做你检查的。三要建立起关键业绩指标的考核对策。对中高层管理人员的业绩考核，要做到有目的、有针对性。四要建立起中高层管理人员的激励机制，控制薪酬体系奖优罚懒，充分发挥中高层管理人员的执行力。

（3）质量控制力要做到质量零缺陷。一是质量入口关，把好资源提供过程的质量控制，没有质量控制计划就没有客户的满意。二是质量过程关，把好产品实现过程的质量控制，没有强有力的过程就没有强有力的结果。三是质量检查关，要对质量进行监测改进，没有检查的持续改进就是空谈。

（4）供应控制力是为了从容地应对突如其来的供应链的危机。供应和战略的唯一出路在于打通各个环节，实现跨企业间的协作，向双赢合作的供应链管理模式的转变。一是货比三家。要做好供应商的选择，错误的选择意味着企业巨大的成本支出，要建立规范的供应商选择流程，就事论事选择供应商是最大的错误。二是与供应商建立战略伙伴关系或战略联盟。为了共同的发展，必须统一认识，供应商也应该为企业控制节省成本。三是优胜劣汰。要对供应商进行考评，建立严格规范的供应商评估淘汰机制，及时调整和更换不合格的供应商。

（5）渠道控制力要坚强有力。要将纯粹代理转变为战略合作伙伴才能有根本性的突破。这里要注意几个问题：本不正源不清的渠道规划是渠道问题的祸根；通路制胜，要把握好渠道的监管，不断进行渠道的选择及改革突破；不依赖于表面信息和经验对业绩结果实施激励流程考评，确保渠道的畅通。

（6）客户控制力是持续不断地赢得客户满意的保障。没有付出就不会有收获，要讲究诚信，了解客户，清楚客户到底想要什么。要加强对客户开发的管理控制，建立起规范的客户开发流程。做好客户关系的管理控制，建立起基于价值的客户管控对策，做到成交前客户至上，成交后自己至上。做好客户投诉的管理控制，建立起快速有效的客户问题处理机制。

第八节　公益事业与社会贡献

鲁北集团一贯奉行"信念是人生支柱，责任是人生动力，奋斗是人生幸福，奉献是人生价值"的信念，努力致力于和谐社会建设实践，几年来出资1.2亿元，为当地建设了大型水利工程，圆了43万无棣人梦寐以求的"用水梦"。

鲁北集团所在地无棣县位于黄河三角洲，地处渤海南岸，淡水资源极为缺乏。为改善生活、生产条件，当地政府建设小开河引黄灌渠工程，但因资金严重不足工程停建。鲁北集团毅然决定出资1亿元，派出精干施工队伍，精心组织、科学安排，历经6个月的奋战，于2001年11月完成小开河引黄灌渠二期工程；2005年5月自筹资金2000万元，在马颊河入海口上游建设了橡胶大坝，用18公里的河道存储淡水，解决了无棣县北部水湾、小王、佘家、柳堡、马山子、泊头、大山、埕口八个乡镇的农业和第二、三产业用水问题，经济、环境、社会、生态效益明显，对当地农业产业结构调整、改善生态和发展环境起到了巨大的推动作用，为和谐社会建设作了积极贡献。被誉为功在当今惠及后代的"德政工程"，关心基层关心群众的"爱民工程"，增进与人民群众感情的"连心工程"。

2005年1月，无棣县委县政府以棣发（2005）3号文做出"关于开展向鲁北企业集团总公司学习活动的决定"。2006年2月，无棣县委县政府再次发出号召，全县上下学习鲁北集团对事业"决战＋拼命的精神"。

当地百姓评价鲁北集团对当地有三大贡献：一是政治贡献，提高了无棣的知名度；二是经济贡献，为地方经济发展发挥了重大作用；三是精神贡献，创造了"艰苦创业、无私奉献"的"黄席棚"精神。

第十一章　集团行政、社团与
法律工作

　　现代企业的规模日趋扩大，企业的组织结构、企业各项业务及人员关系也日趋复杂，所以公司的行政管理工作、社团建立情况以及法务运转情况就显得越来越重要。公司的行政管理部门是公司的综合性服务部门，常常被称为公司的事务部。公司的行政管理工作是架起公司各部门、众员工之间的桥梁，其广度涉及整个集团的全部运作过程，其深度涉及许多局外人难以想象的细枝末节；行政管理工作以不同的程度渗透到企业的各个部门和分支机构，其往往还涉及每个部门和成员的切身利益。因此，可以说行政管理工作是企业的中枢神经系统。公司的社团建设对于活跃公司氛围，推行民主建设，维护职工权益，建立和谐公司具有重要意义。我国《公司法》第十八条规定，公司职工依照《中华人民共和国工会法》组织工会，开展工会活动，维护职工合法权益。公司应当为本公司工会提供必要的活动条件。公司工会代表职工就职工的劳动报酬、工作时间、福利、保险和劳动安全卫生等事项依法与公司签订集体合同；公司依照宪法和有关法律的规定，通过职工代表大会或者其他形式，实行民主管理；公司研究决定改制以及经营方面的重大问题、制定重要的规章制度时，应当听取公司工会的意见，并通过职工代表大会或者其他形式听取职工的意见和建议。公司制企业中，党委始终发挥着政治核心作用，我国《公司法》第十九条规定，在公司中，根据中国共产党章程的规定，设立中国共产党的组织，开展党的活动。公司应当为党组织的活动提供必要条件。现代社会里，无论是公司的内部治理还是外部交易都面临着日益增多的法律风险，依法开展公司的法律事务是公司有效规避经营过程中的风险的必不可少的手段。

　　鲁北集团在长期的经营过程中一直都十分重视公司行政管理、社团建设和法律事务工作。鲁北集团行政管理工作概括起来主要发挥了管理、协调、服务三大功能。其中，管理是主干，协调是核心，服务是根本。行政管理的实质就是服务，鲁北集团在努力建立一个分工明确、反应敏捷和操作性强的运作机制，以保证行政事务的高效、有序运行方面积累了很好的经验；鲁北集团严格按照《公司法》和《劳动法》等法律法规组织社团工作，对于发扬民主，调动各方面的积极性起了很大的作用；鲁北集团实施的以事先防范为主，以事后补救为辅的法律服务模式在实践中收到了很好的效果。

第一节　企业的行政工作

企业的行政管理体系可以说是企业的中枢神经系统，其触角深入到企业各个部门的一个完整的系统、网络。企业要发展、要强大，行政管理工作发挥着不可替代的作用。它好比润滑油，适量的润滑可以使企业这部大车跑得更轻、更稳、更快。鲁北集团的行政管理包括行政事务管理、办公事务管理等事务，具体包括相关制度的制定和执行推动、日常办公事务管理、办公物品管理、文书资料管理、档案管理、会议管理、涉外事务管理、生活福利、车辆、安全卫生等。鲁北集团行政工作的最终目标是通过各种规章制度和人为努力使部门之间形成密切配合的关系，使整个公司在运作过程中成为一个高速并且稳定运转的整体；用合理的成本换来员工最高的工作积极性，以提高工作效率完成公司目标和发展任务。为了做好行政管理工作，从管理中提高效益，鲁北集团的行政办公室主要开展了以下工作：

一、设置合理的组织结构，合理配置人员，明确岗位职责

根据公司发展的需要，适时地对行政办公室岗位人员进行调整，做到既高效又精简，即以岗定人，将业务能力强的员工提到部门的重要岗位，以协助部门领导主持工作；合理安排其他人员岗位责任，根据实际情况，既有一人一岗，又有一人兼双岗或者数岗，职责明确，权责分明、各司其职，保证每项工作有人抓，使行政人员明确自己要干什么，怎样才能干好。从而使得行政人员岗位责任更加明确，公司的内部管理更加规范，业务更加全面，提高了公司抗风险能力，提高了公司综合业务能力及运营效率，促进了公司的业务发展。例如，日常办公事务管理包括日常事务的计划安排、组织实施、

信息沟通、协调控制、检查总结和奖励惩罚等方面的管理工作；办公物品管理包括办公物品的发放、使用、保管、采购以及相应制度的制定；文书资料管理包括印信管理、公文管理、档案管理、书刊管理；会议管理包括会前准备、会中服务、会后工作；其他事务视具体情况而定。从表11-1至表11-4行政办公室考核细则中，可以看出鲁北集团行政人员清晰的职责分工。

表11-1　鲁北集团行政人员考核细则之一　　　被考核人：主任

	工作职责		工作标准	考核细则
一	办公室综合协调	协调办公室全面工作	协调得力	A. 协调得力得100%；B. 协调基本可以，没有影响整个工作的进行得90%；C. 完成不及时，影响了工作进程，但没有重大失误得70%～80%；D. 出现重大失误得0。
二	文、电、函管理	负责上级领导部门及兄弟单位文、电、函的处理工作	处理及时无失误	A. 按要求及时完成得100%；B. 完成不及时得70%～80%；C. 出现重大失误得0。
三	总经理办公室事务处理	负责总经理材料、总公司材料、文件的起草及报呈工作	按要求完成	A. 总经理办公室、总公司部分材料、文件的起草工作，完成得100%；B. 完成不及时得90%；C. 出现重大失误得0。
四	会议组织安排	负责总公司各种会议会务的组织协调安排工作	组织安排严谨无失误	A. 会议会务的组织协调安排及时得力、安排合理，圆满完成得100%；B. 协调安排不到位得80%～90%；C. 出现失误得0。
五	来客接待	负责上级领导、业务部门来访、考察、参观接待工作	接待工作安排到位，让领导、客人满意	A. 对上级、业务部门领导来访、考察、参观安排合理，热情周到得100%；B. 接待安排不到位得80%～90%；C. 出现失误得0。
六	卫生管理	负责环境卫生的协调安排监督检查工作	整洁、卫生	A. 对环境卫生进行定期或不定期检查、抽查，确保良好的卫生环境得100%；B. 安排不到位得80%～90%；C. 卫生不清理得0。

续表

	工作职责		工作标准	考核细则
七	考勤管理		负责每日后勤考勤管理，月底汇总统计	公证，客观，准确，不徇私情	A. 及时统计汇总，不出现失误得100%；B. 出现失误得90%；C. 工作未完成得0。
八	指令性工作				A. 工作圆满及时完成得100%；B. 工作落实不到位得80%～90%；C. 工作未落实为0。

表 11-2　鲁北集团行政人员考核细则之二　　　　被考核人：科员

	工作职责		工作标准	考核细则
一	文、电、函管理	负责上级及业务部门文、电、函的收发、记录工作	收发及时，准确记录	A. 及时传达、无失误得100%；B. 传达不及时或记录不全得80%～90%；C. 出现不可挽回的失误得0。
		负责办公室各种通知、文件等的下发工作	下发及时	A. 准确及时通知、下发得100%；B. 不及时或出现遗漏得80%～90%；C. 延误工作得0。
		负责电子公文的接收上报工作。负责总公司电子邮箱邮件处理工作	处理及时，准确记录	A. 及时汇总统计，不出现失误得100%；B. 出现失误得80%～90%；C. 工作未完成得0。
二	文印	负责办公室文件及材料的打印、复印工作	按要求及时完成	A. 按要求完成打、复印得100%；B. 出现失误得90%；C. 工作未完成得0。
		负责复印机的日常维护管理工作	保证复印机正常运转	A. 正常情况下，保证复印机正常运行得100%；B. 因复印误事，出现重大失误得0。
三	收发	负责总公司信件、报刊、杂志收发及管理工作	收发及时无失误	A. 收发及时无差错得100%；B. 收发不及时，登记不全，出现丢失现象等得80%；C. 发生重要函件收发失误得0。

	工作职责		工作标准	考核细则
四	接待工作	做好上级领导及兄弟单位来办公室考察接待、通知工作	热情服务，举止得体	A. 工作圆满及时完成得100%；B. 工作落实不到位得90%；C. 工作未落实为0。
五	会议室管理	会议室的日常维护、清理、管理	卫生、清洁	A. 工作圆满及时完成得100%；B. 工作落实不到位得90%；C. 工作未落实为0。
六	指令性工作	按领导要求圆满完成		A. 工作圆满及时完成得100%；B. 工作落实不到位得95%；C. 工作未落实为0。

表 11 – 3　鲁北集团行政人员考核细则之三　　被考核人：科员

	工作职责		工作标准	考核细则
一	闭路电视信号、线路管理	有线电视的维护、维修及管理	保证电视信号	A. 维护、维修及时无失误得100%；B. 本人人为失误造成闭路信号不稳或信号中断得90%；C. 信号长时间中断不能及时解决得0。
二	电话线路管理	内外线电话的维护、维修及管理	保证线路畅通	A. 维护、维修及时无失误得100%；B. 本人人为失误造成电话线路中断得80%；C. 长时间中断不能及时解决，影响了公司生产得0。
三	卫生督查	不定时组织办公楼卫生清理	卫生、清洁	A. 卫生清洁得100%；B. 卫生不彻底得90%；C. 脏、乱、差严重，没组织清理得0。
		对各单位所属卫生区进行监督检查	检查及时，确保卫生	A. 及时检查，卫生环境良好得100%；B. 监督检查不利得80%；C. 对卫生失去监督得0。
四	指令性工作			A. 工作圆满及时完成得100%；B. 工作落实不到位得80%；C. 工作未落实得0。

二、严格劳动纪律，提高工作效率

行政办公室在对公司工作统筹安排之际，加大对劳动纪律的监管力度。首先，办公室制定了有效的考勤管理制度，严格考勤管理。旨在规范员工工作行为，提高工作效率，培养员工的工作自觉性与主人翁责任感。每日执行四次签到制度，每月月底对各职能处室考勤进行汇总统计，并将其与公司的每日考勤簿严格核对，一经发现其与公司考勤不符，立即调查原因，纠正错误。表11－4是鲁北集团行政人员的考勤管理制度。

表 11－4　鲁北集团行政人员考勤管理制度表

制度类别		制度内容
一	考勤制度	A. 执行公开日考勤、月汇总。实行一天四次签字制。签字时间为每天上下午、上下班前后十分钟，每月汇总一次 B. 按时上下班，不准无故迟到或早退，不准脱岗、串岗
二	请销假制度	工作人员因某种正当理由不能上班上岗进行工作，必须提出请假申请，填好请假条，待准许后，方可请假，否则按旷工处理 A. 凡职工请假必须事先办理请假手续，确因特殊情况不能事先请假者必须次日补办手续，逾期不补假条者按旷工处理 B. 处室人员请假，必须填写请假条，经单位负责人同意批准后，交考勤人员备案。未经批准，不得擅自离岗，不准捎假，否则一律按旷工处理 C. 销假：考勤人员按照请假条规定时间实行销假。如需延长假期，必须经批准后方可续假，否则按超假旷工处理 D. 事假、病假、婚假、产假等均执行总公司有关规定
三	派差制度	加强出差管理，减少无计划、随意性出差，出差要求必须目的明确，时间地点确切，任务具体 A. 出差人员必须事先提出出差申请，并注明出差起止时间、地点、具体任务、有无车辆。经处室负责人签字审批后，报办公室开具派差单，处室负责人出差必须经有关副总批准同意后，到办公室开具派差单，派差单作为差旅费的报销凭证 B. 不履行派差手续者，一律不予补办派差单，其差旅费一律不予报销，出差期间按旷工论处

其次，严明各个岗位的考核制度，对行政工作的各个岗位都设定了岗位标准和考核细则，通过考核来提高行政工作的效率。表 11－1 中就列举了部分行政岗位的考核标准及考核细则。

三、健全制度，严格管理，努力提高工作效率

制度是决定企业管理科学程度的关键因素，又是决定效率的重要原因，制度化管理具有个人与权力相分离的特性，制度化管理是理性精神的体现，制度化管理适合了现代大型企业组织的需要，要实现效率目标，必须有一系列行之有效的具体制度规则。

鲁北集团行政办公室认识到制度化建设的重要性，自始至终都把制度化作为企业行政管理的手段，在行政管理的方方面面都制定了详细的规章制度。例如，为保障企业生产的正常运行，使安全管理信息能够得到及时、准确反馈，加强各单位安全生产工作中的动态管理，以便采取有针对性的措施，指导全面安全工作，制定了《安全例会管理制度》；为了加强车辆管理，提高司机对安全、护车方面的思想觉悟，降低相关车辆管理费用，集团办公室制定了《车辆管理制度的基础》、《车辆管理规定的补充规定》；为了进一步规范档案管理工作，提高档案查找速度，而且使入册档案看起来更明朗、更直接，使公司的档案管理提高一个档次，迈上一个新的台阶，办公室制定了《档案室管理制度》。其他的还有诸如《公章管理制度》、《来宾接待制度》、《会议管理制度》、《图纸及技术文件、技术图书、刊物管理制度》、《档案库房管理制度》、《技术、文书档案借阅制度》、《借阅会计档案制度》等。

第二节　企业党委工作情况

在鲁北集团快速发展的过程中，党委始终发挥着政治核心作用。集团公司自成立以来始终把党建工作作为企业发展的"助推器"和"发动机"，始终把党建工作规范化作为突破口，逐步形成了以班子建设为核心，以支部建设为重点，以党员教育管理为骨架的党建工作新格局，构筑起国营企业的凝聚力大厦，党委的政治核心作用、党支部的战斗堡垒作用、党员的先锋模范

作用得到了充分发挥，促进了企业的跨越式发展。

一、建立健全党组织机构

公司党委根据要求设置配备了相应的组织机构。公司从完善企业领导体制入手，规范了以党委为政治核心、董事会为决策中心、经理班子为产销指挥中心、监事会和职工代表大会实施监督的管理体系，形成党政联席会议和党委成员汇报制度，建立了党内党外、上下沟通的协调运行机制。公司党委实行常委制，设常委九名。公司党委下设三个部——组织监察部、宣传部、党群工作部，各部门的工作职能是：组织监察部肩负组织工作和监察工作两种职能；宣传部肩负意识形态工作，主要承担党的路线及方针政策宣传、理论学习、党员教育、职工思想政治工作、企业文化建设，同时担负企业的文化营销，即通过宣传的方式，把企业的经营方针和企业文明整体推向社会；党群工作部主要履行党委办公室职能，同时负责与工会、团委的协调工作。

公司党委按照行政编制，下设16个党支部，92个党小组和48个党员责任区，共有党员269名。公司还专门成立了党员活动室，活动经费由党委统一开支。在党组织设置上，始终坚持把党的建设和生产经营从管理体制上实现有机融合，让每名党员有一个自己的"家"。

二、坚持党管干部与市场机制相结合的原则

为确保党建工作不断取得新成效，集团党委按照市场经济规律办事，从完善管理体系着手，不断调整和改进党建工作思路、内容和方法，建立了企业党建长效机制。集团党委的工作紧紧围绕企业发展战略和生产经营工作要求，把目标落实与岗位职责、绩效考核结合起来，按单位层层分解落实，确保每个部门、每个班组的企政工作目标落到实处。

鲁北集团总公司是国有企业，主要成员企业是国有控股企业。国有企业的传统是党管干部，但是传统党管干部的做法与现代公司治理制度不相适应，所以鲁北集团改革的一大特色就是关于党委会的定位问题。鲁北集团在长期的发展过程中认识到：虽然坚持党管干部的原则是有利于把握改革方向的，但要明确其与董事会、管理层的职能分工，党组织应该是政治中心，贯彻党的方针路线，党的领导是政治领导、思想领导，是在重大问题上的把关定局，而不应该干预管理层的决策，不应越俎代庖。正如十六届三中全会提出的"要坚持党管干部原则和市场化选择经营管理者相结合"。

公司始终坚持党委会以及公司各级党组织在整个公司发挥核心的作用。但重大的事项，应该是有区分的——属于经营管理方面的决策事项，管理层应该在董事会授权的范围内，按照董事会的决策开展工作，同时向董事会报告；也有一些事情是由党委会决定的，或者由党委会研究的，管理层就向党委会提出报告。例如，对于公司中层以上管理层的考核工作就由党委负责，这也体现了公司党委在公司组织建设中的重大作用。

为此，公司党委制定了详细的干部考核程序。鲁北集团对每位干部考评的主要内容是：工作业绩、廉洁自律、团结协作、创新能力、敬业精神、用人能力、学习能力七个方面。考评时，采取被考核者自评、主管及直管上级考评、班子互评、群众测评、考评小组综合考评等方式。经过逐项考核后，由各有关方面评价打分，考评结果形成专题报告，排出顺序，反馈本人和有关方面，末位淘汰。同时，公司党委坚持把人才放到市场竞争的环境中去考察，把市场检验作为评定干部素质能力的重要砝码，建立了"能者上、平者让、庸者下"的动态用人机制，营造了一种人人都有危机意识、在激烈的竞争与挑战中拼搏向上的文化氛围。

更为重要的是，公司党委还一直未停止探讨在市场经济中股份制企业党委的职责功能及活动等重大前沿问题。比如，鲁北集团公司正在就党委的纪检部门是否可与内部审计部门合并？董事会下面各设有五个专门委员会（战略发展委员会、审计委员会、提名委员会、人事和薪酬委员会、关联交易控制委员会）行使监督职能，其中，外部非执行独立董事可以担任相关委员会的主席，但这样的职位是否由党委委员担任更合适等重大问题展开调研。

三、强化党员教育，发挥党员的模范作用

集团公司紧密结合党的优良传统教育活动，健全了党员学习例会制度，从 2000 年开始到现在，每周用两个小时的时间召开学习例会。从开始的党员干部参加，逐步扩大到各单位负责人、管理人员和业务骨干，切实增强了党员干部的宗旨意识、团队意识、责任意识、纪律意识、服务意识，激发了党员干部吃苦耐劳、奉献为公、干事创业的工作激情。

公司党委发挥学习例会阵地的作用，以艰苦创业的企业文化底蕴鼓舞员工，以循环经济的企业文化理念教育员工，以"以人为本"的企业文化核心凝聚员工，以"八荣八耻"荣辱观丰富深化企业文化内涵。通过学习教育，大大强化了基层党组织战斗堡垒作用。从加强党的领导班子建设抓起，以培

养德才兼备、清正廉洁、务实勤政的风貌为重点，树立党组织的良好形象，发挥"旗帜"带动作用，从而增强了感召力和凝聚力。

在党员责任区内深入开展"一个支部一面旗，一名党员一盏灯"和每一名党员作为组织工作员、生产督查员、教育宣传员、文明安全员、创新技术员的"五员"活动，加强传帮带和示范带头的作用，生产经营管理、精神文明建设落到了实处，充分发挥了基层党组织的战斗堡垒作用。同时，公司还建立起了党员岗位职责系统、业务跟踪系统、绩效考核系统三位一体的考核体系，做到了制度规范、程序合理、运行科学、措施到位、落实得力、考核严格、监督有效，管理效益十分明显。

第三节　企业工会工作情况

企业的成长离不开职工，也离不开职工自己的组织工会。工会作为职工群众自愿结合的群众组织，承担着公司联系群众的桥梁和纽带及职工群众合法权益的代表者和维护者的责任。在公司的成长发展过程中，工会发挥了积极的作用。

一、工会的组织建设

鲁北集团工会成立于1984年，目前集团各分、子公司已建立工会组织的单位有51个，现有会员7500多人，专职工会干部19人，兼职工会干部51人，工会女干部12人。

近两年，工会根据我国《公司法》、《劳动法》、《工会法》和国务院关于进行现代企业制度试点的有关规定，始终坚持"哪里有职工，哪里就有工会组织"的原则，加大对各单位企业组建工会的力度，对没有组建工会的分公司和子公司督促、指导，为扩大和发展工会事业拓宽了道路。同时，各基层工会组织严格按照《职工代表大会选举条例》的规定，配备了专职或兼职的工会负责人，并从政治地位和经济待遇上给予落实。为了进一步规范工会工作，工会从制度上入手，制定了一系列的"目标责任书"、"工会工作簿"等各项工作制度，来规范工会工作，使工会各项工作有法可依、有章可循。

二、充分发挥维护职能，健全维权机制，以法制创和谐

企业工会组织认识到，为企业献计，为员工谋利，参与企业管理，是工会组织的职责和权利；同时企业工会也认识到，法制是社会主义和谐社会的重要特征之一。

近年来，鲁北集团充分发挥工会依法维护职工的合法权益这一基本职责，为各级工会创造了勇做员工的代言人、监护人、贴心人、领路人的环境。各级通过源头协商签订集体合同、职工代表大会上全过程监督、事后对个别维权案件调解，不断完善维权机制，推动了法制社会的创建。

（1）健全劳动关系协调机制。工会按照《山东省集体合同规定》和《劳动法》的有关规定，狠抓了平等协商、集体合同制度的落实。工会逐步建立了与公司的平等协商和集体合同制度，在平等协商过程和签订集体合同中，遵守依法办事和平等合作、协商一致、维护正常生产工作秩序的原则。集体合同中的内容包括：劳动报酬、工作时间、休息休假、劳动安全与卫生、保险福利、女职工特殊保护等内容；集体合同期限，变更、解除、终止集体合同的协商程序；双方履行集体合同的权利和义务；履行集体合同发生争议时协商处理的约定；违反集体合同的责任；双方认为应当协商约定的其他内容。

（2）健全职工民主管理机制。积极探索以职工代表大会为载体的民主管理体制建设，落实职工代表大会职权，规范职工代表大会程序，提高职工代表大会实效。着力加强以新建企业为重点的厂务公开民主管理工作，推动厂务公开工作的深入开展；公司研究决定生产经营的重大问题、制定重要的规章制度时，应当听取公司工会和职工的意见和建议；企业改革改制方案、工资集体协商方案和职工分流安置方案都经职工代表大会审议通过。

（3）健全职工权益保障机制。企业建立了劳动争议内部调解组织，通过对个别子公司及分公司存在劳动安全卫生条件差等个别侵害职工合法权益的案件进行事后调解处理来维护职工合法权益。

三、开展丰富多彩的劳动竞赛活动

为了充分调动和发挥广大职工的主人翁精神和创造性，不断提高职工队伍的整体素质，贯彻落实"职工是企业的主人"和全心全意依靠职工办企业的方针，集团公司工会经常在全集团范围内组织和动员广大职工开展岗位练

兵、技术比武、技术革新、技术攻关、技术协作、技术发明和合理化建议等竞赛活动。这些活动有力地提高了企业核心竞争力和职工的各项素质。

1. 开展"高技能人才选拔，岗位练兵，职业技能竞赛"活动

在劳动竞赛领导委员会的指导下，以各分厂为基本单位，搭建岗位培训平台，鼓励全体干部职工积极参与业务技能培训，开展岗位练兵、岗位培训、技能比赛等活动，促进职工在岗位实践中锻炼成才。建立岗位练兵、技能比赛工作机制，以培训学习促技能提高，以技能提高促工作业绩提升，用什么，学什么，干什么，练什么，在练中学，在学中练，以练促干。强化岗位练兵、技能比赛的针对性和实用性，使每位员工能够熟练掌握干好本职工作的基本技能，全面提高员工队伍的整体工作能力。

2. 开展"我为安全作贡献"的安全生产"六个一"活动

开展好安全生产"六个一"活动，上好"安全教育一堂课"，构筑"安全监督一张网"，抓好"安全提醒一句话"，落实"我为安全献一计"，做好"安全监护一帮一"，成立"安全督查一支队"，积极营造安全生产的良好氛围，引导广大员工进一步增强安全生产意识，遵守安全生产规章制度，提高安全生产技能，开展安全监督活动，实现安全生产"零事故"，为推动企业的长周期安全生产运行作出贡献。

3. 开展"抓工程质量、促工程进度、保任务目标"活动

质量是工程的生命。项目建设单位劳动竞赛要牢固树立"质量第一"的意识，严把工程质量关，加强工程质量的监督检查，完成一项，检查一项，合格一项，努力提高工程质量的合格率、优良率。严格按照各个工程的计划控制节点开展工作，对施工中遇到急、难、险、重、新的任务，以劳动竞赛的各种形式，分解任务，分解指标，落实到人，确保到位，保进度、保工期，优质快速高效地完成。以劳动竞赛活动为载体，普及推广有关工程管理知识，树立节俭意识，严格控制工程成本，加强施工现场管理，做到科学施工、文明施工，确保施工现场规范整洁。

4. 开展"岗位创效，节约资源"的"五个一"主题实践活动

按照十个"同心圆"管理模式，围绕增收节支、降本增效，大力推进企业创效活动。围绕企业中心工作和重点工程项目，突出"保重点、保质量、保进度、保安全"等工作内容，开展技术比武、岗位能手评选活动，鼓励立足岗位创效，增强企业竞争力。广泛开展节约资源"五个一"主题实践活动，引导广大职工从"节约每一滴水、节约每一度电、节约每一张纸、节约每一升油、节约每一寸钢板"做起，争做节约资源的先锋。要围绕不同岗位的具体要求，对节能降耗做出明确、具体的承诺，制定节约资源的日常行为规范，通过优化管理、查找问题、期限整改等途径，实现节能增效。要以班组为基本单位，开展以节能降耗为主题的争先创优活动，强化创新意识，积极推广小窍门、小创造、小发明，优化工作流程，提高生产效率，形成节约型工作模式。

5. 开展"合理化建议、技术革新"活动

紧密结合单位实际，组织广大职工对本单位施工管理、技术管理、安全质量管理、经营管理、设备管理、财务管理、人力资源管理等方面提出合理化建议。以采用先进技术、革新施工生产工艺、改造陈旧设备、提高科技含量为主要目标，广泛动员广大职工和工程技术人员开展技术攻关、技术改造、技术发明和技术创新等活动，鼓励创新，增强企业发展活力。

6. 开展"营销和服务创新"活动

以营销和服务创新为重点，增强营销意识，创新营销手段，深入市场调查分析，把握市场需求动态，研究营销战略，制定营销规划，构建营销网络，创造营销实绩，树立良好的企业形象和产品形象；创新服务形式，优化服务过程，打造服务品牌，提高服务水平，努力运用网络、通信等现代科技手段，突出企业特点，帮助企业赢得更多消费者，占领更大市场份额，提高经济效益。

第四节　企业团委工作情况

在鲁北集团的发展过程中，共青团也是一支十分重要的力量。近几年来，鲁北集团团委在公司党委的关心支持下，按照"服务企业、服务青年"的原则，紧紧围绕企业发展和改革大局，坚持依靠党建带团建，带领团员青年发挥突击队和生力军作用，为公司发展作出积极贡献。公司团委被授予"红旗团委"、青年文明号等荣誉称号，以团员、青年组成的鲁北集团青年突击队被共青团山东省委授予山东省青年突击队标兵荣誉称号，团省、市委领导多次来公司视察指导，对公司共青团的工作给予了充分肯定。

鲁北集团团委的工作具有如下特色：

一、加强团的组织建设，积极探索共青团工作新思路

鲁北集团现有职工 7500 多人，其中团员有近千人。公司团委在上级团委和公司党委的正确领导下，以创建"五四红旗团委"为契机，积极探索股份制企业共青团工作的新路子，狠抓了团的自身建设，开展了形式多样、丰富多彩的主题活动，公司团委针对公司下属分公司多、地域面积广的特点，不断健全和完善总公司团组织网络体系。

（1）重视配齐配强团委班子成员，按期换届。近年来公司团委在党委的指导下，在原设一名团委书记、两名团委副书记的基础上，团委委员增加到11 人，团的干部工作能力和业务水平较强，在团员、青年职工中享有较高的威信；各分厂单位团支部增加到 13 个，都配备了团干部（兼职），平均年龄28 岁，管理着企业内部近千名团员，使公司上下形成了一个完善的团组织网络体系。

（2）委派团委班子成员到中央团校、山东团校等进行培训、进修，到企业重点部门、关键岗位进行挂职锻炼，提高团干部的理论素质和分析解决问题的能力。

（3）抓建章立制，公司团委班子始终认真执行民主集中制，坚持重要事情民主决策。团委班子还通过团干部谈话制度和团干部调研制度，深入基层，主动同青年职工进行发展性谈话，较为全面地了解青年职工的特点和思想热点，与青年职工做朋友，开阔视野，挖掘潜力，优化工作方式，提高工作能力。

（4）抓阵地建设，提高为青年职工服务的有效性。在公司党委的支持下，每年拨出 4 万元作为团文体活动经费，先后建立了流动科技图书馆、乒乓球室、棋牌室、足球场、灯光篮球场、宣传栏、青年职工之家等活动阵地，团委依托这些场所，经常举办各类球赛、文艺汇演、书法、摄影、军民共建联欢晚会、卡拉 OK 歌手大奖赛等多种形式的活动，据不完全统计，直接参加活动的青年职工达 15000 人次，进一步加强了团组织的凝聚力。

企业共青团工作离不开党组织的正确领导。鲁北集团党委把团的建设作为党建工作的重要内容纳入党的建设的总体规划中，使团建工作在党建工作的带动下同步发展，结合先进性教育活动，公司党委坚持党团工作同部署、同检查、同考核，根据生产经营、工程建设实际给团组织指路子、压担子，使团的工作紧密围绕党的中心工作，服从和服务于企业的经济工作大局。公司党委对团委的工作进行量化考核，团委对下属团支部进行量化考核。团的

工作的考评结果直接与团干部工资挂钩，与推荐入党、输送干部工作相结合，有力地促进了团的工作，激发了团的工作的生机和活力。

二、搭建团员青年成才平台，投身企业经济建设主战场

近几年来，鲁北集团为实现大发展、大跨越，先后进行了大电业、大盐业、大化工等一大批科技创新项目建设，为广大团员青年施展个人才华搭建起了良好平台。

（1）广泛开展"为重点工程建功立业"活动。公司团委为积极引导广大团员青年全身心投入到企业经济建设中，开展了"为重点工程建功立业"活动，在生态电厂、北海工程、海水淡化工程、钛白粉扩建工程、焦化加氢工程等一大批对区域经济有重大贡献、有重大影响力和推动力的生态工业示范项目建设中，摆开擂台，开展青年职工技术比武竞赛，充分发挥青年职工的突击队和生力军作用，有力地推动了各项工程的建设。由公司团委在内的工程指挥部带队，组织青年职工先后到全国各地电厂学习先进的管理操作技术，为公司培养了一支青年职工技术队伍，在项目安装建设中发挥了巨大作用。

（2）积极开展"青工创新创效活动"。公司团委以青年职工为主体，以科技研发、项目创新为总要求，在团员青年中开展了"青工创新创效活动"。公司团委本着"广泛发动、完善措施、狠抓质量、注重实效"的原则，把握立项、攻关、应用、推广四个关键环节，通过青年职工技术革新、科技攻关，科研成果进一步增多，科技成果转化为生产力的速度以及装置出厂、产品质量等明显得到提高。

三、紧抓思想建设阵地，开展团员青年主题教育活动

团员青年始终是鲁北集团一支充满活力和朝气的中坚力量，为充分发挥这支中坚力量的积极作用，公司团委开展了"成长、成才、成功、成就"主题培训班，结合企业精细管理年、效益翻番年、工程建设跨越年等，深入开展了"学习百佳青年、继承鲁北精神，为企业发展献青春"活动。通过这些活动，团员青年深入学习了鲁北精神的深刻内涵，加强了对循环经济有关知识的认识，集团团委还帮助团员青年树立起以厂为家、立足本职、敬业奉献的理想信念，引导团员青年立足岗位，以百佳青年为榜样，积极投身生产和工作，为企业发展提供了有力的思想保证和强大的精神动力，涌现出了一大批优秀青年，进一步促进了企业各项经济指标的提高。同时，团委还在各分

公司成立了数十支青年突击队，战斗在工程建设、生产运行第一线，发挥了生力军的巨大作用。为此，无棣县团委在鲁北集团先后举行了"五四"誓师大会、鲁北青年突击队授旗仪式等活动，向全县青年发出了"学习鲁北精神，为五大建设献青春"的号召。

第五节　企业法律服务情况

鲁北集团在长期的发展中深刻地认识到，现代社会里，无论是公司的内部治理还是外部交易都面临着日益增多的法律风险。这种风险从宏观上说属社会风险，从微观上说属人为风险，具有可预见性和可控性。因此，鲁北集团组建了得力的负责法律事务的队伍，并从公司治理的角度充分地发挥法律事务处的功能，有效地预防了各种法律风险。

鲁北集团的法律事务工作主要体现在：

一、设置独立的法律事务部，统一处理企业法律事务

企业在法律事务的管理机构设置方面通常有三种做法：有的企业设立专门的企业法律事务部门，称为法律事务部或者法律顾问室；有的企业不设立专门独立的部门但设立专职的企业法律事务人员，称为法律事务专员或者法律秘书；有的企业在企业内部不设立专门的法律工作人员而聘请外部的律师作为企业长年的法律顾问。

鲁北集团目前采取的是第一种做法。2004年4月下旬，按照《国有企业法律顾问管理办法》和《关于在国有重点企业加快推进企业总法律顾问制度建设的通知》的精神，研究起草《鲁北集团法律顾问制度实施方案》，并按照该方案对法律事务机构设置、职责及人员进行了较大调整，组建了专门的、独立的法律事务部，将原有的法律管理部门从公司办公室分离出来，升格为法律事务部，单独设立，专门负责归口管理全集团公司的法律事务工作，人员也从原来的3人增加到7人，7人中有3人具有法律硕士学位，5人具有律师资格和企业法律顾问执业资格。

根据这几年运行情况，集团设置独立的法律事务部具有以下优点：一是法务人员属于企业内部管理人员，熟悉企业经营管理状况，其自身利益和声

誉与企业利益和声誉密切相关。二是从专业上看，他们是既懂法律，又有企业管理经验的复合型人才。三是法务人员参与企业经营管理全过程，将企业的法律风险降到最低限度。

鲁北集团法律事务部的主要职责：

（1）组织管理公司法律事务室工作，根据有关部门要求为公司的经营管理和经营决策提供法律意见。

（2）参与公司有关经济合同的起草、谈判和签约；对公司重大的涉外招标、投标、承包等经济合同进行合法性审查；监督、指导经济合同的履行；对经济合同实行归口管理。

（3）根据公司法定代表人的委托，参与有关经济纠纷的协商、调解、仲裁或办理其他非诉讼法律事务。

（4）根据公司和子公司（单位）法定代表人的委托参与诉讼。对部门人员参与代理的诉讼案件提出法律意见。

（5）参与或根据授权组织公司关于法律、法规、规章执行情况的监督检查。

（6）安排部门人员办理公司所属企业的法人和非法人登记和年检；根据委托办理商标注册和合同公证。

（7）负责办理公司的车船年检。

（8）组织开展法制宣传工作，提高职工法律意识。

（9）办理公司领导交办的其他法律事务。

（10）向公司领导及有关部门提供法律咨询，并根据要求提出法律意见。

二、事先防范为主，事后补救为辅的法律服务模式

目前，很多企业虽然也建立了自己的法律服务部门，但仍然纠纷难断，官司难缠，这些企业的法律事务部好像就是为企业处理内外纠纷、打官司的，他们的法律事务工作人员哪里出现官司纠纷就往哪里跑。鲁北集团法律部门清楚地认识到了这种事后补救型法律服务模式的弊端，负责集团法律事务部的领导早就提出：应转变观念，强化事前防范意识，建立健全企业法律保障体系，使其成为企业核心竞争力的重要组成部分。

鲁北集团按照全新的观念，确立了自己的法律服务模式：以事先防范为主，事后补救为辅，建立健全公司内部法律保障体系，变事后处理为超前预防，充分运用法律手段防范和化解经营风险。法律事务部门按照这种事前预

防的法律服务模式要求，工作领域由办理诉讼案件及工商事务向法律论证、合同项目、制度管理、法律环境跟踪研究等转变，从事后补救型向事中控制和事前防范转变，把过程控制和源头治理放在优先位置；从由被动型向主动型转变，自觉关注、分析、主张和实现自身权益；从事务型向管理型转变，注重化无序为有序，化被动为主动。

鲁北集团法律事务部围绕建立企业内部防范经营风险的法律监督机制和保障体系开展工作，做到事前防范、过程监督、防止或减免损失，切实维护企业合法权益。例如，法律事务部指派专人参与到公司投资决策委员会中，对拟投资或退出的重大项目从法律专业角度指出评估意见；在投资决策流程中增设了法律审核环节，并明确规定，公司在项目投资和退出时，除必须有战略部门和计财部门的独立意见外，还需要法律部门的独立意见；法律事务部门在企业形成重大决策的过程中，积极向领导提供法律咨询意见，将法律论证作为决策前的必要程序。

在公司合同管理中将工作重心从"事后补救"向"事前预防把关"转移，进一步细化完善配套制度，做到预防为主、分工负责、归口把关。集团总公司对外签订的重要经营合同、协议、章程事前必须要由法律事务部进行审核。2006 年以来，由法律事务部进行审核并提出修改意见的合同、协议、章程等就达 95 份。众所周知，当今任何企业行为都面临着法律风险，而法律风险转化为现实，从内因上讲，主要是企业管理制度不完善和落实不到位，而鲁北集团清醒地认识到了严格按照规章制度开展工作也是企业法律事务工作的必然含义，规章制度的建设在公司整个法律事务工作中包括风险防范的开展具有基础性的地位。所以，鲁北集团法律事务部一直把制定和完善企业各种规章制度作为自己的重要职责，例如法律事务部起草的《合同管理实施细则》、《纠纷案件管理实施细则》、《股权管理实施细则》等规范性内部文件就具有很大的操作性。这些规章制度为健全内部监控机制，防范法律风险提供了有力的制度保证。

三、规范有序的工作制度

为做好公司法律事务工作，防范和规避生产经营中的法律风险，依法维护企业合法权益，鲁北集团法律事务部在日常工作中建立了规范的部门工作制度，并切实贯彻实施，从而使得整个法律事务部工作开展得有声有色。

第十二章　企业信息化

　　企业信息化包括生产流程的信息化和企业管理的信息化双重内容。通常的企业信息化主要是指后者，所谓企业管理信息化是利用现代管理科学和信息技术构建现代信息网络系统，使企业管理活动各个环节通过信息的快捷流通和有效服务，实现资金流、物流和工作流的整合，达到企业资源的优化配置，不断提高企业管理的效率和水平，进而提高企业经济效益和核心竞争能力的过程。

　　企业信息化的主要任务包括：构建好企业信息基础设施；做好信息组织工作；制定企业信息资源管理基础标准；兴建集成化、网络化的现代信息系统；持续广泛地开展企业全体员工的信息化教育培训工作，使信息化思维深入人心，使企业自上至下的每位员工都形成利用和管理信息资源的良好职业习惯。

　　我国企业信息化建设已有20多年的历史，并取得了一定成效。在发展过程中，既有成功经验，也有失败教训，但总的来看，与西方主要发达国家相比，我国企业信息化的规模、层次和总体水平都还存在很大差距。认识不足与操作乏力是阻碍我国企业信息化建设顺利发展的两大桎梏。

　　鲁北集团对企业信息化工作非常重视。根据企业生产经营特点以及企业人员素质条件，鲁北集团信息化建设走的是一条"利用信息不断地发展，在发展中不断地完善信息网络"的道路。

第一节　鲁北集团企业信息化现状

　　鲁北集团在进行信息化建设过程中积累了许多成功经验。首先，确立了先进的管理思想和管理体制。企业信息化建设不仅是技术变革，更是思想创新、管理创新、制度创新。在重大信息化工程建设之前或在建设中对现有组织机构、管理制度、运行模式进行适时、适当调整，将使信息化建设事半功倍。其次，效益驱动，重点突破。企业信息化的目的是提高企业的经济效益和企业竞争力，因此一定要注重实效。选择企业急需解决又能较快见效的环节做突破口易于成功。再次，从企业实际出发。企业情况千差万别，信息化内容和模式也多种多样。企业要根据实际情况，从承受能力和实际需要出发，确定要干什么，先干什么。不是技术越先进越好，也不是投资越多越好，关键看它是否符合企业的真正需求，找到制约企业发展的"瓶颈"所在，给企业解决了实际问题。最后，利用成熟技术。信息技术发展很快，不盲目求新、求高。现有成熟技术能解决的问题，尽量使用成熟技术，既可以减少风险，又能做到实施快、见效快，维护、更新有保障。许多技术国产化水平已很高，适合国情，价格又相对便宜，效果更好。

对于企业来说，专业化信息技术人才的缺乏是现实问题。在信息化建设过程中，不可能也没有必要完全依靠自身力量进行设计、开发、实施，对信息资源尤其是外部信息资源的开发利用更不可能完全依赖自己。寻求外部支持不仅必要，而且往往可以节约成本，提高效率。

企业信息化的核心是信息资源的开发利用，鲁北集团采取多种手段深入开发，广泛利用企业自身和客户、市场变化等各方面信息资源，实现生产、经营、管理各环节的资源共享，为企业决策提供信息支持。这既是企业信息化的出发点，也是企业信息化的归宿。

一、鲁北集团信息化的发展历程

鲁北集团的信息化道路起步比较早，从企业信息化的发展历程看，该集团信息化经历了从技术到管理再到企业资源整合这样一个发展轨迹。

1. 建立信息共享平台，提高工艺设计的整体水平

1996 年，山东鲁北建材设计院引进了中国建筑研究院的建筑结构设计ABD 为基础平台的设计软件，建立了设计院内部局域网，全面取消手工制图。1999 年，利用计算机及网络，将公司全部图纸资料转化为相应的电子版文件，全部图纸资料均实现网上查询、借阅、复用与修改，对任务评审与承接、立项、图纸的审核全部在网上进行；绘图、工艺设计、图档管理全部计算机化，图纸利用率由原来的 2% 提高到 35%，设计更改不再更改底图，只

需在计算机上轻松复制即可，省去了更改后的绘图、描图工作。另外，互联网的连接大大快捷方便了技术调研、资料收集与查新，真正实现了技术共享、远程联合开发、远程方案及图纸联合会审。

2. 以集散控制为契机，发挥信息管理的综合功能

公司在 1997 年扩大建设之初，就做出了建设一流自动化生产线的决定，先后在 PSC – II（磷铵、硫酸、水泥联产装置）、氯碱生产装置、热电装置和鲁北石化装置上先后配制了 A – B 公司、日本横河和浙大 JX – 300 三类共六套 DCS 集散控制系统。这六套 DCS 提供了从现场到设备，从设备到车间，从车间到分厂，从分厂到企业集团整个信息通道。这些信息充分体现了全面性、准确性、实时性和系统性，充分发挥信息管理功能的综合平台系统功能，可实时地进行过程监视及控制。

3. 加强网站建设，提高企业电子商务交易量

为加强企业的网络宣传力度和促进信息化建设步伐，1999 年建成了鲁北企业网站（www. lubei. com. cn），鲁北网站的建成便于兄弟单位及上级主管部门及时了解公司动态。2004 年 6 月根据公司发展需要，增加了循环经济、产品性能说明和图片下载功能，方便了客户对公司产品的了解，有效地提高了企业的知名度。

目前，集团公司 90% 的外贸业务通过电子商务进行交易，国内销售业务40% 通过网络平台来完成。利用自己的网站在网上发布产品信息，进行网上洽谈、签约，开展网络经销。

4. 搭建财务网络平台，实现集团财务管理新模式

为有效控制资金流，2000 年公司根据鲁北的需求与用友公司合作开发了鲁北财务系统，运行 3 个月后，成功实现甩账。

该系统实施后，财务部门人员削减 1/3，但财务人员的劳动强度却降低了 20%；如与银行对账，原来一个人专心致志需要 3 ~ 4 天，现在只需一个上午即可。原来一个专人汇总一级科目，现在使用计算机汇总，既准确又快捷。由于公司业务量大，往来户有 1200 余户，原来 2 ~ 3 个月余额对不上是常事，现在利用鲁北财务系统处理这些问题就非常容易。并且可以利用强大的查询功能，方便快捷地实现对以前年份所作凭证及往来户的查询，便于业务人员与客户及时对账。还有各产品成本、利润的核算以及根据这些核算项目制作凭证、再记账原来需要 3 ~ 4 天时间，现在半天可全部完成。

5. 供应链系统

2005 年，为了实现企业的物流、资金流、信息流的一体化，为企业决策层提供准确、及时、科学的决策信息，达到降低成本、管理好资金、加强监控、优化业务流程为目标，鲁北集团实施了供应链管理系统，具体应用效果如下：

（1）销售管理方面。实现了快速准确报价、客户订单的按期交付、价格政策的制定和落实、渠道/客户管理、信用政策的制定和控制、销售款项的及时收回，完善了市场价格体系。

（2）采购管理方面。实现了对采购的全过程进行监控，保证按期交货，从而避免发生缺货，延误生产，出现不良循环的局面。

（3）收货业务方面。与地磅、化验、库管直接相连，采样实行编号制，杜绝人为因素的发生，整个过程系统自动形成收货日报、收货统计表。

（4）库存管理方面。在库存业务、库存状态控制、库存分析方面具有强大的功能，能够有效地跟踪库存的出入库情况，分析库存的异常状态，反映库存的价值分布。为企业各个业务部门提供共享信息奠定了基础。库存模块还就库存的短缺、超储、安全库存提供了预警机制，为物流部门提供动态库存信息。

（5）材料领用方面。对于我们的备品备件入库业务主要是采购部门的"集中采购"材料入库，设置不同的库房，然后通过"权限设置"将仓库及其库存物资和管理员形成对应关系，即"仓库—物资—部门—保管员"，这样便于我们从不同的角度对库存物资进行统计。

（6）其他管理方面。实现了盘点业务、货位管理、库存统计报表与预警、存货成本核算等功能。

6. 加强内部高效管理，强化部门之间协同办公

为实现公司内部业务的协同，建立一个可以自动运作的系统，使企业和团队能高效沟通、快速达成目标；本着总体设计、统一规划的原则，将信息管理与其他管理系统做到集成统一，利用计算机网络化条件的优势，合理改变原有工作模式和工作流程，形成新的、先进的信息管理模式，信息管理系统在不断的开发改进维护中，遵循了先进性、实用方便性、开放性、易维护性、安全性的原则。2005 年 2 月，实施了一套基于纯 B/S 结构的办公自动化系统。目前，该 OA 系统已经完全投入运行，且运行良好。

该系统由信息中心设专人负责信息管理，公司的其他部门也分别指定一

名信息管理员负责信息工作。每月由信息中心牵头，各部门信息管理员参加进行信息分析会议，总结OA系统的应用情况及各相关信息的处理应用情况。

针对信息量大、信息分类多的企业特点，开发OA系统首先从企业内部信息的管理入手，首先将企业内部各类会议纪要纳入OA系统管理，一改过去会议召开完毕，需要专人整理、编制、打印、下发的工作方式，只要会议召开部门将会议内容录入微机，传送上网，所有设权部门便可以随意查询，大大加快了信息的传输。同时，为了监控查询部门对会议纪要内容的浏览，增加了查询者浏览记录，使信息的查询处于控制状态。

在此基础上，信息中心设计了一个自己的信息管理构架，通过OA系统，将其纳入微机管理，先后增加了"参考信息"、"行业动态"、"内部质量信息"、"收发文管理"、"部门通知"等栏目，发动各部门信息员从互联网、电视、报纸等媒体搜索信息，通过OA系统将信息传送公司办公室，办公室信息员将其整理后，发送到公司网络信息系统中，让领导在最短的时间内浏览到最有用的信息，为领导决策提供依据。

目前，质检处、企管处、调度处、销售公司、供应公司等部门已经实现将公司的产、供、销数据与信息查询可以随时同时浏览检索，各类信息与生产管理、经营决策分系统信息传递实现有机连接，成为一个信息集成的整体，有效地促进了企业信息的建设，使得过去信息不畅、信息滞后、不能及时进行管理的难点问题得到了彻底解决。由于有了信息集成的手段，有效地提高了企业管理水平，增强了信息流通，提高了企业的市场反应能力。

二、鲁北集团信息化的组织保证

鲁北集团信息化的组织保证可以概括为：一把手挂帅，上下齐动员。

鲁北集团主要负责人的决心、在工程关键点上的决策与亲自领导、组织、协调是重大信息化工程顺利实施并取得成效的先决条件。除了一把手挂帅以外，鲁北集团还加强信息化队伍建设。首先，要有一支过硬的计算机专业技术人才队伍，才能对企业信息化建设不断进行完善、改进和运行维护，保证信息资源的充分开发和合理利用；其次，要加强对所有员工尤其是各级管理者的信息化技术应用培训，培养一支过硬的信息技术应用和现代化管理队伍。

1. 企业信息化组织结构

根据企业信息化工作的发展战略，鲁北集团在进行企业信息化的过程中建立了领导小组、项目实施小组和项目执行小组三级组织机构。

（1）企业信息化领导小组。信息管理领导小组由 7 人组成。领导小组的主要职责有：保证项目能顺利实施，解决相应的管理机构、体制和制度等问题，协调各业务部门之间的关系，解决未来的系统与现有的管理出现的冲突，批准新老系统的切换，决定项目实施小组的人选，研究工作流程的调整与机构管理重组，审批新系统的工作流程与规程，保证项目高质量进行，监控项目进度，抓好培训及人员素质的提高，转变职工观念，推进管理自我创新。

（2）企业信息化项目实施小组。该小组的主要职责有：负责数据的采集组织，编码原则的制定，保证数据录入的准确、及时、完整，对管理的改革提出解决方案，组织和开展内部培训，制定工作准则与工作规程，保证实现各阶段的目标。

（3）企业信息化项目执行小组。指各子系统具体的实施，要掌握该子系统软件的功能，并及时录入基础数据、培训本部人员，参与制定工作准则与工作规程，做好新旧系统的切换，确保新系统的正常运行。

2. 企业信息化组织结构培训

企业信息化工作的推进不能缺少员工的培养。企业信息化项目要想取得良好的效果，企业必须在计算机应用和人才素质等方面有良好的基础，必须经过反复的培训，经过以下层次的培训，使企业领导及员工逐步达到所要求的目标。鲁北集团的培训方案如下：

（1）公司领导——如何利用计算机系统管理企业。培训内容：MRPII、ERP 及 CIMS 企业管理理论，企业数据获取与决策。

（2）中层领导——如何利用计算机系统管理自己的部门。培训内容：MRPII、ERP 及 CIMS 企业管理理论，如何指导与监督本部门的工作，如何组织对上级的业务报表、各部门模块的操作示范与培训。

（3）业务操作员——如何利用计算机系统。培训内容：PC 机客户端操作，各业务模块具体功能的使用。

（4）系统管理员——系统操作及培训。培训内容：数据管理，各业务模块使用权限的调控，意外事故的处理。

（5）开发人员——基本知识与使用。培训内容：软件开发规范、标准和方法；各业务模块的设计思想和结构；系统维护和二次开发。操作系统方面的课程包括：网络及管理课程，应用软件方面的课程、制造业资源规划理论和概念，软件的产品培训及软件开发语言的培训。

2004 年，在信息化实施过程中，对集团的全体中层干部进行了两期为期
3 天的原理培训，另外又专门对全体高层领导分两期进行了为期各 1 周的近
封闭式培训，目的在于灌输先进的管理思想。在信息化实施前期，请 ERP 软
件公司咨询专家到公司讲学，公司内部车间班组长以上人员及所有科室管理
人员全部接受培训，参加培训人员最多达 700 多人，平均接受信息化知识培
训达 8 小时以上。随着在每个科室部门和生产分厂的实施，公司的系统维护
员在每个实施阶段对操作人员进行经常集中指导和现场培训，取得了较好效
果。随着实施的深入，公司还多次组织 ERP 工程实施骨干和分厂领导外出到
北京、济南等实施企业信息化成效明显的企业取经、参观交流。这些多层次
内容丰富、形式生动的培训活动为企业大面积实施企业信息化提供了人才，
为以后的信息化推广和应用打下了坚实的基础。

鲁北集团十分重视技术人员的培训工作，先后组织几十次信息化基础知
识培训。对新进厂的大中专学生全部进行信息化工程培训。通过大量的人员
培训，为信息化工程的实施和企业现代化的推广、应用及开发，打下了良好
的人才基础。

三、公司网络状况

2003 年，网络线路涉及集团办公大楼、供销大楼、各分厂办公楼等公司
主要办公区，架设了十几条光纤主干线，全长共计 40 多公里，为了保证信
息的传输速度，中间全部采用 100/1000 Mbps 交换机，然后使用双绞线通往
各工作站点。为了保证数据传输的稳定性，在生产车间均采用了超五类屏蔽
双绞线，建立起了一个以光纤为主要连接介质的快速交换主干网络。目前，
鲁北集团拥有计算机 400 多台，实现了集团信息无盲区，宽带上网全面开通
的局面。

集团公司现有计算机专业技术人员 63 名，DCS 系统专业技术人员 42
名，DCS 操作人员 107 名。集团已分批对员工进行计算机专业技术、工控与
监控等专业知识培训。

第二节　鲁北集团信息化的目标和发展战略

针对企业发展的特点，鲁北集团为充分利用信息化发展的良好机遇，争取进入同行业先进行列。在立足于公司自身特点，吸收先进企业的成功经验、借鉴失败的教训、完善网络的同时，以集中财务为重点，以进、销、存环节为突破口，以信息共享、集中数据库为支持，充分利用信息技术推动业务流程不断优化，最终实现管控一体化的目标。另外，在提高决策质量，降低成本，优化企业资源配置，提升企业核心竞争力，实现精细化管理的前提下，最终实现"建设信息焦化，实现管理创新"的宏伟目标。

通过对企业外部环境和内部条件的分析，鲁北集团现阶段信息化的战略是："整体规划、重点突破、分步实施、小步快跑。"

一、信息化发展战略实施的内容

结合企业的信息化发展战略的目标和实际情况，在充分考虑其现有条件的基础上，鲁北集团的信息化建设以集团公司旗下的一家有代表性的公司为突破，在该试点公司以集中财务为重点，进、销、存为突破口，办公自动化为辅助，在不断提高公司软硬件水平、职工的信息化技术水平和信息化意识的基础上，不断整合现有的信息资源，以信息共享、集中数据库为支持，利用信息技术推动业务流程改进，以最终实现管控一体化为目标，实现高质量的辅助决策在此企业成功的基础上再进一步快速推广到集团其他公司，最后实现整个集团公司的全面信息化建设目标。

鲁北集团提出公司未来的管理信息系统是一个数据和业务高度集成系统，要融合先进的管理思想，结合公司的实际情况，抓住物流、资金流、信息流三条主线，优化企业流程，为管理层提供最佳的管理手段，再把工控系统与监控系统纳入进来，对设备运转、生产工艺参数随时进行调整，随机监控，掌握并调整生产状况，使生产达到最佳平衡，实现信息资源共享，全面提高生产能力和竞争实力。该系统覆盖公司生产、物流、设备、人力、资金及我们的供应商及客户关系，利用一切可以利用的资源高效地进行生产经营，为我们将来企业间的竞争转变为供应链的竞争打下良好的基础。

鲁北集团根据公司的实际情况及战略要求，将集中财务、进、销、存及办公自动化作为第一期，将生产管理系统及人力资源管理系统作为第二期，管控一体化作为第三期。前两期为一个完整的 ERP 系统，第三期完成后公司的管理系统将成为一体发挥出整体效益。

二、信息化建设开发方案的战略分析

　　企业信息化建设开发方案主要有全权委托、完全自主开发、联合开发和购买成套软件等形式。全权委托型包括：咨询机构、方案设计、方案评论、系统建设等全部委外。完全自主开发型是依靠企业自身力量完成信息化建设。联合开发型包括以我为主和以外为主两种。根据集团公司的计算机技术人员状况，及部分模块、系统实施情况，完全自主开发不具备条件，且周期太长，投资不一定少。

　　鲁北集团无论在国内还是在世界上，都是为数不多的产业链高度耦合企业，分公司与分公司的产品之间关联度高，现成的套装软件很难实施成功。鲁北集团采取的是与专业机构合作开发，这种方式具有以下优点：一是开发周期短；二是能符合公司的具体情况；三是能锻炼一批应用人才。

三、系统及实施概述

　　集团企业的管理信息系统是一个数据集成系统与集团管理运行平台系统的有机结合体，它涉及企业人、财、物、产、供、销、预测、决策诸方面的管理工作，包括销售、生产、采购、库存、成本管理、财务、质量管理和经营决策，监控、工控等近 30 个子系统，同时也包括如集团控制、集团财务、集团人力资源管理、集团知识管理等内容。

　　通过融合先进的管理思想、规范企业行为，使企业的经营行为成为一种计划指导下的、有序的、可控制的、可调节的行为，实现所有事情做到事前计划、事中控制、事后反馈，从而实现降低成本、提高服务质量，优化供应链，增强企业核心竞争力的最终目标。

第三节 鲁北集团信息化工程方案

鲁北集团信息化的目标是为整个集团包含各园区内各子公司提供一个基于快速计算机局域网的稳定有效办公平台，以极大提高集团的办公效率和标准化程度。

基于网络的各种办公自动化软件和企业应用软件都可在这个平台上运行。为实现快速有效的内部沟通、标准化办公流业务流，集团网将发挥基础性作用。在建设了 ERP 平台后，集团可拥有异地即时在线打单、出货、报批等自动业务流、办公流。

基于集团网络，将来可实现免费电话、在家办公的目标。集团投资铺设的光纤网络可奠定鲁北生态工业园的信息架构，将来可为其他企业出租使用。基于集团网络，可建设包含工业园和各地分支在内的网上互动交流平台、鲁北人虚拟社区、零费用快传输常更新的网上鲁北出版物，以供内部人员使用，这些都有利于加强企业文化建设和增强集团凝聚力。

一、企业的管理信息系统实施阶段

鲁北集团的管理信息系统实施是分阶段进行的，大体分为三期：

1. **第一期**：2007. 5. 1 ~ 2007. 12. 31

进销存、集中财务及移动信息化综合服务平台。进、销、存系统和财务系统是紧密相关的，可以实现财务数据的统一，形成一个有机整体。包括：计划管理系统；领导查询与决策系统；账务系统及报表；固定资产；应收账款；应付账款；资金需求计划及资金运作；成本管理；集团财务；销售管理；客户关系管理；比质比价采购管理系统；库存管理系统；项目管理。

这一阶段信息化的目的是要达到：可以实现公司财务集中管理，对资金进行全面预算，实现财务报表的自动合并，加强对应收、应付账款的管理，提高资金的利用率，使财务从核算型到管理型转变，降低采购成本，降低库存，加强销售管理，提高客户等信息的透明度，实现办公自动化。

实现如下效益：①降低各种管理费用。②降低办公纸张费用。③通过加强应收应付款的管理，减少资金沉淀。④降低采购成本。⑤降低备品备件库存。⑥加强客户关系管理，提高客户信息的透明度。移动信息化综合服务平台具备"低应用门槛、低应用成本、高便捷性"优势。移动信息化将成为企业信息化的首选，比如，可以帮助企业 OA 由有线网络延伸到无线网络环境，管理人员利用手机终端完成企业的内部办公，物流公司可以利用 GPS、短信技术实现货品实时跟踪及即时查询等应用，真正实现企业管理软件随时、随地、随身的办公管理一体化，"移动信息化"这一新的管理模式将在企业发展中发挥着越来越重要的作用。

2. 第二期：2008. 1. 1 ~ 2008. 10. 31

这一期的重点是：生产管理、人力资源管理、知识管理。信息化内容包括：主生产计划；物料需求计划；设备管理；能力需求计划；车间作业计划。三个体系管理：计量管理、人力资源管理、知识管理。加强生产管理，实现管理的精细化，对车间生产成本加强控制，完善计量管理，降低安全事故，实现人力资源的规范化管理及合理调配，加强知识管理，拓展电子商务，降低交易成本。WEB 网站的进一步完善，使 WEB 网站成为一个"呼叫中心"，树立良好的企业形象。实现如下效益：①降低车间的生产成本。②降低交易成本。③优化配置人力资源，降低人力成本。④加快知识流动，降低获取知识的成本。

3. 第三期：2008. 11. 1 ~ 2009. 10. 31

本期的重点是：管控一体化。将集团公司的计算机管理系统、电视监控系统有机结合，形成计算机集成制造系统。将公司现有的 DCS（集散控制）、电视监控系统纳入管理系统中，控制最佳物流状态，达到最低物耗与能耗，最大发挥各生产线的潜能，高效生产出符合质量的产品；公司各级领导随时了解生产工艺状态、设备运行状况、协调各种生产工序的平衡；实现各分厂物料的自动计算、物耗的自动报告、投入产出的动态分析。该期需要做的工作主要是生产线的技术改造，管控一体化实现后，通过投入产出及成本差异的动态分析，为进一步提高总体效益提供科学的管理手段。

二、网络概述

集团公司总体网络分为三层——核心层、会聚层、接入层。根据鲁北集团的现实情况，将鲁北中心机房、生产区机房、各厂区、鲁北盐场、海星煤化工、物流、生活区等连接起来。其中，中心机房设置在总公司办公楼，服务器和核心交换机放置在后勤办公区的鲁北中心机房。同时，对生产和生活区的上网电脑进行 VLAN 和权限划分，实现网络安全保护，以适应现代发展的需要，并为满足将要实施的管控一体化打下坚实的基础。

集团公司计算机网络以光纤传输为主干，骨干线采用千兆标准，百兆到端，可满足大量数据的快速传输。以中心机房的主交换机为中心。较远的部分，考虑到有线传输架线困难且维护不易，采用微波或是 ADSL 传输方式。在三期工程中，将监控网、工控网并入整体网络中，大大方便了生产监控和数据调整，使集团公司各部分为一个有机整体。

表 12 – 1

	一　期	二　期	三　期
实现功能	1．网络结构采用百兆树形以太网结构，为后期应用打下良好坚实的基础	1．建立电子邮件服务器对公司内部人员开放	1．实现了全厂网络整体完整化
	2．内部网络互通互访，且层层管理，精确到每台终端；外部 WEB 网站开通，树立良好的企业形象	2．数据备份及服务器 SNA 启用，及时备份大量的重要数据	2．流媒体服务器的建立，实现了多媒体网上交流（可视电话、网上可视会议）
	3．通过内部服务器实现办公自动化、集中财务及进、销、存等系统	3．完成生产管理、人力资源管理、电子商务、知识管理等系统，进而完善公司的管理信息系统，形成一个完整的 ERP 系统，达到管控一体化水平	3．扩展工控网，实现从网络监控到生产监控点，及时、灵活地调控生产
	4．国际 Internet 和集团内部网络实现连接		
	5．DBMS 的使用，能够在短时间内处理大量数据		

第四节　鲁北集团信息化进程中面临的问题

在取得诸多成功经验的同时，鲁北集团的信息化建设也存在一些明显的教训。

（1）对信息和信息技术推动企业发展的重要性和作用认识不足，对重大信息化工程建设的难度估计不足，对企业信息化建设过程、模式、手段的认识存在偏差，导致管理层、操作层、实施层对进行信息化建设的积极性不高。

（2）ERP是一个非常庞大的系统工程，它涉及企业的生产、技术、经营、管理各个方面，还涉及企业体制、国家大的经济环境等诸多因素，具有很高的复杂性和艰巨性。常言道，"三分技术、七分管理、十二分数据"，如果输入的数据不真实，输出的就是垃圾，因此必须加强数据采集、录入的规范化管理，保证各类编码标准规范，数据采集与录入的准确、及时；必须从企业的整体利益出发，对公司业务流程整合、优化，改变传统的工作习惯和方式；公司各层对管理信息系统的期望过高，认为实施后所有的问题都能解决，信息化是一个渐进的过程，有始点没有终点，信息化并不能包治百病；软件开发商的选择风险较大，软件开发商的变数较大，现在选择的软件开发商将来可能倒闭，以后提供不了服务；对项目管理不利，效率低下，工期延长，费用超标，为将来系统运行埋下隐患。

（3）基础性工作薄弱。一是数据的规范化工作欠缺，各部门数据标准规范不统一，信息不能顺畅流通、交换；二是需求不明确，企业对信息化工程到底要解决哪些问题不清楚，也提不出具体要求，抓不住要害，盲目上马后才发现根本解决不了企业的问题；三是总体规划没做好，形成一个个信息孤岛，或造成大量的重复修改，或被迫从头再来。

（4）软件公司服务跟不上。一些为企业服务的公司、机构水平低，不能根据企业实际需要很好地完成本土化工作，对企业真正的内在需求研究不够，短期行为严重，后续服务跟不上等，不仅直接导致了企业信息化效果的不理想，也挫伤了企业的积极性。

总结经验，吸取教训，提高认识，加大力度，将是鲁北集团企业信息化建设不断取得进步的重要保证。

附录一 鲁北集团部分高管人员考核标准

供销经理

一、工作职责范围

（一）负责总公司化肥、水泥产品的销售及市场管理

（二）主持公司供销的全面基础管理工作

（三）负责总公司磷矿、硫磺、氯化钾等原料的供应管理

（四）负责销售与清欠的关联、协调管理

二、考核内容、考核指标

（一）产品销售、原料供应计划管理：10分

1. 年度、季度、月度及其区域产品销售计划、原料供应计划的编制、实施：5分

2. 根据市场实际，及时对销售计划、供应计划进行有效调整、改进、总结：5分

（二）市场管理：60分

1. 销售合同、客户档案管理，客户投诉、客户满意度：5分

2. 销售网络运行及代理商行为管理：5分

3. 化肥、水泥产品产销率：40分

4. 销售增长率：5分

5. 销售、供应队伍行为规范管理、日常考勤管理、统计管理：5分

（三）供应管理：20分

1. 供应合同、客户档案管理：3分

2. 磷矿、硫磺、氯化钾原料采购、储运路径管理：5分

3．磷矿、硫磺、氯化钾原料发运数量、质量、价格管理：10分

4．磷矿、硫磺、氯化钾原料缺货成本考核管理：2分

（四）清欠关联、协调：10分

1．与清欠组一起制订、执行相关的清欠计划、措施：5分

2．对原业务存在遗留欠款的业务人员，清欠与销售相挂钩：5分

三、考核细则

（一）产品销售、原料供应计划管理：10分

1．年度、季度、月度及区域产品销售计划、原料供应计划的编制、实施：5分

（1）年度、季度、月度及其区域产品销售计划、原料供应计划的编制，及时、明细、完备，符合集团公司产品销售、原料供应实际需要，并严格实施，得5分

（2）年度、季度、月度及其区域产品销售计划、原料供应计划的编制，需要催交，明细、完备，符合集团公司产品销售、原料供应实际需要，并严格实施，得4分

（3）年度、季度、月度及其区域产品销售计划、原料供应计划的编制，需要催交，内容基本明细、完备，与集团公司产品销售、原料供应实际需要存在一定距离，并经过及时修订后能够严格实施，得3分

（4）年度、季度、月度及其区域产品销售计划、原料供应计划的编制，需要多次催交，内容基本明细、完备，与集团公司产品销售、原料供应实际需要存在一定距离，修订不及时不严格，实施存在差距，得2分

（5）年度、季度、月度及其区域产品销售计划、原料供应计划的编制，需要多次催交，内容不明细、不完备，与集团公司产品销售、原料供应实际需要存在一定距离，修订不及时不严格，实施存在差距，得1分

2．根据市场实际，及时对销售计划、供应计划进行有效调整、改进、总结：5分

（1）销售计划、供应计划能够根据市场实际，及时进行有效调整、改进，并进行月末、季末、年末总结、改进提高，得5分

（2）销售计划、供应计划在得到市场、原料产地有效反馈信息后，有效调整、改进不及时，并能够进行月末、季末、年末总结、改进提高，得4分

（3）销售计划、供应计划在得到市场、原料产地有效反馈信息后，有效调整、改进拖延时间，进行月末、季末、年末总结不及时，能够做到改进提

高，得3分

（4）销售计划、供应计划在得到市场、原料产地有效反馈信息后，有效调整、改进拖延时间较长，进行月末、季末、年末总结不及时，改进提高措施不力，得2分

（5）销售计划、供应计划在得到市场、原料产地有效反馈信息后，有效调整、改进拖延时间较长，造成工作延误，影响销售、供应，进行月末、季末、年末总结不及时，思想认识有差距，改进提高措施不力，得1分或不得分

（二）市场管理：50分

1. 销售合同、客户档案管理，客户投诉、客户满意度：5分

（1）销售合同内容规范并经过法律顾问处审核、存档完整，客户档案齐全，客户对公司销售政策、措施满意度高，销售人员无客户投诉，得5分

（2）销售合同内容规范并经过法律顾问处审核、存档完整，客户基本资料基本齐全，客户对公司销售政策、措施满意度高，销售人员有客户投诉，得4分

（3）销售合同内容不规范，在经过法律顾问处审核后进行了修订，存档完整，客户基本资料不齐全，客户对公司销售政策、措施有批评意见，销售人员有客户投诉，得3分

（4）销售合同内容不规范，在经过法律顾问处审核后进行了修订，存档完整，客户基本资料不齐全，客户对公司销售政策、措施批评意见大，销售人员客户投诉较多，得2分

（5）发现有未经法律顾问处审核的合同，客户基本资料不齐全，合同存档不完整，客户对公司销售政策、措施批评意见大，销售人员客户投诉高，得1分或不得分

2. 销售网络运行及代理商行为管理：5分

（1）销售网络健全、完善，销售渠道通畅，售前、售中、售后服务质量高，代理商守信经营，对集团公司无侵害行为，得5分

（2）销售网络基本健全、完善，销售渠道通畅，售前、售中、售后服务质量高，代理商守信经营，对集团公司无侵害行为，得4分

（3）销售网络基本健全、完善，出现销售渠道各环节协调烦琐、效率低等现象，有售前、售中、售后服务，代理商守信经营，对集团公司无侵害行为，得3分

（4）销售网络基本健全、完善，出现销售渠道各环节协调烦琐效率低且服务质量差的现象，有售前、售中、售后服务，对代理商不规范行为能够劝阻修正，得2分

（5）销售网络不健全、不完善，无售前、售中、售后服务，出现销售渠道各环节协调烦琐效率低且服务质量差的现象，对代理商不规范行为放任自流，得1分或不得分

3．化肥产品产销率：40分

（1）产销率达97%（含97%）以上，得40分

（2）产销率达93%~96.99%，得38分

（3）产销率达90%~92.99%，得36分

（4）产销率达86%~89.99%，得34分

（5）产销率达80%~85.99%，得32分

4．销售增长率：5分

（1）公司销售增长率较同期增长3%，得5分

（2）公司销售增长率较同期增长2.5%，得4分

（3）公司销售增长率较同期增长2%，得3分

（4）公司销售增长率较同期增长1.5%，得2分

（5）公司销售增长率较同期增长1%，得1分

5．销售、供应队伍行为规范管理、日常考勤管理、统计台账管理：5分

（1）队伍行为规范，业务培训学习持续开展，业绩考核严格严谨，日常考勤管理严格严谨，统计管理及时，台账齐全，无差错，得5分

（2）队伍行为基本规范，业务培训学习持续开展，业绩考核严格严谨，日常考勤管理比较严格严谨，统计管理较及时，台账齐全，基本无差错，得4分

（3）队伍行为基本规范，业务培训学习组织能够开展，业绩考核严格严谨，日常考勤管理一般，统计管理较及时，台账齐全，有差错但能及时改正，得3分

（4）队伍行为基本规范，业务培训学习组织能够开展，业绩考核员工意见较大有不公平现象，日常考勤管理一般，统计管理较及时，台账有遗漏但能补齐，有差错但能及时改正，得2分

（5）队伍行为欠规范，业务培训学习组织不能够正常开展，业绩考核员工意见较大有不公平现象，日常考勤管理差乱，统计管理不及时，台账有遗

漏，差错率高，得 1 分或不得分

（三）供应管理：20 分

1．供应合同、客户档案管理：3 分

（1）合同内容规范并经过法律顾问处审核、存档完整，客户档案齐全，供应人员无投诉，得 3 分

（2）合同内容规范并经过法律顾问处审核、存档完整，客户基本资料基本齐全，供应人员无投诉，得 2.5 分

（3）销售合同内容不规范，在经过法律顾问处审核后进行了修订，存档完整，客户基本资料不齐全，供应人员无投诉，得 2 分

（4）合同内容不规范，在经过法律顾问处审核后进行了修订，存档完整，客户基本资料不齐全，供应人员有投诉，得 1.5 分

（5）发现有未经法律顾问处审核的合同，客户基本资料不齐全，合同存档不完整，供应人员有投诉，得 1 分或不得分

2．磷矿、硫磺、氯化钾原料采购、储运路径管理：5 分

（1）原料采购渠道正当、规范，采购手段依法或按公司规定操作，储运路径管理完善，合理损耗在行业规定以内，得 5 分

（2）原料采购渠道正当、规范，采购手段依法或按公司规定操作，储运路径管理较完善，合理损耗在行业规定以内，得 4 分

（3）原料采购渠道正当、规范，采购手段依法或按公司规定操作，储运路径管理较完善，损耗在行业规定上限，得 3 分

（4）原料采购渠道正当、规范，采购手段依法或按公司规定操作，储运路径管理较完善，损耗超过行业规定上限，未给公司造成一定损失，得 2 分

（5）原料采购渠道正当、规范，采购手段依法或按公司规定操作，储运路径管理较完善，损耗超过行业规定上限，给公司造成一定损失，得 1 分

3．磷矿、硫磺、氯化钾原料发运数量、质量、价格管理：10 分

（1）原料发运及时，数量、质量有保障，价格合理，无差错，得 10 分

（2）原料发运较及时，数量、质量有保障，价格合理，无差错，得 9 分

（3）原料发运较及时，数量、质量保障有一定差距，但能够及时补救，价格合理，无差错，得 8 分

（4）原料发运较及时，数量、质量保障有一定差距，但能够及时补救，价格合理，有差错，得 6 分

（5）原料发运不及时，数量、质量保障有一定差距，补救不及时，价格

合理，差错率高，得 4 分

4. 磷矿、硫磺、氯化钾原料缺货成本考核管理：2 分

（1）原料供应无缺货，有合理库存，不影响生产，得 2 分

（2）原料供应无缺货，有半月基本库存，不影响生产，得 1.75 分

（3）原料供应无缺货，库存不足，不影响生产，得 1.5 分

（4）原料供应缺货，库存不足，每影响生产一个班次扣 1 分

（5）原料供应缺货，库存严重不足，每影响生产一个班次扣 1 分

（四）清欠关联、协调：10 分

1. 与清欠组一起制订、执行相关的清欠计划、措施：5 分

（1）计划制订、措施执行清欠、销售兼顾性强，可操作性强，得 5 分

（2）计划制订、措施执行清欠、销售兼顾性强，有可操作性，得 4 分

（3）计划制订、措施执行清欠、销售兼顾性强，有一定可操作性，得 3 分

（4）计划制订、措施执行清欠、销售有一定偏差，有一定可操作性，得 2 分

（5）计划制订、措施执行清欠、销售有偏差，可操作性不高，得 1 分

2. 对原业务存在遗留欠款的业务人员，清欠与销售相挂钩：5 分

（1）清欠与销售措施挂钩得力，清欠成效高，得 5 分

（2）清欠与销售措施挂钩得力，清欠成效较高，得 4 分

（3）清欠与销售措施挂钩较得力，有一定清欠成效，得 3 分

（4）清欠与销售措施挂钩较得力，有清欠成效，得 2 分

（5）清欠与销售措施挂钩不得力，清欠成效受影响，得 1 分

供销调度长

一、工作职责范围

（一）负责化肥销售工作考核

（二）主持配货中心的管理工作

（三）负责总公司运输公司管理及车辆费用的审核

二、考核内容、考核指标

（一）销售工作考核：70 分

1. 考核制度、细则的制订、实施，改进、总结：10 分

2. 产销率：10 分

3. 销售人员调度管理：5 分

4. 考核结果兑现、总结，统计、台账管理：40 分

5. 销售队伍的日常考勤管理：5 分

（二）配货中心的管理：10 分

1. 运营情况分析、业务结转、调度：5 分

2. 中心统计、台账管理：5 分

（三）总公司运输公司及小车队的管理：20 分

1. 运输公司利润完成率：10 分

2. 运营情况分析、业务结转处理、调度：5 分

3. 车辆、安全管理：5 分

三、考核细则

（一）销售工作考核：60 分

1. 考核制度、细则的制订、实施，改进、提高：10 分

（1）考核制度、细则的制订及时、明细、周全，并严格实施，在实施过程中能够根据工作实际，及时进行有效调整、改进、提高，得 10 分

（2）考核制度、细则的制订需要催交，但能够做到及时、内容明细、周全，并严格实施，在实施过程中能够根据工作实际，及时进行有效调整、改进、提高，得 9 分

（3）考核制度、细则的制订需要催交，内容基本明细、周全，需经过及时修订后能够严格实施，在实施过程中能够根据工作实际，有效调整，能够改进、提高，得 7 分

（4）考核制度、细则的制订需要多次催交，内容基本明细、周全，修订不及时不严格，实施存在差距，在实施过程中根据工作实际进行有效调整拖延时间，改进、提高不力，得 5 分

（5）考核制度、细则的制订，需要多次催交，内容不明细、不周全，修订不及时不严格，实施存在差距，不及时进行有效调整，改进、提高措施不力，得 3 分

2. 产销率挂钩：10 分

（1）产销率达 97%（含 97%）以上，得 10 分

（2）产销率达 93%～96.99%，得 8 分

（3）产销率达 90%～92.99%，得 6 分

（4）产销率达 86% ~ 89.99%，得 4 分

（5）产销率达 80% ~ 85.99%，得 3 分

3. 销售人员调度管理：5 分

（1）能够及时调度各销区经理和业务人员，督促各项销售政策、措施的落实、执行，掌握各销区及销售人员的工作动态，得 5 分

（2）调度各销区经理和业务人员比较及时，督促各项销售政策、措施的落实、执行，掌握各销区及销售人员的工作动态，得 4 分

（3）调度各销区经理和业务人员比较及时，能够督促各项销售政策、措施的落实、执行，掌握各销区及销售人员的工作动态，得 3 分

（4）调度各销区经理和业务人员不太及时，督促各项销售政策、措施的落实、执行工作不到位，掌握各销区及销售人员的工作动态信息基本准确，得 2 分

（5）调度各销区经理和业务人员不及时，督促各项销售政策、措施的落实、执行工作不到位，掌握各销区及销售人员的工作动态信息不准确，影响公司销售决策，得 1 分或不得分

4. 考核结果兑现、总结，统计、台账管理：40 分

（1）考核及时并公正、公开，统计、台账齐全，无差错，针对出现的问题善于总结、改进、反馈，得 40 分

（2）考核及时并公正、公开，统计、台账齐全，基本无差错，针对出现的问题能够总结、改进、反馈，得 38 分

（3）考核及时并公正、公开，统计、台账齐全，有差错但能及时改正，针对出现的问题能够进行总结，改进、反馈不足，得 36 分

（4）考核基本及时并公正、公开，统计、台账有遗漏但能补齐，有差错但能及时改正，针对出现的问题能够进行总结，改进、反馈不足，得 34 分

（5）考核虽能公正、公开但工作拖拉，统计、台账有遗漏，差错率高，针对出现的问题不善于进行总结，改进、反馈不足，得 30 分以下

5. 销售队伍行为规范管理、日常考勤管理：5 分

（1）队伍行为规范、业务培训学习持续开展，业绩考核严格严谨，日常考勤管理严格严谨，得 5 分

（2）队伍行为基本规范、业务培训学习持续开展，业绩考核严格严谨，日常考勤管理比较严格严谨，得 4 分

（3）队伍行为基本规范、业务培训学习组织能够开展，业绩考核严格严

谨，日常考勤管理一般，得3分

（4）队伍行为基本规范、业务培训学习组织能够开展，业绩考核员工意见较大有不公平现象，日常考勤管理一般，得2分

（5）队伍行为欠规范、业务培训学习组织不能够正常开展，业绩考核员工意见较大有不公平现象，日常考勤管理差乱，得1分或不得分

（二）配货中心的管理：10分

1. 运营情况分析、业务结转、调度：5分

（1）运营情况分析及时、业务结转正常，调度得力，得5分

（2）运营情况分析基本及时、业务结转正常，调度适度，得4分

（3）运营情况分析基本及时、业务结转基本正常，调度适度，得3分

（4）运营情况分析基本及时、业务结转基本正常，调度不当，影响货物运营，得2分

（5）运营情况分析不及时、业务结转基本正常，调度不当，影响货物运营，得1分

2. 统计、台账管理：5分

（1）统计、台账管理及时，台账齐全，无差错，得5分

（2）统计、台账管理较及时，台账齐全，基本无差错，得4分

（3）统计、台账管理较及时，台账齐全，有差错但能及时改正，得3分

（4）统计、台账管理较及时，台账有遗漏但能补齐，有差错但能及时改正，得2分

（5）统计、台账管理不及时，台账有遗漏，差错率高，得1分

（三）总公司运输公司及小车队的管理：20分

1. 责任利润目标完成：10分

（1）完成责任制制定的利润目标，得5分

（2）完成利润目标95%～99%，得4分

（3）完成利润目标90%～95%，得3分

（4）完成利润目标85%～89%，得2分

（5）完成利润目标80%～84%，得1分

2. 运营情况分析、业务结转处理、调度：5分

（1）车辆运营分析及时、业务结转正常，调度得力，得5分

（2）车辆运营分析基本及时、业务结转正常，调度适度，得4分

（3）车辆运营分析基本及时、业务结转基本正常，调度适度，得3分

（4）车辆运营分析基本及时、业务结转基本正常，调度不当，影响货物运营，得2分

（5）车辆运营分析不及时、业务结转基本正常，调度不当，影响货物运营，得1分

3．车辆与安全管理：5分

（1）运输车辆保养良好，安全措施实施得力，得5分

（2）运输车辆保养良好，安全措施基本落实，得4分

（3）运输车辆保养较好，安全措施能够落实，得3分

（4）运输车辆保养一般，有带病运行情况，安全措施落实拖拉，得2分

（5）运输车辆保养一般，有带病运行情况，安全措施落实力度较弱，但能够保持安全运行，得1分

市场部经理

一、工作职责范围

（一）负责化肥销售市场信息调研、反馈

（二）负责产品广告策划、宣传及其实施监督

（三）负责化肥市场秩序规范、销售网络建设及客户档案管理

二、考核内容、考核指标

1．市场信息调研、反馈：10分

2．产销率：10分

3．产品广告策划、宣传及其实施监督：10分

4．化肥市场秩序规范：10分

5．销售网络建设及客户档案管理：20分

6．指令性工作安排：40分

三、考核细则

1．市场信息调研、反馈：10分

（1）定期到市场一线做市场调研，善于收集、整理、分析信息，及时准确反馈有价值的信息，为销售决策提供依据，得10分

（2）定期到市场一线做市场调研，善于收集、整理、分析信息，及时准确反馈有价值的信息，能够为销售决策提供依据，得9分

（3）定期到市场一线做市场调研，收集、整理、分析信息及时，反馈信

息有一定价值，为销售决策能够起一定作用，得 7 分

（4）定期到市场一线做市场调研，能够收集、整理、分析信息，反馈信息滞后，但为销售决策起到了一定作用，得 5 分

（5）不能定期到市场一线做市场调研，收集、整理、分析信息迟缓，反馈信息滞后，为销售决策服务作用有限，得 3 分

2．产销率挂钩：10 分

（1）产销率达 97%（含 97%）以上，得 10 分

（2）产销率达 93%～96.99%，得 8 分

（3）产销率达 90%～92.99%，得 6 分

（4）产销率达 86%～89.99%，得 4 分

（5）产销率达 80%～85.99%，得 3 分

3．产品广告策划、宣传及其实施监督：10 分

（1）根据市场实际和销售需要，针对不同区域特点和市场需求习惯，做出年度、季度、月度广告宣传投入计划，科学投放时效合理，对广告实施过程监察，并及时对宣传效果做出评估，得 10 分

（2）根据市场实际和销售需要，针对不同区域特点和市场需求习惯，做出年度、季度、月度广告宣传投入计划，科学投放时效合理，对广告实施过程监察，对宣传效果做评估较及时，得 9 分

（3）能够根据市场实际和销售需要，针对不同区域特点和市场需求习惯，做出年度、季度、月度广告宣传投入计划，投放时效较合理，对广告实施过程监察，不太注重对宣传效果的评估，得 7 分

（4）能够根据市场实际和销售需要，针对不同区域特点和市场需求习惯，做出年度、季度、月度广告宣传投入计划，不注重投放时效，实施广告过程监察迟缓，不太注重对宣传效果的评估，得 5 分

（5）能够做出年度、季度、月度广告宣传投入计划，但针对性不强，不注重投放时效，实施广告过程监察迟缓，不注重对宣传效果的评估，得 3 分

4．化肥市场秩序规范：10 分

（1）及时进行销售人员和经销商、代理商的管理，没有串货或不规范市场行为，市场培育、维护措施得当，秩序井然，客户满意度高，得 10 分

（2）进行销售人员和经销商、代理商的管理较及时，没有串货或不规范市场行为，市场培育、维护措施得当，秩序井然，客户满意度较高，得 9 分

（3）进行销售人员和经销商、代理商的管理较及时，没有串货或不规范

市场行为，能够进行市场培育、维护，秩序基本井然，有客户投诉，但能够有效及时解决，得7分

（4）进行销售人员和经销商、代理商的管理较及时，有串货或不规范市场行为，能够进行市场培育、维护，有客户投诉，但能够有效解决，得5分

（5）能够进行销售人员和经销商、代理商的管理，有串货或不规范市场行为，能够进行市场培育、维护，客户投诉率高，有效解决问题不果断及时，得3分

5. 销售网络建设及客户档案、客户行为管理：20分

（1）销售网络健全、完善，销售渠道通畅，售前、售中、售后服务质量高，客户档案齐全，代理商守信经营，对集团公司无侵害行为，得20分

（2）销售网络基本健全、完善，销售渠道通畅，售前、售中、售后服务质量高，客户基本资料基本齐全，代理商守信经营，对集团公司无侵害行为，得19分

（3）销售网络基本健全、完善，出现销售渠道各环节协调烦琐效率低等现象，有售前、售中、售后服务，客户基本资料不齐全但能按时补齐，代理商守信经营，对集团公司无侵害行为，得17分

（4）销售网络基本健全、完善，出现销售渠道各环节协调烦琐效率低且服务质量差的现象，有售前、售中、售后服务，客户基本资料不齐全但能按时补齐，对代理商不规范行为能够劝阻修正，得15分

（5）销售网络不健全、不完善，无售前、售中、售后服务，出现销售渠道各环节协调烦琐效率低且服务质量差的现象，客户基本资料不齐全，存档不完整，对代理商不规范行为放任自流，得10分或不得分

6. 指令性工作安排：40分

工作主动，及时、圆满完成指令性工作

对指令性工作取得的进展、效果作出述职，根据工作具体完成情况，做效果评估

质检部经理

一、工作职责范围

（一）主持总公司质检处全面工作

（二）负责总公司各单位各生产环节的质量监督、检查和考核管理

（三）负责总公司质量制度的建设、实施管理

（四）负责总公司新标准的实施

（五）负责上级质量文件的传达、阅办

二、考核内容、考核指标

（一）职能履行：70 分

1. 工作计划编制、实施、总结、改进：5 分

2. 质检队伍的基础管理：10 分

3. 对全公司产品质量的监督抽查及对生产过程产品质量控制考核管理（见考核细则）：30 分

4. 全公司标准溶液及非标准溶液的配制管理：5 分

5. 公司产品执行新标准的更新以及上级质量文件的传达、实施管理：10 分

6. 总公司质量运行体系的实施管理：10 分

（二）与企业整体效益挂钩：20 分

（三）工作协调配合：10 分

三、考核办法

（一）职能履行：70 分

1. 工作计划编制、实施、总结、改进：5 分

（1）年度、季度、月度工作计划的编制，及时、明细、完备，并严格实施，到月末、季末、年末及时进行总结、改进、提高，得 5 分

（2）年度、季度、月度工作计划的编制需要催交，明细、完备，并严格实施，能够进行月末、季末、年末总结、改进、提高，得 4 分

（3）年度、季度、月度工作计划的编制需要催交，内容基本明细、完备，并经过及时修订后能够严格实施，进行月末、季末、年末总结不及时，能够做到改进提高，得 3 分

（4）年度、季度、月度工作计划的编制需要多次催交，内容基本明细、完备，修订不及时不严格，实施存在差距，进行月末、季末、年末总结不及时，改进提高措施不力，得 2 分

（5）年度、季度、月度工作计划的编制需要多次催交，内容不明细、不完备，修订不及时不严格，实施存在差距，进行月末、季末、年末总结不及时，思想认识有差距，改进提高措施不力，得 1 分

2. 质检基础管理：10分

（1）队伍行为规范，每季度进行一次业务培训并定期考核，每月进行一次化验室检查和对化验员每月每人进行两次做样准确度抽查，业绩考核严格严谨，日常考勤管理严格严谨，统计、账务管理及时，台账齐全，无差错，得10分

（2）队伍行为基本规范，每季度进行一次业务培训并定期考核，每月进行一次化验室检查和对化验员每月每人进行两次做样准确度抽查，业绩考核严格严谨，日常考勤管理比较严格严谨，统计、账务管理较及时，台账齐全，基本无差错，得9分

（3）队伍行为基本规范，每季度进行一次业务培训并定期考核，每月进行一次化验室检查和对化验员每月每人进行两次做样准确度抽查，业绩考核严格严谨，日常考勤管理一般，统计、账务管理较及时，台账齐全，有差错但能及时改正，得8分

（4）队伍行为基本规范，每季度进行一次业务培训并定期考核，每月进行一次化验室检查和对化验员每月每人进行两次做样准确度抽查，业绩考核员工意见较大有不公平现象，日常考勤管理一般，统计、账务管理较及时，台账有遗漏但能补齐，有差错但能及时改正，得6分

（5）队伍行为欠规范，每季度一次的业务培训不能够正常开展，定期考核不及时，每月进行的一次化验室检查和对化验员每月每人进行的两次做样准确度抽查不及时，业绩考核员工意见较大有不公平现象，日常考勤管理差乱，统计、账务管理不及时，台账有遗漏，差错率高，得4分或不得分

3. 对全公司产品质量的监督抽查及对生产过程产品质量控制考核管理（见考核细则）：30分

4. 全公司标准溶液及非标液的配制管理：5分

未按标准进行，每次扣0.5分；配制的标准溶液不准确，造成影响生产的，扣1分

5. 公司产品执行新标准的更新以及上级质量文件的传达、实施管理：10分

（1）及时制订新标准或进行新标准的更新，实施、更新有效果，传达、实施上级质量文件及时、有效，得10分

（2）制订、实施新标准或进行新标准的更新较及时，实施、更新有效果，传达、实施上级质量文件及时、有效，得9分

（3）制订、实施新标准或进行新标准的更新较及时，实施、更新有一定效果，传达、实施上级质量文件较及时，效果不明显，得7分

（4）制订、实施新标准或进行新标准的更新较及时，实施、更新有一定效果，但不明显，传达、实施上级质量文件较及时，效果不明显，得5分

（5）制订、实施新标准或进行新标准的更新不及时，实施、更新效果不明显，传达、实施上级质量文件不及时，实施效果不明显，造成延误文件办理，给企业造成不良影响，得3分

6. 总公司质量运行体系的实施管理：10分

（1）各质量运行环节顺畅，质量运行文件贯彻执行彻底，质量运行体系运行有效正常，得10分

（2）各质量运行环节顺畅，质量运行文件贯彻执行基本彻底，质量运行体系运行有效正常，得9分

（3）各质量运行环节较顺畅，质量运行文件经过一定努力得到贯彻执行，质量运行体系能够保持有效正常运行，得8分

（4）各质量运行环节各自为政，质量运行文件经过一定努力后贯彻执行不彻底，质量运行体系基本保持有效正常运行，得6分

（5）各质量运行环节各自为政，质量运行文件经过一定努力后贯彻执行不彻底，质量运行体系保持有效正常运行有较大困难，得4分

（二）与总公司整体效益挂钩：20分

总公司效益完成率×20分

（三）工作协调配合：10分

（1）协调配合关系融洽，不推诿扯皮，不推脱责任，工作效率高，得10分

（2）能够协调配合，不推诿扯皮，不推脱责任，富有工作效率，得8～9分

（3）虽然能够配合和协调，但工作效率迟缓，得5～7分

（4）虽然能够配合和协调，但出现推诿扯皮等问题，工作效率迟缓，表现较差，得1～4分

（5）表现很差或出现较大影响，0分

董事会秘书

一、工作职责范围

（一）负责准备和提交证券交易所要求的公司文件，组织完成监管机构布置的任务

（二）按照法定程序筹备董事会会议和股东大会，准备和提交董事会和股东大会出具的报告和文件

（三）协调和组织公司信息披露事务，负责信息的保密工作

（四）负责保管公司股东名册资料、董事和董事会秘书名册、大股东及董事持股资料以及董事会印章的保管

（五）协助董事会行使职权，帮助公司董事、监事、高级管理人员了解法律法规、上市规则及股票上市协议对其设定的责任

（六）为公司重大决策提供咨询和建议

二、考核内容

（一）职能履行：70 分

1. 公司与证券交易所的指定联络人，筹备董事会会议和股东大会，准备、提交董事会和股东大会出具的报告和文件，组织完成监管机构布置的任务：10 分

2. 信息披露事务协调、组织及信息保密：10 分

3. 公司股东名册资料、董事和董事会秘书名册、大股东及董事持股资料以及董事会印章的保管：10 分

4. 季报、中报、年报编制：30 分

5. 帮助公司董事、监事、高级管理人员了解法律法规、上市规则及股票上市协议对其设定的责任，咨询服务：10 分

（二）与企业整体效益挂钩：20 分

（三）工作协调配合：10 分

三、考核办法

（一）职能履行：70 分

1. 筹备董事会会议和股东大会，准备、提交董事会和股东大会出具的报告和文件，组织完成监管机构布置的任务：10 分

（1）按公司和上交所要求筹备董事会会议和股东大会，向董事会和股东

大会准备、提交的报告和文件及时、完备，完成监管机构布置的任务及时、圆满，得 10 分

（2）按公司和上交所要求筹备董事会会议和股东大会，向董事会和股东大会准备、提交的报告和文件基本及时、完备，完成监管机构布置的任务基本及时、圆满，得 9 分

（3）按公司和上交所要求筹备董事会会议和股东大会，向董事会和股东大会准备、提交的报告和文件基本及时、完备，完成监管机构布置的任务时效性不够，得 7 分

（4）按公司和上交所要求筹备董事会会议和股东大会，向董事会和股东大会准备、提交的报告和文件不完备，但整改后不影响工作，完成监管机构布置的任务时效性不够，得 5 分

（5）按公司和上交所要求筹备董事会会议和股东大会，向董事会和股东大会准备、提交的报告和文件不完备，影响了工作开展，完成监管机构布置的任务时效性不够，得 3 分

2. 信息披露事务协调、组织及信息保密：10 分

（1）信息披露协调、组织及时，符合上交所规定要求，政策性强，信息保密工作严密，得 10 分

（2）信息披露协调、组织较及时，符合上交所规定要求，政策性强，信息保密工作严密，得 9 分

（3）信息披露协调、组织有纰漏，按上交所规定要求整改后，政策性强，没影响公司生产经营，信息保密工作严密，得 8 分

（4）信息披露协调、组织有纰漏，按上交所规定要求整改后，给公司生产经营带来一定影响，信息保密工作严密，得 6 分

（5）信息披露协调、组织有纰漏，按上交所规定要求整改后，给公司生产经营带来一定影响，信息保密工作不严密，得 4 分

3. 公司股东名册资料、董事和董事会秘书名册、大股东及董事持股资料以及董事会印章的保管：10 分

（1）公司股东名册资料、董事和董事会秘书名册、大股东及董事持股资料齐全，董事会印章的保管严格严谨，得 10 分

（2）公司股东名册资料、董事和董事会秘书名册、大股东及董事持股资料基本齐全，董事会印章的保管严格严谨，得 9 分

（3）公司股东名册资料、董事和董事会秘书名册、大股东及董事持股资

料不齐全，经收集后材料完备，董事会印章的保管严格严谨，得7分

（4）公司股东名册资料、董事和董事会秘书名册、大股东及董事持股资料不齐全，经收集后材料完备，董事会印章的保管松懈，但无造成一定损失，得5分

（5）公司股东名册资料、董事和董事会秘书名册、大股东及董事持股资料不齐全，董事会印章的保管松懈，造成一定损失，不得分或得3分

4．季报、中报、年报编制：20分

（1）季报、中报、年报编制及时、内容完备，公告及时，得20分

（2）季报、中报、年报编制基本及时、内容基本完备，公告及时，得18分

（3）季报、中报、年报编制能够按要求完成，内容基本完备，公告及时，得16分

（4）季报、中报、年报编制能够按要求完成，内容不完备，但经补救后，没影响公告，公告及时，得14分

（5）季报、中报、年报编制能够按要求完成，内容不完备，公告不及时，得14分

5．帮助公司董事、监事、高级管理人员了解法律法规、上市规则及股票上市协议对其设定的责任，咨询服务：10分

（1）及时帮助董事、监事、高级管理人员掌握国家政策动态，帮助了解法律法规、上市规则及股票上市协议对其设定的责任，及时为公司提供政策及公司经营的咨询服务，得10分

（2）能够帮助董事、监事、高级管理人员掌握国家政策动态，了解法律法规、上市规则及股票上市协议对其设定的责任，能够为公司提供政策及公司经营的咨询服务，得9分

（3）帮助董事、监事、高级管理人员掌握国家政策动态，了解法律法规、上市规则及股票上市协议对其设定的责任，工作责任心不强，得7分

（4）能够帮助董事、监事、高级管理人员掌握国家政策动态，了解法律法规、上市规则及股票上市协议对其设定的责任不足，工作责任心不强，得5分

（5）能够帮助董事、监事、高级管理人员掌握国家政策动态，了解法律法规、上市规则及股票上市协议对其设定的责任不足，工作拖拉，责任心不强，得3分

（二）与总公司整体效益挂钩：20分

总公司效益完成率×20分

（三）工作协调配合：10分

（1）协调配合关系融洽，不推诿扯皮，不推脱责任，工作效率高，得10分

（2）能够协调配合，不推诿扯皮，不推脱责任，富有工作效率，得8~9分

（3）虽然能够配合和协调，但工作效率迟缓，得5~7分

（4）虽然能够配合和协调，但出现推诿扯皮等问题，工作效率迟缓，表现较差，得1~4分

（5）表现很差或出现较大影响，0分

党办主任

一、工作职责范围

（一）负责总公司党委工作部署落实，督察反馈

（二）负责党委文件、材料的组织管理

（三）党费缴纳管理，协助党委进行基层支部建设，党员教育培训工作

（四）负责总公司党委重要活动组织安排、党委对外联系及上级领导和其他来宾的接待服务

（五）有关工会、团委的协调工作办理

（六）指令性工作

二、考核内容、考核指标

（一）职能履行：70分

1. 总公司党委工作部署落实，督察反馈：10分

2. 党委文件、材料的组织管理：20分

3. 党费缴纳管理：5分

4. 协助基层支部建设、党员教育培训工作：5分

5. 党委重要活动组织安排、对外联系、来宾接待服务：10分

6. 指令性工作：20分

（二）与企业整体效益挂钩：20分

（三）工作协调配合：10分

三、考核办法

（一）职能履行：70 分

1．总公司党委工作部署的落实、督察、反馈：10 分

（1）落实党委工作部署工作到位，督察、反馈及时有效，得 10 分

（2）落实党委工作部署工作基本到位，能够进行有效的督察、反馈，得 9 分

（3）落实党委工作部署工作基本到位，能够进行有效的督察、反馈，但需要督促，得 8 分

（4）落实党委工作部署工作基本到位，督察、反馈缺乏力度，得 6 分

（5）落实党委工作部署工作不到位，督察、反馈形式主义，得 3 分

2．党委文件、材料的组织管理：20 分

（1）完成文件、材料及时、圆满，效率高，满足工作需要，得 20 分

（2）完成文件、材料基本及时、圆满，效率较高，能够满足工作基本需要，得 18 分

（3）组织文件、材料效率缓慢，能够在规定时间内完成，能够满足工作基本需要，得 16 分

（4）组织文件、材料效率低，经过努力能够在规定时间内完成，离满足工作基本需要有一定差距，得 14 分

（5）组织文件、材料效率低，在规定时间内完不成工作任务，离满足工作基本需要有一定差距，得 10 分

3．党费缴纳管理：5 分

（1）按党章要求，按规定及时收缴党费，做好统计管理，如数上缴组织部，得 5 分

（2）按党章要求，能够按规定收缴党费较及时，做好统计管理，如数上缴组织部，得 4 分

（3）收缴党费不及时，统计有差错，经过努力能够如数上缴组织部，得 3 分

（4）收缴党费不及时，统计有差错，不能如数上缴组织部，得 1 分或不得分

4．基层支部建设、党员教育培训协助工作：5 分

（1）协助基层支部建设、党员教育培训工作主动、及时，有成效，得 5 分

（2）能够主动协助基层支部建设、党员教育培训工作，有成效，得4分

（3）能够协助基层支部建设、党员教育培训工作，有一定成效，得3分

（4）能够协助基层支部建设、党员教育培训工作，成效不高，得2分

（5）不能够协助基层支部建设、党员教育培训工作，推诿扯皮无成效，不得分

5．党委重要活动组织安排、对外联系、来宾接待服务：10分

（1）组织安排党委重要活动及时、周全，不漏项不漏场，效果圆满，对外联系、来宾接待服务热情周到，得10分

（2）组织安排党委重要活动基本及时、周全、不漏项不漏场，效果基本圆满，对外联系、来宾接待服务热情周到，得9分

（3）组织安排党委重要活动基本及时，工作部署不周全，经过努力无漏项漏场现象，效果尚可，对外联系、来宾接待服务能够做到热情周到，得8分

（4）组织安排党委重要活动基本及时，工作部署不周全，有漏项漏场现象，效果尚可，对外联系、来宾接待服务能够做到热情周到，得6分

（5）组织安排党委重要活动不及时，工作部署不周全，有漏项漏场现象，影响活动效果，对外联系、来宾接待服务不热情周到，影响公司对外形象，得4分或不得分

6．指令性工作：20分

对指令性工作取得的进展、效果作出述职，根据工作具体完成情况，做效果评估

（二）与总公司整体效益挂钩：20分

总公司效益完成率×20分

（三）工作协调配合：10分

（1）协调配合关系融洽，不推诿扯皮，不推脱责任，工作效率高，得10分

（2）能够协调配合，不推诿扯皮，不推脱责任，富有工作效率，得8～9分

（3）虽然能够配合和协调，但工作效率迟缓，得5～7分

（4）虽然能够配合和协调，但出现推诿扯皮等问题，工作效率迟缓，表现较差，得1～4分

（5）表现很差或出现较大影响，不得分

工程建设部经理

工作职责	考核内容、指标	考核分值	考核实施细则
一、工程建设	1. 工程的总体规划、设计及其各专业各种施工资料的管理	5分	A. 工程总体规划目标明确、设计资料齐全,符合《规范和设计标准》,得5分;B. 工程总体规划目标不明确或设计资料完成80%,得4分;C. 工程总体规划目标不明确或设计资料完成60%,得3分;D. 工程总体规划目标不明确或设计资料完成40%,得2分;E. 无工程总体规划和设计资料,盲目施工,得0分
	2. 工程预决算的制定、实施进度	预算的制定:10分	A. 审定及时科学合理,得10分;B. 未按规定时间完成但较为合理,得6分;C. 预算偏差较大,得2~0分
		土建工程进度:10分	预算进度完成率×本考核分值
		主机设备安装进度:10分	预算进度完成率×本考核分值
		辅机设备安装进度:5分	预算进度完成率×本考核分值
		外围工程进度:5分	预算进度完成率×本考核分值
	3. 设备及材料的采购	10分	A. 实施招投标采购,采购及时满足工程建设的需要,得10分;B. 实施招投标采购,但不能满足工程建设的需要,得6分;C. 设备及材料采购管理混乱,影响工程施工,得0分
	4. 工程的质量管理	10分	A. 质量责任事故为"0",得10分;B. 出现工程质量事故,损失金额1万元以下,制定并实施了应对措施,得8分;C. 出现工程质量事故,损失金额5万元以下,制定并实施了应对措施,得5分;D. 出现工程质量事故,损失金额10万元以下,制定并实施了应对措施,得3分;E. 出现重大工程安装质量事故,损失金额10万元以上且无应对措施,得0分

右上角：续表

工作职责	考核内容、指标	考核分值	考核实施细则
一、工程建设	5. 工程的安全管理	10分	A. 安全责任事故为"0"，得10分；B. 出现"轻伤"安全事故，并按"四不放过"的原则进行了整改，得8分；C. 出现"重伤"安全事故，并按"四不放过"的原则进行了整改，得5分；D. 出现"死亡"等重大安全事故，得0分
	6. 工程的现场管理	9分	A. 实施文明施工规范，施工现场整洁有序，得10分；B. 工程施工现场整洁，按时进行清理，得8分；C. 施工现场管理、清理不按时，人员、工具、物品管理较混乱，得5分；D. 施工现场杂乱没有秩序，人员、工具、物品管理非常混乱，得2分；E. 现场管理混乱，工具、物品零乱，施工队伍野蛮施工，出现重大物品偷盗现象，得0分
	7. 员工管理	5分	A. 员工有组织、有纪律，无违章违纪现象。员工有培训、有考评。员工管理的规章制度制定健全并实施，得5分；B. 员工组织性和纪律性较好，员工培训和考评率低于80%。员工管理规章制度的制定与实施较好，得4分；C. 员工组织性和纪律性较差，出现员工违章违纪现象（占总人数的2%），员工的管理、培训、考评出现漏洞，得3分；D. 员工组织性和纪律性一般，员工违章违纪情况较多（占总人数的2%以上），缺乏管理措施，管理规章制度不健全，得2分；E. 员工管理混乱，违章违纪现象严重，无组织和无纪律、无管理措施，得0分
二、电厂稳定运行指导管理	1. 电厂的安全稳定运行	3分	考核电厂分值×本考核分值
	2. 电厂的生产效益完成	3分	预算生产效益完成率×本考核分值
三、公司指令性工作	公司的各项指令性任务	5分	指令工作不按规定时间完成，此项不得分

工程专业部经理

工作职责	考核内容、指标	考核分值	考核实施细则
全面负责专业的管理	1. 负责专业工程施工各项预算的编制、实施和整改以及各项管理规章制度的制定和实施	10分	A. 专业管理工作优秀，认真履行岗位工作规范和实施标准，工程施工有总体规划和实施预算，并分解落实，制定专业管理的规章制度并得以实施，按规定时间进行考核，日常工作紧张有序，无杂乱无章，得10分；B. 专业管理工作良好，工程施工预算编制、分解按规定时间完成，预算的整改实施无记录，管理规章制度的执行和考核出现遗漏，得8分；C. 专业管理工作较好，出现工作失误，工程施工预算编制、分解不能按规定时间完成，预算的整改实施无记录，无管理规章制度的执行和考核，得6分；D. 专业管理工作一般，出现较大的工作失误，工程预算的实施率低于20%，预算实施无整改，管理规章单一且不执行，得3分；E. 专业管理工作混乱，出现严重失误，专业人员无组织性和纪律性，工程计划预算实施率低于5%，无规章制度，无考核实施资料，得0分
	2. 安装工程的施工进度和调试	主机部分：25分	预算进度完成率×本考核分值
		辅机部分：15分	预算进度完成率×本考核分值
	3. 安装的技术管理	现场施工技术指导：4分	A. 技术指导和整改及时，盯靠现场工作，满足工程进度需要，得4分；B. 施工技术指导和整改措施较好，一般能满足工程进度要求，得2分；C. 施工技术指导和整改措施不到位，影响工程进度要求，得0分
		施工技术规范的制定、执行：4分	A. 各项施工技术规范制订及时、完善，执行力度强，得4分；B. 施工技术规范制订较好，能够执行，得2分；C. 缺乏施工技术规范，无执行力，对安装施工无约束，得0分

续表

工作职责	考核内容、指标	考核分值	考核实施细则
全面负责专业的管理	3. 安装的技术管理	安装、调试、运行等方案的制定、执行：3分	A. 各种方案制定齐全，执行到位，顺利保障工程的进展，得3分；B. 方案制定比较齐全，执行情况较好，能适应工程进展，得2分；C. 无方案、工作缺少材料根据，不能保障各个工程的顺利开展，得0分
		安装、调试、运行资料、记录：4分	A. 安装、调试、运行资料齐全、记录规范翔实，得4分；B. 有安装、调试、运行资料和各项记录，得3分；C. 无安装、调试、运行资料和记录，得0分
	4. 安装工程的质量管理	10分	A. 工程安装未出现质量问题，对工程安装及时进行监督检查验收，得10分；B. 工程安装未出现质量问题，现场施工质量监督检查达不到日检日查，与施工队伍的技术交流和指导频次少，得8分；C. 工程安装出现质量问题但得到现场解决，现场施工的质量监督检查达不到日检日查，与施工队伍缺乏技术交流和指导，得5分；D. 工程安装出现质量问题但未能解决，延误使用，不进行施工的监督检查，与施工队伍没有技术交流和指导，得2分；E. 工程安装出现严重质量问题，得0分
	5. 安装工程的安全管理	10分	A. 安全责任事故为"0"，得10分；B. 出现"轻伤"安全事故，并按"四不放过"的原则进行了整改，得8分；C. 出现"重伤"安全事故，并按"四不放过"的原则进行了整改，得5分；D. 出现"死亡"等重大安全事故，得0分
	6. 安装工程的现场管理	5分	A. 实施文明施工规范，施工现场整洁有序，得5分；B. 工程施工现场整洁，按时进行清理，得4分；C. 施工现场管理、清理不按时，人员、工具、物品管理较混乱，得2分；D. 施工现场杂乱没有秩序，人员、工具、物品管理非常混乱，得1分；E. 现场管理混乱，工具、物品零乱，施工队伍野蛮施工，出现重大物品偷盗现象，得0分

工作职责	考核内容、指标	考核分值	考核实施细则
全面负责专业的管理	7. 专业员工的培训及考核管理	10分	A. 员工的培训和考核管理有目标、有计划、有实施方案、有考评考核，且培训考核资料齐全，员工培训完成率100%，得10分；B. 员工的培训和考核管理有目标、有计划、有实施方案、有考评考核，有培训考核资料，员工培训完成率80%以上，得8分；C. 员工的培训和考核管理有目标、有计划、有实施方案、有考评考核，培训考核资料不完善，员工培训完成率60%以上，得6分；D. 员工的培训和考核管理目标、计划、实施方案、考评考核不明确，培训考核资料短缺，员工培训完成率20%以上，得2分；E. 员工的培训和考核管理无目标、计划、实施方案和考评考核，员工培训完成率10%以下，得0分

工程土建部经理

工作职责	职责内容、指标	考核分值	考核实施细则
一、负责土建部的全面管理工作	1. 全面管理工作	10分	A. 管理规章制度健全，发展规划目标明确，员工职责确定，内部考核完善，土建施工管理资料齐全，得5分；B. 管理规章制度的制定和实施较好，发展规划目标、员工职责和内部考核资料实施较好，土建施工管理较好，得4分；C. 制定管理规章制度，发展规划目标单一，员工职责不确定，内部考核资料缺乏，土建施工管理无资料，得3分；D. 管理规章制度的制定和实施一般，无发展规划目标，人员工作无考核，土建施工和基建管理流于形式，得2分；E 无公司规划目标和方案、内部管理混乱、盲目施工等，得0分
	2. 经营效益完成	5分	预算生产效益完成率×本考核分值

续表

工作职责	职责内容、指标	考核分值	考核实施细则
二、工程管理	1. 工程的组织管理	施工人员的组织：4分	A. 工程施工人员组织及时，按时进行施工，组织纪律性强，得4分；B. 施工人员组织较好，组织纪律性较好，得3分；C. 人员组织不到位，延误工期，得0分
		施工工程的验收：6分	A. 对负责施工的工程按时组织进行验收，且施工验收资料齐全完善，得6分；B. 对负责施工的工程组织进行验收较好，施工验收资料比较齐全，得4分；C. 对负责施工的工程组织进行验收较差，施工验收资料不齐全，得2分；D. 对负责施工的工程不进行组织验收，无施工资料，得0分
	2. 在建土建工程的施工进度	工程的土建工程进度：20分	预算进度完成率×本考核分值
		生产单位和生活设施的土建进度：10分	预算进度完成率×本考核分值
	3. 工程的质量管理和材料浪费	10分	A. 质量责任事故为"0"，未出现材料浪费情况，得10分；B. 出现工程质量事故和材料损失，损失金额1万元以下，得8分；C. 出现工程质量事故和材料浪费，损失金额5万元以下，得6分；D. 出现工程质量事故和材料损失，损失金额10万元以下，得3分；E. 出现重大工程质量事故和材料浪费，损失金额10万元以上的，得0分
	4. 工程的安全管理	10分	A. 安全责任事故为"0"，得10分；B. 出现"轻伤"安全事故，并按"四不放过"的原则进行了整改，得8分；C. 出现"重伤"安全事故，并按"四不放过"的原则进行了整改，得5分；D. 出现"死亡"等重大安全事故，得0分

续表

工作职责	职责内容、指标	考核分值	考核实施细则
二、工程管理	5. 工程的现场管理	10 分	A. 实施文明施工规范，施工现场整洁有序，得 5 分；B. 工程施工现场较整洁，按时进行清理，得 4 分；C. 施工现场管理、清理不按时，人员、工具、物品管理一般，得 3 分；D. 施工现场杂乱没有秩序，人员、工具、物品管理非常混乱，得 2 分；E. 现场管理混乱，工具、物品零乱，施工队伍野蛮施工，出现重大物品偷盗现象，得 0 分
	6. 公司建筑物的修缮	10 分	规定时间完成率×本考核分值
三、指令性工作	公司的各项指令性任务	5 分	指令工作不按规定时间完成，此项不得分

附录二 鲁北集团提供的 资料和文献

冯怡生和他的循环经济
山东鲁北企业集团总公司章程
山东鲁北化工股份有限公司章程
山东鲁北化工股份有限公司股东大会议事规则
山东鲁北化工股份有限公司董事会议事规则
山东鲁北化工股份有限公司独立董事制度
山东鲁北化工股份有限公司监事会议事规则
山东鲁北化工股份有限公司总经理工作细则
山东鲁北企业集团总公司高管人员考核细则
山东鲁北企业集团总公司行政办公室考核规则
山东鲁北化工股份有限公司 2005 年限期整改方案
山东鲁北化工股份有限公司加强上市公司治理专项活动调查报告及整改
措施
山东鲁北化工股份有限公司会议记录、文书制作、文档保管与使用制度
山东鲁北企业集团总公司安全例会管理制度
山东鲁北企业集团总公司车辆管理制度
山东鲁北企业集团总公司车辆管理规定的补充规定
山东鲁北企业集团总公司档案室管理制度
山东鲁北企业集团总公司公章管理制度
山东鲁北企业集团总公司来宾接待制度
山东鲁北企业集团总公司会议管理制度
山东鲁北企业集团总公司图纸及技术文件、技术图书、刊物管理制度

山东鲁北企业集团总公司档案库房管理制度

山东鲁北企业集团总公司技术、文书档案借阅制度

山东鲁北企业集团总公司借阅会计档案制度

山东鲁北企业集团总公司供销公司客户档案

山东鲁北企业集团总公司与中邮物流合作备忘录

山东鲁北企业集团供销公司 2006 年化肥销售责任制

山东鲁北企业集团供销公司 2007 年销售方案

山东鲁北企业集团供销公司采购控制程序

山东鲁北企业集团供销公司进厂原燃材料的验收管理制度

山东鲁北企业集团供销公司物流管理办法

山东鲁北企业集团节能规划

山东鲁北化工股份有限公司 2004～2006 年度财务报告

企业核心价值观（山东鲁北企业集团总公司内部资料）

企业文化篇（山东鲁北企业集团总公司内部资料）

人才发展篇（山东鲁北企业集团总公司内部资料）

管理哲学篇（山东鲁北企业集团总公司内部资料）

2003～2006 年鲁北集团工作总结（山东鲁北企业集团总公司内部文件）

鲁北集团党委办公室职责（山东鲁北企业集团总公司内部文件）

鲁北化工集团总公司高管人员绩效考核细则（山东鲁北企业集团总公司内部文件）

人力资源中心 2005～2006 年度工作总结（山东鲁北企业集团总公司内部文件）

鲁北集团信息化发展战略规划（山东鲁北企业集团总公司内部文件）

企业信息化发展历程（山东鲁北企业集团总公司内部文件）

打造鲁北特色企业文化促进企业持续、和谐、健康发展（鲁北集团内部文件）

后　记

　　本书是我和冯久田同志主持的 2006 年度中国社会科学院国情调研项目——"山东鲁北企业集团考察"的最终成果。该项目是中国社会科学院国情调研课题"中国企业调研"的一个子项目。"中国企业调研"项目是中国社会科学院经济学部组织的重大国情调研项目之一，项目的总负责人是陈佳贵研究员和黄群慧研究员。

　　山东鲁北企业集团总公司董事长，第七、八、九、十、十一届全国人大代表冯怡生同志非常重视本次调研。他两次亲自接受调研组访谈，详细介绍了鲁北集团的发展历程、面临的问题和未来发展设想，并从技术、生态、管理学、哲学、文化等深层视角解答了调研组提出的问题。山东鲁北高新技术开发区管委会主任、山东鲁北企业集团总公司党委书记、山东鲁北化工股份有限公司董事长冯久田同志作为课题负责人，为本次国情调研的顺利进行提供了极为有利的条件。

　　2002 年，我曾应冯怡生董事长的邀请到鲁北集团考察和讲学。那时，我国既未明确提出，也没有像今天这样重视发展循环经济，但冯怡生董事长带领一班人创建的磷铵—硫酸—水泥联产、海水"一水多用"、清洁发电与盐碱联产三条产业链构成的循环经济网络给我留下了深刻印象。此后，我国进入重化工业集中较快发展的新阶段，资源短缺、环境污染、生态失衡成为我国经济社会发展越来越严重的制约因素，中央提出了树立和落实科学发展观以及加强资源节约和环境保护、提高自主创新能力、加快转变经济发展方式、促进国民经济又好又快发展等一系列重大战略部署。在这个背景下，鲁北集团闯出的以自主创新、资源循环、环境友好、管理高效为根本属性的我国重化工业新型发展方式，更具有示范和引领意义。冯怡生、冯久田和他们领导的鲁北集团不仅是我国发展循环经济独树一帜的先行者，而且是我国转变经济发展方式、推进新型工业化当之无愧的楷模！

赴山东鲁北企业集团调研之前，调研组根据中国社会科学院陈佳贵副院长的要求，结合院里统一制定的企业国情调研大纲，进行了比较充分的准备。调研组梳理了有关文献资料，分析了鲁北集团所在地山东省、滨州市和无棣县的经济社会发展状况、发展规划，查阅了鲁北集团主要产品生产制造原理和过程的资料，研读了鲁北集团总公司控股的山东鲁北化工股份有限公司自上市以来发布的公告、年报、股东会和董事会决议，逐章、逐节拟定调研具体题目和拟收集的书面资料，并将调研题目和资料清单提前发给鲁北集团。这样，不仅调研组每个人对鲁北集团都有初步了解，而且鲁北集团各单位、各有关部门在调研组到达之前就了解了本次调研的目的，并准备了书面资料。

　　调研组于 2007 年 4 月和 7 月两次赴山东鲁北企业集团调研，累计调研时间 27 天。调研采取资料查阅、实地考察、专题座谈、个别访谈相结合的方法。到达鲁北集团后，调研组在鲁北集团党委办公室的安排下，考察了集团诞生地，查看了著名的磷铵—硫酸—水泥联产、海水"一水多用"、清洁发电与盐碱联产等产业链构成的循环经济网络，以及生态发电等部分新投产项目生产状况和在建项目建设工地。实地考察使调研组获取了对鲁北集团的感性认识。

　　接下来的调研主要采取专题座谈和个别访谈交叉进行的方式。专题座谈是以小型会议的形式，就面上问题和某些特定主题进行集体讨论、集思广益的一种方法，有利于在较短时间内获取大量信息。调研组对于需要深入了解的问题通过个别访谈，即同受访者进行单独、面对面地深入交谈，来采集受访者对某一问题的动机、态度、感受等深层次信息。与专题座谈不同，个别访谈使受访者由面对面地坐在一起座谈讨论改为背对背地独立发表意见，有利于受访者真实、自由地发表看法。

　　山东鲁北企业集团总公司及集团各成员企业、各部门为本次调研做了充分准备，参加座谈和访谈的人员基本能够全面、客观、真实地讲情况、摆问题，调研组获得了许多有价值的资料和信息。调研组每 2 ~ 3 天利用晚间召开一次内部研讨交流会，总结座谈、访谈收获和体会，理清思路，明确下一步调研领域和重点问题。

　　参加本次国情调研和书稿写作的有：中国社会科学院工业经济研究所刘戒骄、时杰、聂孝红、梁峰、周文斌；山东鲁北企业集团总公司冯久田、王文章；中国石油天然气集团公司华北销售分公司朱迪；中国石油化工集团公司胜利油田薛太明；北京大学药学院刘欧。写作分工如下：第一、二章，冯久田、聂孝红；第五、十一章，聂孝红；第三章，梁峰、周文斌、刘戒骄；第四章，刘戒骄；第九章，刘欧、梁峰；第七章第一节到第四节、第八章、第十二章，时杰；第七章第五节，朱迪、薛太明；第六、十章，王文章、时杰。此外，中国社会科学院工业经济研究所张其仔、李钢、汪晓春参加了讨论。在书稿的写作过程中，作者参考和引用了鲁北集团提供的书面资料。

初稿完成后，中国社会科学院经济学部工作室主任黄群慧研究员，经济管理出版社总编辑沈志渔研究员、社长张世贤研究员等专家提出了意见。调研组赴鲁北集团听取了部分高级管理人员和职能部门负责人的意见，并进行了补充调研。在充分吸纳鲁北集团方面意见和审稿专家意见的基础上，作者对初稿进行了修改。最后，由我和王文章对全书进行了修改和补充。

调研成果入选中国国情调研丛书，使调研组成员备受鞭策和鼓励。限于我们的水平和对实际情况的了解，本次调研难免管窥蠡测，书中的偏颇和错漏敬请读者批评指正。

刘戒骄

jiejiaoliu@163.com

2008 年 2 月